塑造未来

儿童
习惯养成训练

主编/杨进波

四川教育出版社
·成都·

图书在版编目（CIP）数据

塑造未来：儿童习惯养成训练／杨进波主编. －成都：
四川教育出版社,2003.9(2013 重印)
ISBN 978－7－5408－3938－3

Ⅰ.塑… Ⅱ.杨… Ⅲ.学前教育－教学参考资料
Ⅳ.G613

中国版本图书馆 CIP 数据核字(2003)第 081588 号

责任编辑　樊佳林
版式设计　张　涛
封面设计　邹小工　陈双喜
责任校对　伍登富
责任印制　陈　庆　杨　军
出版发行　四川教育出版社
　　　　　地　　址　成都市槐树街 2 号
　　　　　邮政编码　610031
　　　　　网　　址　http://www.chuanjiaoshe.com
印　　刷　自贡兴华印务有限公司
版　　次　2003 年 9 月第 1 版　2006 年 1 月第 2 版
印　　次　2013 年 3 月第 9 次印刷
成品规格　116 mm × 208 mm
印　　张　12.625　　插页 2
定　　价　22.00 元

如发现印装质量问题,请与本社调换。电话:(028)86259359
营销电话:(028)86259477　邮购电话:(028)86259694
编辑部电话:(028)86259381

序

中共四川省委常委　黄学英

　　少年儿童是祖国的花朵、未来的希望。加强对少年儿童的素质教育，不仅事关能否形成一支高素质的优秀人才队伍，而且关系"全面建设惠及十几亿人口的更高水平的小康社会"宏伟目标的实现。素质教育的核心是培育健康人格。对广大少年儿童而言，素质教育的成功实施离不开一系列具体素质的培养，其中一个极为重要的方面就是让少年儿童在成长过程中养成做人、做事、学习、生活等方面的良好习惯。在全国人民万众一心、众志成城、依靠科学抗击非典疫情并取得胜利的伟大战役中，人们进一步认识到少年儿童良好习惯的培养，对提高青少年素质乃至全民族素质的重要作用，进而自觉掀起了一场改变陋习、崇尚科学文明的革命。

　　按照中央部署，全省上下正在积极开展"讲文明、讲卫生、讲科学、树新风"的活动。少年儿童是可塑性最强的群体，也是参与"三讲一树"活动的主力军。应切实加强对少年儿童"三讲一树"教育，从培养孩子良好的个人卫生习惯入手，引导孩子向陋习宣战，从现在做起，从自己做起，从身边事情做起，养成良好的生活习惯、学习习惯、劳动习惯、文明礼貌习惯，让"三讲一树"伴随少年儿童健康快乐成长。

关心下一代，教育青少年，是全社会的共同责任。不少家长对教育孩子养成良好习惯缺少经验，迫切需要广大青少年教育工作者把好的教育理念、好的教育方法、好的教育经验推荐给家长。基于此，省关心下一代工作委员会组织有关青少年教育专家编写了《塑造未来——儿童习惯养成训练》一书，非常及时，非常有意义。对少年儿童良好习惯的养成，对个人健康人格的培育，对我省民众整体素质和全省综合实力的提高都具有重要作用。在此，谨向积极参加编辑、出版该书的青少年教育专家、四川教育出版社表示衷心的感谢！希望该书能为家长、教师指导孩子形成良好习惯提供借鉴，为促进素质教育的发展和孩子们健康成长作出有益的贡献。

论 习 惯

(英) 弗兰西斯·培根

  人的思考取决于动机,语言取决于学问和知识,而他们的行动,则多半取决于习惯。马基雅弗利说: 人的性格和承诺都靠不住,靠得住的只有习惯。他举了一个例子 (是一个邪恶的例子),如果要谋杀一个人,他认为在挑选刺客时,找一个生性残忍或胆大妄为的人并不可靠,最可信任的还是那种手上曾经染过血的杀手。也许马基雅弗利忘记了刺杀亨利第三的克雷姆,刺杀亨利第四的瑞瓦雷克,以及行刺威廉公爵的约尔机和杰尔德却并非这种人。但尽管如此,他的话还是有道理的。因为一切天性和诺言都不如习惯有力。我们常听到有人发誓说以后要做什么,或者不再做什么;而结果却是从前做些什么,后来依然做些什么。在这一点上,也许只有宗教狂热的力量才可与之相抵,除此之外,几乎一切都难以战胜习惯,以至一个人尽可以诅咒、发誓、夸口、保证……到头来还是难以改变一种习惯。

  如果说个人的习惯只是把一个人变成了机械,使他的生活仿佛由习惯所驱动,那么社会的习惯,却具有一种更可怕的力量。例如印度教徒,为了遵守宗教的惯例,竟可安静地

卧于柴堆上，然后引火焚身，而他的妻子也宁愿心甘情愿地与他一起跳入火坑。古代的斯巴达青年，在习惯风俗的压力下，每年都要跪在神坛上承受笞刑，以锻炼吃苦的能力。我记得在伊丽莎白女王时代的初期，曾有一个被判死刑的爱尔兰人，请求绞死他时用荆条而不用绳索——因为这是他们本族的习惯。在俄国据说有一种赎罪的习惯，要人在凉水里成夜浸泡，直到被冰冻为止。诸如此类的事例是太多了，由此即可以看出习惯对人的行为有多么大的魔力。

由此可见，习惯真是一种顽强而巨大的力量，它可以主宰人生。因此，人自幼就应该通过完美的教育，去建立一种好的习惯。我们知道，幼年学习过的语言，常常是终生不忘的。这也是一种习惯。而在中年以后再学一种新语言，就常常困难了。在体育运动上也是如此。当然，也有一些人，他们终生的性格仿佛是可以不断塑造的，因此可以在不断的学习中进步。但这种人毕竟太少了。

此外还必须考虑到一种集体的习惯，其力量更大于个人的习惯。因此，如果有一个有良好道德风气的社会环境，是最有利于培养好的社会公民的。在这方面，国家与政府只能是美德的培育者，而不是播种者。更何况，还有些政府连这事也做不到呢！

前　言

古人云："勿以善小而不为，勿以恶小而为之。"

少一根头发会不会造成一个秃头？不会。再少一根头发会不会造成一个秃头？不会。再少一根……这个问题一直重复下去，每一次的回答都是"不会"，但是最终的答案却是"会"。

"栽一棵树能不能绿化一座城市？"答案是"不能"。这样的回答一直重复下去，答案都是不能，但是最终整个城市却绿化了。

"扔一张废纸会不会污染一座城市？"答案是"不会"。这样的回答一直重复下去，回答都是不会，但是最后整个城市却成了垃圾场。

渐变是人们难以察觉的，而正是在这种不知不觉中，突变发生了，蓦然回首，事物早已走到了反面。这就是哲学上的"秃头论证理论"。

教育无小事，小事成就大事，小事也败坏大事。

教育的小事是什么？教育的小事是点点滴滴的行为习惯的养成。

在一次诺贝尔奖的颁奖会后，一位记者采访了一位获奖者。记者问："请问教授先生，你是在哪所大学、哪个实验

室学到了你认为最重要的东西呢？"

白发苍苍的老教授不假思索地回答道："我是从幼儿园学到的。"

"在幼儿园能学到些什么呢？"记者不解其意地追问。

老教授侃侃而谈："我在幼儿园学到饭前便后要洗手；午饭后要休息；做错了事要承认，并表示歉意；要把自己的东西分一半给小伙伴，不是自己的东西不要拿；东西使用后要放整齐；要细心观察事物……"

老教授近似玩笑的话，道出了一个真理：一个人的良好习惯正是从小通过训练养成的，同时也说明习惯养成教育是影响一个人一辈子的教育。好习惯可以引导人走向正确的人生道路，可以决定一个人的处事原则和做人准则，可以决定做学问的态度和人生的进退。

一个人学好很难，要变得能干更不容易；而一个人要学坏、变得无能根本不需要学习。

一位母亲为她的孩子伤透了心，她感觉太累了，于是就去咨询儿童问题专家。

专家问：孩子第一次系鞋带的时候系错了，你是不是不再给他买有鞋带的鞋？

母亲点了点头。

专家又问："孩子第一次洗碗的时候弄湿了衣服，你是不是不再让他走近洗碗池？"

母亲点头称是。

专家接着说："孩子第一次整理自己的床铺整整用了一

个小时，你嫌他笨手笨脚，对吗？"

这位母亲惊愕地看了专家一眼。

专家又说道："孩子大学毕业去找工作，你动用了所有的关系和权利。"

这位母亲更吃惊了，从椅子上站了起来，凑近专家问："你怎么知道的？"

专家说："从那根鞋带知道的。"

母亲问："以后我该怎么办？"

专家说："当他生病的时候，你最好带他上医院；他结婚的时候，你最好给他准备好房子；他没有钱，你最好给他送钱去。这是你最后的选择，别的我也无能为力。"

好习惯和坏习惯都是这样养成的。

大哲学家柏拉图有一次就一件小事毫不留情地训斥了一个小男孩，因为那个小男孩总在玩一个很愚蠢的游戏。

小男孩不服气："您为一点鸡毛蒜皮的小事而谴责我。"

"但是，你经常这样做就不是鸡毛蒜皮的小事了。"柏拉图回答说，"你会养成一个终生受害的习惯。"

"少成若天性，习惯如自然。"习惯的力量是巨大的。好习惯的养成将使孩子一生受益无穷，坏习惯的形成将祸害孩子终生。

辉煌的高楼不管它如何雄伟，也是由一砖一瓦垒起来的。塑造灵魂的教育该从哪里开始呢？没有别的更有效的出发点，只能从点滴的习惯养成开始。

目

录

第一篇　习惯决定人生

第二篇　学会做人

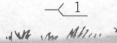

第三篇　学会学习

第四篇　学会锻炼

第五篇　学会审美、爱美、创造美

第六篇　学会劳动

第七篇　学会理财

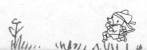

习惯是人的心理素质的重要组成部分,贯穿于人的一生。在生理上,它是一种动力定型;在心理上,它是一种内心需要;它是人的身心渴望保持一致性和连续性的反映。

第一篇　习惯决定人生

21世纪的曙光照耀全球的时候,我们共和国的教育改革早已进行得如火如荼。"素质教育"、"养成教育"、"习惯"等已成为各类教育书刊中出现频率最高的词汇。究竟什么是"习惯"呢?它是先天生成的还是后天养成的呢?儿童习惯养成训练是否有规律可循?应该训练儿童养成哪些良好的习惯?下面,我们就对这些热门话题一一加以阐释。

✵ 习惯贯彻于人的一生

习惯是人的心理素质的重要组成部分,贯穿于人的一生。在生理上,它是一种动力定型;在心理上,它是一种内心需

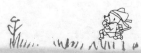

要；它是人的身心渴望保持一致性和连续性的反映。习惯也是一个人素质的充分体现。人的内在品质（如道德、品行、思想、学识、作风、个性、爱好等）始终要通过外在的行为、动作、语言顽强地加以表现。

我国伟大的教育家、思想家孔子曾说："少成若天性，习惯如自然。"这充分说明人在自然状态下，不假思索，不必故意费什么心思，更不用意志去控制而形成的某种行为，就是一种习惯。例如小孩子一旦学会走路和说话以后，就会自然而然地走路、说话了，就"如自然"了。

大哲学家亚里士多德曾经留下一句名言，大意是人们反复做什么事情，他就会成为什么样的人。比如成天在工厂里的车床上干活，只要做到刻苦钻研、一丝不苟，就会成为一个出色的车工；成天在土地上劳作，就会成为种地的老把式；成天与书本打交道，在实验室里忙碌，就会成为科学家。一个青年，若整天游手好闲，专门在车站、码头、大街或公共汽车及火车上偷别人的东西，就会沦为惯偷；相反，若从小就处处为他人着想，天天做好事，就会成为新时代的活雷锋。

由此看来，习惯也可以理解为人的一种自动化的行为。

按照一个人的习惯在社会生活中所产生的影响，可以把习惯分成好习惯与坏习惯。

对人彬彬有礼、善于和人交往、脾气好、对人诚恳、不说谎话、具有同情心、心地善良、责任心强、喜欢学习、自信、自尊、自律、勤劳、爱劳动、讲卫生等等都是好习惯。如果儿童从小养成说粗话、好斗殴、不遵守公共秩序、撒谎、

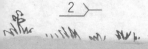

背后说别人坏话、办事拖拉、无计划，甚至学会酗酒、吸烟、吸毒等等，那么就养成坏习惯了。

坏习惯一旦形成势力，即所谓"习惯势力"，那就很可怕了。很多旧的习惯势力，已成为社会的痼疾。

习惯具有时代特征。20世纪50年代至70年代，在我国，收录机、电视机等尚未普及，更谈不上VCD、DVD和电脑。因此，那个时代的孩子就没有沉湎于打电子游戏等习惯。自20世纪80年代改革开放以后，信息产业迅猛发展，电视普及至每个家庭、电脑也不再稀罕，现在少年儿童迷恋电视、电脑，尤其是打电子游戏已泛滥成灾，严重影响到儿童的学业和身心健康，为此，国家不得不专门立法予以规范和约束。

✱　好习惯主宰孩子的一生

习惯是一个人不假思索，不知不觉就表现出来的一种稳定行为。良好习惯的形成过程就是一个人的健康人格不断发展和完善的过程。从这个意义上来说，习惯也是一个人综合素质的具体表现。因此，从小使孩子养成良好的习惯，不仅对孩子和家长具有重大意义，而且对国家、民族乃至整个世界都具有极其重大的意义。

首先，对孩子本身来说，好习惯可以主宰他的人生，使他终身受用无穷。我国著名青少年教育专家孙云晓先生曾说："好习惯对儿童来说是命运的主宰，是成功的轨道，是终身的财富，是人生的格调。"

古今中外有数不胜数的成功事例，反复证明了上述观点。

19世纪末，德国出了一个天才儿童，名叫卡尔·威特。他于1800年7月出生在一个牧师家庭。他一生下来并未显示出"天才"的特质，相反，在婴儿时期反应较为迟钝，似乎有点痴呆。经过老卡尔·威特夫妇的悉心教育和培养，让他养成了阅读、自学、自觉等良好习惯，终于成为著名的天才儿童。他从2岁开始学习外语，到8、9岁时已能熟练运用德、法、英、拉丁、意大利、希腊六国语言；掌握数学、植物学、动物学、物理、化学等学科的知识体系，尤其是数学更为出色；9岁时考入哥廷根大学；不足12岁时，发表关于螺旋线的论文，引起学术界的关注；13岁时，出版《三角术》一书引起轰动；1814年4月，不足14岁的他由于数学论文卓尔不凡被授予哲学博士学位；16岁时又获得法学博士学位，并被聘为柏林大学的法学教授；23岁时出版《但丁的误解》一书，成为研究但丁的权威。卡尔·威特一生都在名牌大学授课，直到1883年逝世。

被誉为"哈佛女孩"的刘亦婷，由于她的父母受卡尔·威特的教育模式的影响，从小悉心培养她养成多种良好习惯，从小学到高中一直成绩优异、品学兼优。高中毕业参加托福考试，以优异的成绩受到美国4所名牌大学的青睐。她最终选择了哈佛大学。

近年来，科研部门曾对每年的高考状元进行追踪研究，得出结论：他们最大的秘诀就是热爱学习，并养成了良好的学习习惯。72.8%的高考状元认为，不良的学习习惯会严重

影响自己的学习成绩。

良好习惯之所以能主宰孩子的一生，关键在于它影响智商和情商。

智商即智力商数（智力年龄除以实际年龄），是测量儿童智力发展水平的重要指标之一。智商除了取决于父母的遗传基因（DNA）以外，还与后天的训练密切相关。本篇末收录的《爱因斯坦的板凳》这个小故事，正好说明了这个问题。

情商是情感智力商数的简称。它包含的主要是非智力因素，如爱心、同情心、执著的进取心、坚强不屈的性格、坚忍不拔百折不挠的毅力、持之以恒的自信心和决心、与困难作斗争的勇气、自觉的责任感、融洽的人际关系与良好的合作意识等，正是这些非智力因素决定着人生的前程。

正常人之间的智商差异是很有限的，但情感上的千差万别却可以是无限的。事实证明，情感越丰富的人，心理空间余地越大，感动的角度越多，探求问题越细腻、越全面、越深刻，内在潜能的释放量也就越大。一句话，心理越健康，事业就越容易成功。所以，情感是调动人的智力因素的根本动力。

儿童时期既是可塑性最强的时期，也是情感能力发展最旺盛、最直接、最全面的时期。只要通过正确方法对儿童进行训练，让她们养成良好习惯，就可以使他们具有健全的、独特的个性情感，改变和提高情商，让智慧与成就自然而然地活跃在她们的心中和手中。

其次，习惯主宰着孩子，因而也主宰着家庭的幸福。孩

子从小养成勤奋、好学、朴素、节约、不乱花钱、不与有钱人家的子女攀比等好习惯，将使父母减少很多烦恼。有的孩子考上大学后，勤工俭学，自力更生，自己挣生活费（更有自己挣学费的），这就大大减轻了父母的负担，节省了开支。

人们都十分羡慕和向往幸福家庭，都期望自己的家庭幸福。那么，什么样的家庭才是幸福的呢？我们认为，只要家庭成员（当然包括子女在内）身体健康、事业有成、亲情浓郁，三者协调发展就是最幸福的家庭。其中，亲情应视为家庭幸福的核心。若子女尽管身体健壮、事业兴旺，但是六亲不认、忤逆不孝，又何谈幸福呢？

所以说对于家庭而言：

从小培养好习惯，将使你的孩子一生充满阳光、关爱和温馨；

从小养成坏习惯将使你的孩子一生充满黑暗、嫉妒和仇恨。

从小培养好习惯将使你的孩子步入商界、政界或科学的殿堂；

从小养成坏习惯将使你的孩子误入歧途甚至逐步坠入罪恶的深渊。

好习惯将使你的孩子事业有成；

坏习惯将使你的孩子百事无成。

再次，对国家、民族和社会来说，好习惯能否在社会风行关系到国家的前途和民族的存亡。

教育的目的不外乎提高全民族的文化素养，为现代化建

设和加速建设小康社会培养急需的各类型人才。教育的本质是什么呢？我国著名教育家、文学家叶圣陶先生早就说过："教育就是养成良好的行为习惯。"由此可知，"养成教育"实质上就是养成良好习惯的教育。

我国现在正大力推行素质教育。良好习惯的养成正是素质教育极其重要的组成部分。可以说，养成良好习惯是素质教育的奠基石。素质教育的重中之重是加强品德教育。这就必须从培养儿童良好的习惯入手，因为光说不做的德育肯定是空谈的、不完善的德育。

中国是世界闻名的文明古国，素有礼仪之邦之称。要想培养高素质的一代又一代新人，必须依靠每个家庭从娃娃抓起。可以设想，若我国近3亿的少年儿童，人人都养成有礼貌、讲文明、爱科学的好习惯，不仅将使他们个人终身受益，而且将使整个国家和民族的素质有大的提高，将对全面提高中华民族的整体素质起到不可估量的作用。

最后，从全世界来看，儿童养成良好习惯，有利于世界向和平、进步迈进，有利于可持续发展。如果全世界的儿童从小就养成珍爱生命、爱护环境等习惯，就会懂得"我们只有一个地球"的道理，就会自觉维护她、珍惜她，就会去拯救濒于绝灭的动、植物种群，就会与一切有生命的有机体和谐相处。

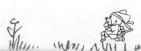

❋ 习惯是这样养成的

习惯=环境影响+反复练习。请看在美国家喻户晓的多萝西·洛·洛尔特的教育诗。

人是这样成长的

一个孩子在充满批评挑剔的环境中成长,他学会了吹毛求疵谴责他人;

一个孩子在充满敌意的环境中成长,他学会了争斗和反抗;

一个孩子在充满恐惧的环境中成长,他学会了忧虑害怕;

一个孩子在充满被怜悯的环境中成长,他学会了自哀自怨;

一个孩子在充满嫉妒的环境中成长,他学会了贪得无厌;

一个孩子在充满耻辱的环境中成长,他学会了自觉有罪;

一个孩子在充满宽容的环境中成长,他学会了有耐心;

一个孩子在充满鼓励的环境中成长,他学会了自信;

一个孩子在充满赞美的环境中成长,他学会了赏识他人;

一个孩子在充满认同的环境中成长,他学会了爱惜自己;

一个孩子在充满被接受的环境中成长,他学会了爱惜这个世界;

一个孩子在充满被肯定的环境中成长,他学会了确定目

标;

一个孩子在充满分享的环境中成长，他学会了慷慨;

一个孩子在充满公正诚实的环境中成长，他学会了正义真理;

一个孩子在充满安全感的环境中成长，他学会了信任他人;

一个孩子在充满安宁的环境中成长，他学会了平静地生活。

习惯养成说难也难，说易也易，关键是要把握有关儿童习惯养成训练的六个基本规律。

○ 规律之一，儿童习惯养成训练的年龄与效果成负相关。欲使儿童养成良好的习惯，必须从很小的时候就抓紧训练。良好习惯养成训练的关键时期是零岁至12岁（幼儿园和小学），在此期间如果形成不好的习惯，到初中、高中要想改变就很困难了。

在很多成功人士的自传中我们不难发现，他们成功的秘诀之一就是从小养成良好的习惯。

素质教育中的另一重要组成部分是要求学生动手能力强。几年前，在一次全国素质教育成果大赛中，有一个10岁的小女孩报名参加擀面这一项目，并在众多选手中脱颖而出，荣获第一名。她擀面既好、又快，切得细而匀，煮好后特别好吃。究其原因是她妈妈在她四五岁时就教她学习煮饭、擀面，既使她懂得了生活的艰辛和劳动的重要，又使她养成了良好

的习惯,练就了快速擀面的技能。

○ 规律之二,儿童养成良好习惯的数量与将来步入社会后的竞争能力成正相关。

21世纪是知识经济主导的世纪,是一个充满竞争的世纪,各种竞争归根结底是人的智力竞争。我们所处的时代是一个人的综合能力、综合素质充分展现的时代。儿童从小就养成做人、做事、健体、热爱学习等诸多良好习惯,就可以掌握多种技能,增强社会适应能力,在未来激烈的甚至残酷的竞争中,就能够立于不败之地。反之,若从小养成很多坏习惯,没有学到本领,在未来的社会中肯定不会有竞争能力。

○ 规律之三,儿童习惯的养成与环境有密切关系。家庭、学校和社会三大环境因素,对习惯养成呈动态消长的趋势。

一个孩子从呱呱坠地到长大成人,始终受到三大环境的共同影响和熏陶,但不同时期的影响效果是不相同的。儿童时期(幼儿园、小学)家庭环境影响最大,学校、社会影响相对较小;少年时期(初中)学校环境影响最大;青年时期(高中、大学)社会环境影响最大。由此可见,必须抓紧在儿童时期进行习惯养成训练。所谓家庭教育,就是指习惯养成的教育。只有营造一个良好的家庭环境才有利于儿童好习惯的形成。

前面讲到幸福家庭的三大要素(健康、事业、亲情)中,亲情是核心。亲情的核心是一个"爱"字。儿童只有在温暖、充满爱意和欢乐的家庭环境中,才能健康地成长。家庭是孩

子成长的摇篮，父母是孩子的第一个也是终身的老师。父母的一举一动、一言一行都是孩子模仿的榜样，都会对孩子产生永久而深刻的影响。犯罪心理学家对犯罪少年进行犯罪原因分析时，通常会分析与家庭密切相关的因素。无数事实反复证明，没有爱意的家庭将使儿童的身心受到摧残。家长采用高压、动不动就打骂等办法，会导致家庭恐怖、无温暖，最终迫使孩子说谎话。在一个充满恐怖、暴力的家庭里，孩子要么变得懦弱，要么变得残忍。父母对孩子经常板着面孔，非常疏远，会导致孩子也远离人群。父母对人不友善、很傲慢，孩子也会学得瞧不起人。

为了使你的孩子养成诸多的良好习惯，年轻的父母们，请你们努力营造一个良好的、温馨的、充满爱意的家庭环境吧！

○ 规律之四，习惯养成训练无小事。从一些小事（如洗手、吐痰、过街看红绿灯等）可以看一个人、一个民族、一个国家的文明程度。因此，必须从小事抓起，长期坚持。习惯的养成反映在日常生活中的每一个细节上。一些细枝末节的小事，对于孩子的成长来说，可能件件都是大事。例如，从小就要训练孩子爱整洁、讲卫生、有礼貌，诸如整理床铺、自己洗手、洗脸、刷牙，经常说"您好"、"再见"等，应天天坚持，直到自觉执行为止。

心理学上讲"知情意行"，知就是认识，行就是行为。一个人的品德自始至终都会从行为中自觉地表现出来。行为主要来自个人的认识。人的行为可分为三个层次：第一层次是

被动的，即不自觉的，往往要大人不断教导，严加约束；第二层次是主动的，即可以自觉地去执行；第三层次就是达到自动化的境界。如孩子在幼儿园学会自己吃饭、穿衣、刷牙后，父母就不用操心了，相信孩子自己会做好，这就叫从小养成习惯了。父母和老师都要遵循这一规律，对儿童要从小事抓起，从严要求。只有当某种良好的行为或动作通过强化训练，已经渗透到孩子的每一个细胞、每一滴血液和每一根神经中的时候，才能达到"自动化"的程度。

形成不忽略小事的习惯，对儿童长大后进入社会会带来意想不到的好处。有一则某公司招聘员工的小故事很发人深省。

某公司在报上刊出招聘启事，待遇优厚，应征者甚众。通过笔试暂录10名，再通过面试最后录用一名。面试由总经理亲自主持。应聘者按笔试成绩依次面试。当考分最低的青年也就是最后一个面试者进入办公室后，不足三分钟，总经理就与他热烈握手："恭喜您，您被本公司录用了。"大家不解其意。总经理的秘书后来揭开了谜底。原来，该青年进入办公室后发现墙边有横躺在地上的扫帚，周围有几片纸屑，就毫不迟疑地竖起扫帚，捡起纸屑放入垃圾桶内，然后在盆里洗手并用毛巾擦干后才向主考官敬礼、坐下。而前面的9个人对扫帚和纸屑则是熟视无睹。其实，这本身就是一道面试题。总经理认为，该青年能细心观察，能从小事做起，将来必定是个优秀的员工。

○ 规律之五，好坏习惯相互传递规律：在家庭中，父

母的好坏习惯都很容易传递给孩子；在社会上，品德有欠缺的孩子的坏习惯很容易传递给品德好的孩子，而孩子的好习惯则不容易相互传递。

"对自己宽，对他人严"是当代人性弱点的表现之一。很多年轻父母都不同程度地存在着对自己宽、对孩子严的现象，比如，他们对自己的缺点、过失往往采取原谅、宽容的态度，却要求孩子有错必改，有错快改。由于好坏习惯都容易传递给孩子，因此，欲使孩子迅速改正某些缺点（不良习惯），那么，父母必须先改掉那些缺点，如吸烟、赌博等。

孩子本身并无好坏之分，关键在于孩子所处的后天大小环境。小环境即是家庭文化氛围；大环境是指学校、社会公共场所的文化氛围。据此，我们只能把孩子分为品德好的孩子（养成好习惯的孩子）和品德有欠缺的孩子（沾染上坏习惯的孩子）。根据坏习惯极易传递的规律，这就启示我们必须慎重对待孩子小伙伴的选择，应尽量做到使自己的孩子远离那些有不良行为习惯的孩子；否则如果孩子成天和他们混在一起，用不了多久就会不知不觉地就沾染上说脏话、说谎话、说坏话、打架、斗殴、任性、傲慢、诽谤、嫉妒、憎恨等诸多不良的品质。千万不要寄希望于一个好品德的孩子去把一个有恶习的孩子改造过来。因为改造品德欠缺的孩子的任务是大人的事，孩子柔嫩的肩膀是不可能胜任的。

○ 规律之六，习惯养成训练的过程，始终遵循从量变到质变的规律。

训练良好习惯必须从小抓起，从小事抓起。每一个单项

的训练更必须长期坚持（至少需要21天），随着次数（量）的增加，终有一天就会发生质变，也就是养成了好的习惯。孩子从幼儿园、小学就开始多种好习惯的训练，随着日积月累量的变化，到进入初中后就会有质的飞跃，到上高中、大学以后，质的飞跃就会达到巅峰。这就意味着你的孩子将会获得成功。

❋ 养成儿童良好行为习惯的原则

○ 良好习惯的培养开始得越早，效果越好。早有两个含义：一是从小抓起，及早进行训练；二是严格约束、管教，越早对孩子心理伤害越小，不易留下阴影。从学会做人、做事、学习、劳动等方面培养儿童多种好习惯，增强将来进入社会后的竞争能力；营造一个良好的、适于儿童健康成长的家庭环境，这是训练儿童良好习惯的先决条件；千万不要忽视小事，培养习惯就得从细枝末节的小事做起；一定要慎重对待儿童小伙伴的选择，"昔孟母，择邻处"（孟子母亲为了让孟子认真读书，曾三次搬家）是很有道理的；应高度重视量的积累，就某一单项习惯来说，需要多次重复，强化训练，更需要多种行为习惯同时进行训练，只有这两方面的量变才可能导致质变。

○ 儿童习惯养成训练还需注意这些问题：

新时代呼唤新习惯。当经济全球化，知识信息化，科技网络化、数字化的浪潮滚滚而来的时候，对培养高素质的开

拓型、创造型人才而言，必然会提出创新和动手能力强的要求。为了跟上时代的步伐，必须培养儿童在学习方面的求新求异、与时俱进、善于质疑、科学视听和上网等习惯。

最基础的习惯最重要。培养孩子以爱心为基础待人接物的做人习惯、以创新为核心的学习习惯、以规则为核心的做事习惯，这都是成才必备的基础。

知、情、意、行是个整体。对孩子良好行为习惯的培养，既要重视行为习惯的训练，更要重视对其行为习惯的认知和感情的培养，让他们在知、情、意、行整体和谐的统一中求得行为习惯训练的有效性。

各种教育力量必须协调一致。大多数独生子女都在"四、二、一"（爷爷、奶奶、外公、外婆四个祖辈；父亲、母亲两个父辈；一个孩子）的家庭环境中成长，集三家六人宠爱于一身。在行为习惯培养上，成人之间不作一致的要求，是很难让孩子养成良好习惯的。除了家庭环境之外，学校与社会环境以及学校中不同年级的上下承接，对孩子的要求也应力求保持高度一致。

实践活动是习惯养成的必由之路。良好习惯是在生活、学习的实践中逐渐形成的。不良习惯也必须在实践中矫正，时有反复是很正常的。应注意培养孩子的自信心，磨炼意志力，进行必要的强化训练。

习惯养成要经历被动—主动—自动的过程。前面讲过，习惯形成过程要经过被动、主动、自动三个层次，只有当达到自动化时才算形成了习惯。因此，在训练孩子良好习惯时，

很多时候都必须从强制要求开始，由被动转变为主动，再由主动转变为自动。在不同年龄阶段，对孩子行为习惯的训练也有不同的要求。

习惯养成不仅着眼于当前，而且要着眼于将来。要从有利于孩子终身发展的理念出发，通过习惯的养成使他们具有持续发展的能力。

榜样的力量是无穷的。父母、老师应以身作则、言行一致，为孩子树立光辉的榜样。要求孩子做到的，父母、老师应该首先做到。只有如此，才能让孩子感受到所学的道德准则是可信的、有用的，从而激励孩子积极行动，付诸实践。

总之，儿童习惯的养成需要充分开发和利用教育资源。人们把整个社会风气的全面好转寄希望于少年儿童良好习惯的形成，而儿童行为习惯的养成也离不开社会大环境，所以家庭教育必须与学校教育、社会教育密切配合才能取得最佳效果。目前很多城市的社区、住宅小区都专门为孩子们课余活动开辟了场所，应当进一步开展形式多样的、健康的、有效的活动，让孩子们在充满欢乐的氛围中养成符合时代需求的、积极的、良好的行为习惯，促进人格的健康发展，让每个孩子都充分享有成才的外部条件。

儿童需要养成的习惯很多。本书从德、智、体、美、劳和理财六个方面阐述分阶段、有步骤地训练儿童养成50个重要的行为习惯方法。

中华泱泱，民族堂堂，历史璀璨，文化辉煌。有教无类，育人有方。但愿每一个年轻的父母都能明白一个浅显的道理：

孩子，不是你的私有财产，而是祖国盛开的花朵，未来全面建设小康社会的栋梁。假如能让中华民族的勤学、勤劳、勇敢、俭朴、善良、助人为乐等传统美德都转化为孩子们的习惯，那么，就意味着孩子们的将来已经成功了一半。

爱因斯坦的板凳

20 世纪最伟大的物理学家德国的爱因斯坦（1879 ~ 1955），幼时智力水平不高，三四岁时才学会说话；小学时学习很差，反应迟钝，手不灵巧。有一次，老师布置手工作业，要每个学生自己动手用木材做一只小板凳。几天后，老师在课堂上拿着一只做工极其粗糙的板凳说："难道世界上还有比它更丑陋的板凳吗？"这时，爱因斯坦突然站了起来，大声说："报告老师，还有，这已是我做的第四只了。"

父母和老师都认为爱因斯坦是一个弱智孩子，预计他将来不会有多大的出息。训导主任曾对他父亲说："你的儿子将一事无成。"他到瑞士去考大学，第一次没有考上，但没有灰心，而是不断努力自修，第二年他终于被录取了。

爱因斯坦的最大优点是爱想问题。他四岁时，父亲送给他一个罗盘，他拿到后转来转去，发现指针始终指向北方。他想尽一切办法，快转、慢转、翻过来转，想改变指针方向，始终没有成功。他想，指针周围没有任何东西，是什么力量推着它指向北方呢？

好奇心驱使着爱因斯坦，使他养成了深入思考的习惯。

26岁时，发现了"狭义相对论"，论文发表后震惊了世界，爱因斯坦也由此获得了诺贝尔奖。爱因斯坦30岁时就被聘为大学教授了。

教育是培养人的活动。人是教育的出发点，也是教育的目的。让人成为人是教育的全部要旨，不会做人便成不了才。这正是我国著名教育家陶行知的教育思想的精髓："千教万教，教人求真；千学万学，学做真人。"

第二篇 学 会 做 人

千教万教，教人求真；

千学万学，学做真人。

——陶行知

很多年前读过一个故事，读过之后便再也没有忘掉。那个故事是这样的：

三个妈妈在井边打水，一个白胡子老爷爷坐在一块石头上歇着。

一个妈妈说："我那个儿子又聪明，又有力气，谁都比不过他。"

第二个妈妈说："我那个儿子唱起歌来赛过黄莺，谁都

没有他那样好的嗓子。"

第三个妈妈呢，什么也不说。

那两个妈妈问她："你怎么不说说你的儿子呀？"

第三个妈妈说："有啥可讲的？他没啥出奇的地方。"

三个妈妈打了水，拎着水桶回家去了。那个老爷爷跟在后面慢慢走着。一桶水可重啦！三个妈妈走走停停，手都痛了，水直晃荡。三个妈妈累得腰都直不起来了。

这时，迎面跑来三个孩子，是她们的儿子。

第一个孩子翻着跟斗，像车轮子在转，真好看！女人们被他迷住了。

第二个孩子唱起歌来，声音像黄莺一样，真好听！

第三个孩子跑到妈妈跟前，接过妈妈手里沉甸甸的水桶，提着走了。

三个妈妈问老爷爷：

"呶，看见了吧？这是我们的儿子，怎么样呀？"

"哦，有三个儿子？他们都在哪里呀？"老爷爷说，"我怎么只看见一个儿子啊。"

如今，许多父母都看不见、找不到自己的儿子或女儿了。

甘肃省天祝藏族自治县东坪乡51岁农民陈邦顺靠卖血供儿子上大学。为了多卖血，陈邦顺假造了6个献血证。4年来，陈邦顺供给儿子书本费、学费、生活费共计6.35万元。儿子虽然知道父亲是卖血供自己上学，仍然不停地来信要钱。他在信中写道："我的衣服和鞋旧了，需要200元；我想买电脑，已借了1800元；今后3个月的生活费3000元；'五一'放假要出去旅游，班上要收班费100元……"

内蒙古某钢铁厂一对夫妇怀着欣喜和兴奋之情打开在北京读大学的儿子的来信，在大大的一张白纸上，没有对爸妈的问候，没有关于自己在外生活的只语片言，只有一个大大的问号。原来，父母上个月给儿子的生活费寄晚了。

2000年春节刚过不久，北京一所著名大学的研究生院发生了两名博士生双双死亡的惨案。两人一个26岁，另一个36岁，研究方向相同，都是同一导师的得意门生。两人同住一室，性情都很古怪，彼此格格不入，关系极度紧张，最后互相伤害，同归于尽。

类似的事例太多了。许多父母殚精竭虑地想让自己的儿女成龙成凤，却总是事与愿违，孩子不仅成不了龙凤，连人也成不了。

教育是培养人的活动。人是教育的出发点，也是教育的目的。让人成为人是教育的全部要旨，不会做人便成不了才。这正是我国著名教育家陶行知的教育思想的精髓：

"千教万教，教人求真；千学万学，学做真人。"

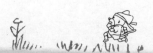

健康不是一切，但是失去了健康就失去了一切。
——医学家吴阶平

注重卫生，关爱生命

卫生的基本含义是维持和保护健康。如今，"人人享有卫生保健"已经成为全人类共同的理想和目标。保持生理和心理的健康是学生正常进行学习、生活的基本条件，因此每个学生享有卫生保健应该是21世纪教育的理想和目标。

训练目的

通过训练，使孩子懂得讲究卫生的好处，从而养成良好的个人健康生活习惯，保持良好的个人卫生和公共卫生习惯。

训练方法

观念引导你的教育行为：

○ 你知道这些格言、谚语、名言吗。

百病从口入，百病从手入。

笑一笑，十年少。

坏习惯，人人怨，人人怕。

好习惯，人人爱，人人夸。

○ 作为孩子的父母，你懂得这些道理吗？

（1）人的卫生习惯90%以上是在幼儿时期养成的。在孩子小的时候，不让他养成良好的卫生习惯，则坏习惯必然乘隙而入，一旦养成就很难改正；

（2）让儿童养成好习惯，不仅仅是为了增强免疫力和抵抗疾病能力，更重要的是将决定孩子"行为美"的发展趋势；

（3）良好的卫生和生活习惯对培养孩子的个性有极其重大的意义，因此父母切不可等闲视之。

○ 和孩子谈谈SARS：告诉孩子我国广东和香港去冬今春的非典型性肺炎，疫情迅速传播，正是由于不良的个人卫生习惯和公共卫生意识较差所造成的。非典型性肺炎是一种冠状病毒的变体（SARS），是经呼吸道传播的。据最新研究证实，该病毒在室内条件下，在滤纸、棉布、木块、土壤、金属、塑料、玻璃等表面可存活3天。在人体常见的三种排泄物（口痰、粪便、尿液）和血液中，非典病毒能长时间保持活力，在24℃条件下，在痰中和粪便中可存活5天，在尿液中可存活10天，在血液中可存活15天。而且，随地吐痰和

大小便会严重污染环境，导致空气恶臭，破坏城市形象。尿液中含有水分、糖分，二者都是细菌孳生的"养料"。研究证明非典病毒除通过与病人紧密接触传染而外，也可以通过排泄物传播，因此，随便吐痰和大小便可能导致疫情迅速传播。由此可见，养成良好的卫生习惯不仅关系到个人的健康，而且关系到广大人民群众的健康。

用情感激励孩子：与幼儿园的教育相一致，鼓励孩子争当新世纪健康宝宝。

○ 幼儿园对幼儿的基本要求：

（1）养成爱美，爱清洁，讲卫生，保持手、脸、衣服干净的好习惯。

（2）学会保护眼睛和视力。改掉随意搓揉眼睛、频繁地眨眼睛的坏毛病；看书画、写字、绘画保持正确的姿势。

（3）注意口腔和其他重要器官的卫生。爱护牙齿，做到不随便掏牙和用牙咬硬物；不随意吸吮手指，不随意咬指甲、笔杆及小木棍等；不随便挖鼻孔和耳朵。

（4）养成良好的饮食卫生习惯。做到吃饭专心、细嚼慢咽、不撒饭菜；不在菜碗里挑三拣四；吃饭时不看书报，不偏食，少吃或不吃零食；不在大街上吃零食；不吃过期变质的食物和保健品；吃饭时咳嗽、打喷嚏不能对到饭桌和其他的人；吃饭时建议用公筷、公匙，最好实行分餐；一日三餐做到营养均衡，多吃粗粮（如玉米、红薯、土豆等）和蔬菜。

（5）养成良好的个人生活和卫生习惯。勤剪指甲；勤洗澡、换衣；饭前便后要洗手；坚持早晚洗脸刷牙，看电视后

洗脸，全家不要共用毛巾；爱整洁，用过的东西放回原处，放整齐；房间要经常开窗通风，保持空气新鲜；冬天不可紧闭门窗睡觉。

（6）培养公共卫生意识。不随地大小便；不随地吐痰；不乱扔垃圾；咳嗽、打喷嚏时用纸巾遮挡，或用手掩鼻，不要向着他人。

○ 生病时，或邻居家的孩子生病时，体验和感悟身体不健康的痛苦。

○ 通过一些游戏，如瞎子摸人的游戏，体验身体有缺陷时的不便和痛苦，从而知道爱惜自己的身体，避免不必要的伤害。

意志的较量：和不良习惯作斗争。

○ 现在孩子不好好吃饭，经常出现挑食、偏食等现象，需要给点负强化，适当的饥饿教育既可以刺激孩子的食欲，又可以让孩子知道粮食来之不易。

○ 目前很多家庭不吃早餐，这是极端错误的做法。应告诉孩子，一日三餐要做到早饭吃好、中饭吃饱、晚饭吃少。

○ 婴幼儿吸吮手指是个极坏的习惯，应及早矫正。方

法是:

(1) 购买一个磨牙器让他含在嘴里;

(2) 农村习惯在孩子的手指上涂猪苦胆,不太科学;可将黄连素片研成细末,用冷开水调匀,再涂在手上,这无害有益(黄连可清火);

(3) 冬天可将孩子棉衣袖口加长,或做成猫头或狗头的形状加以封闭,既美观又实用。

关键是行动:反复练习,便养成了习惯。

○ 角色游戏。让孩子扮演医生,穿一件大人的白衬衫,用腰带扎紧,并做一项白帽、一个听诊器模型,让他给"病人"(大人扮演)治病,让他给"患者"讲讲日常卫生知识。

○ 保证充足的睡眠时间。按国家规定,幼儿每天应睡12小时以上;小学生10小时;初中生9小时;高中生、大学生8小时。告诉幼儿,"你是在晚上睡觉时长高长大的"(据研究,幼儿体内生长激素的分泌,睡眠时比醒着活动时要增加3倍)。除保证睡眠时间外,还应注意:①养成午睡的习惯,脱掉衣服睡,否则易感冒;②注意幼儿的睡姿,侧睡为好;③注意睡眠质量,以睡得深沉、安宁为好。

○ 亲子游戏。为巩固训练成果,从3岁起可教幼儿唱《讲卫生拍手歌》,边学儿歌边练习。

你拍1,我拍1,天天早操一二一。

你拍2,我拍2,每天要带小手绢(儿)。

你拍3,我拍3,经常洗澡换衬衫。

你拍4,我拍4,消灭苍蝇和蚊子。

你拍5，我拍5，消灭臭虫和老鼠。

你拍6，我拍6，瓜壳果皮莫乱丢。

你拍7，我拍7，不乱吐痰擤鼻涕。

你拍8，我拍8，勤理头发剪指甲。

你拍9，我拍9，饭前便后要洗手。

你拍10，我拍10，脏臭东西不要吃。

你拍手，我拍手，公共卫生要遵守。

○ 妥善处理孩子的生病与用药。孩子生病，最常见的是感冒。小小感冒百病之源，若不及时治疗，也许会转化为肺炎、心肌炎、肾病等危及生命的严重疾病，父母切勿掉以轻心。感冒90%以上由病毒引起。由于治疗上普遍存在着滥用抗生素、滥用解热镇痛药以及以为几天后自然会好三大误区，更应高度重视。孩子生病后应注意：①及时到正规医院诊治，不要去找游医；②不要吃过期变质药品，更不要乱服药；③生病也是对孩子的一种考验，应鼓励他拿出勇气，战胜疾病。

环境濡染：初生婴儿，好似雪白的丝，家庭是他的第一个染缸。

○ 将一些名言警句条幅贴在家里的适当地方，如将"百病从口入，百病从手入"贴在卫生间，提醒孩子爱清洁讲卫生。

○ 为了让孩子从小养成良好的作息习惯，父母必须以身作则。家庭要安排好生活日程，使孩子知道什么时候该做什么事，应该怎么做。及早养成遵守作息时间的好习惯，长

大后才会科学合理地利用时间，提高工作、学习效率。

　　○ 家庭要保持清洁，让孩子从小生活在整洁、温馨的环境中。

礼貌是儿童和青年都应该特别小心地养成习惯的第一件大事。

——约翰·洛克

文明礼貌

20世纪20年代，美国曾经发现了两个由狼养大的"狼孩"。由于早期生活远离了人群，"狼孩"不仅没有学会人类社会的语言，而且在生活习性方面更接近于狼而不是人。人是社会性的动物，每个人必须生活在人群中才能真正成为"人"。而一个人要在人群中感到如鱼得水，就必须按照社会共同的游戏规则去交往和生活。

训练目的

通过训练，使孩子在言行举止、待人接物等方面都符合社会道德规范，给人以"是一个文明而有教养的孩子"的感觉。

训练方法 建议父母选用下列方法。

孩子知道该如何表达对他人的礼貌吗?

○ 为了让孩子牢牢记住礼貌用语,可教他背诵《礼貌用语歌》。

小朋友,请注意,礼貌用语要牢记。

找人帮你做事情,说个"请"字不费力;

问题得到解决后,道声"谢谢"表心意;

要是自己做错事,立即说声"对不起";

如果表示能原谅,立即回答"没关系";

早晨相见说"您早",平时相遇说"您好";

久别重逢又相别,握手"再见"勿忘了。

○ 英语礼貌用语歌。

小朋友,懂礼貌,

见到同学要招呼,Hi/Hello不能少。

上午见面道早安,Good morning.

下午见面问声好,Good afternoon.

晚上见面说声好,Good evening.

初次见面,Nice to meet you.

熟人见面,How are you?

得到帮助说谢谢,Thank you.

犯了错,说Sorry。

OK/All right要切记。

再见"Bye-bye"要牢记。

伴随着语言学习,告诉孩子如何称呼不同的人。在他们知道如何称呼爸爸、妈妈后，学习称呼爷爷、奶奶，接着是叔叔、阿姨、哥哥、姐姐、弟弟、妹妹。

体验快乐：帮助孩子感受到他的文明礼貌行为带给别人的快乐，同时也让他们意识到他们对别人不礼貌后别人的不高兴。

○ 提醒孩子观察使用文明用语后他人的情感变化。如可以告诉孩子说："你看，你叫了爷爷、奶奶后，他们很高兴，脸上都笑眯眯的。"

○ 让孩子比较为什么他有时到别人家玩受欢迎，有时到别人家玩不受欢迎。

当孩子在家里对家人有不礼貌行为时，成年人应该有意识地让孩子的要求得不到满足。比如，孩子需要帮忙，却不对父母说"请"字，那对他的要求父母可以假装没听见。这样，孩子慢慢就会感受到文明礼貌的重要性。

挑战自己：克服害羞和疏忽。

○ 鼓励孩子主动与人打招呼。

设计游戏情景，在家里练习。如，让孩子扮演迷路的孩子，他需要求助警察叔叔，于是必须向警察叔叔问好，向警

察叔叔讲清事情经过，然后感谢警察叔叔提供的帮助。当然还可以让孩子扮演医生、病人、哥哥、弟弟、姐姐、妹妹、邮递员、售货员等多种角色来练习礼貌用语，感受礼貌用语。

对孩子的进步，哪怕是微小的进步也要表扬。

反复练习：表现出文明礼貌，并反复练习。

○ 坐有坐相、站有站相、走有走相。

（1）幼儿由爬行到学会走以后，大人切勿有空就把他抱在膝上，而是让其自己走或坐。

（2）准备小凳子或小椅子，其高度以幼儿坐下双脚刚能与地面接触为好。发现不良坐姿如跷二郎腿等，应及时纠正。

（3）孩子上幼儿园、小学后，更应要求坐得端正，严禁在课堂、集合时有气无力、东倒西歪。行走时要步履轻盈、

 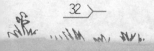 

抬头挺胸。发现孩子弓背时，可以轻轻拍一拍他的背，告诉他："孩子，要挺起胸膛做人。"发现孩子走路上下颤动、左右摇摆，或有内、外八字脚等现象，应及时纠正。

○ 打扮得体：衣着做到不穿奇装异服，不穿脏衣服，不穿紧身衣裤；女孩子不要穿短于膝盖的超短裙和吊带衣裙；不能烫发；不用口红等化妆品；不戴首饰如耳环、项链等。

○ 举止文明：

（1）进父母、老师的房间，要用手的中指关节在门上轻轻敲三下，经允许后，才能进去。可在家中当成游戏来做，加以演练。

（2）带孩子到邻居、朋友及同事家做客时，让其练习敲门或按门铃。

（3）带孩子到公共场所（公园、车站等）去玩时，不要让孩子在椅子上跳或站，不乱扔垃圾。

（4）家中来客后要向客人致意问好；拿水果、端茶水（不要让幼儿拿）应用双手；客人走后要送到门口道别。

（5）上幼儿园后，应教育孩子尊敬老师，可讲《老师比总统重要》等故事。

（6）孩子与年龄更小的儿童玩时，告诉他要谦让："你是哥哥（或姐姐），好玩具要让弟弟、妹妹玩。"

○ 文明礼貌行为要出自真情，体现出真情。

告诉孩子，在称呼他人或问好致意时，应面对被称呼者，语言要亲切，态度要自然，看着对方的眼睛。尤其是问候别人时，更要表现真诚、热情，面带微笑，流露出关切的眼神。

当然，也要告诉孩子，当亲朋、老师、同学、邻居等家中发生不幸事件，前往问候时，就不能面带微笑，而应表现出沉痛、同情、关爱的眼神。

接听电话的礼貌：孩子要文明接听电话，话筒轻拿轻放，拿起话筒先说："您好！"然后说："请问您找谁？"再说："请问您是哪一位？"如果大人不在家，应记下对方电话号码，承诺转告大人。最后不忘说"再见"。

环境濡染：一切尽在不言中。

○ 父母要求孩子做到的，自己首先应按上面的要求做出表率，让幼儿仿效。切记，大人之间不可当着幼儿的面争得脸红脖子粗，更不能吵架、打架。即使对家中养的宠物（狗、猫等）及农村家庭养的家畜、家禽如猫、狗等都不能使用粗俗的语言训骂，否则，幼儿就会把脏话牢记心中。

○ 用毛笔把礼貌用语写在卡片上，贴在墙上。书写力求工整，字大一些为好。告诉孩子，经常把这些礼貌用语挂在嘴边，会使听你说话的人心中感到非常舒服，都会夸你是个好孩子。

○ 创建温馨和谐、充满爱意的家庭氛围，注重孩子的自

 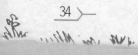

信心和良好礼貌习惯的养成。

建立平等、互相尊重、和谐的家庭关系有助于孩子良好的习惯的养成。父母对老人要尊敬；父母之间要相敬如宾；父母要关心热爱孩子，让孩子对父母产生亲切感和信任感，愉快地接受父母的教诲。如孩子早上起来要向爷爷、奶奶、父母道声"早上好"或者是"Good morning"，晚上睡觉时父母可给孩子讲讲故事，互道"晚安"或"Good night"。即使是孩子为父母做一点点小事，父母也别忘了说声"谢谢"或"Thank you"。当父母由于疏忽做了对孩子不利的事情时，应该有勇气对孩子说"对不起"或"Sorry"。这样，孩子亲身体会到家人之间的融洽相处、相互尊重带来的快乐，就会情不自禁地自己去行动的。

自私不是对自己
的爱，而是对自己的
恨。因为只有没有能
力付出的人，心中才
总想着自己。

——弗洛姆

设身处地为别人着想

把人们吸引到自己身边的最好方法就是让他们感觉到你对他们感兴趣。许多人之所以不讨人喜欢，是因为他们总是局限在个人的小天地里，总是念念不忘自己的私利。如果能够抛弃只为自己着想的念头，努力从内心里培育对他人的尊重和兴趣，不仅能使自己受到广泛的欢迎，还会赢得别人真诚的爱。

训练目的

通过训练，使孩子明白一个最起码的道理：人活着不能光顾自己，应该时时想到别人。落实在行动上就应做到尊重他人、善待他人、处处为他人着想。这样做的结果必然是利人利己。

训练方法

头脑里没有，就不会想到。

孩子，尤其是年龄较小的孩子，很容易以自我为中心，考虑问题时常常从自己出发。很多时候我们怪罪别人有问题，其实是自己也有问题。给你的孩子讲一个这样的故事，然后和他讨论如何看待别人和自己。

其实是自己的问题

有个太太多年来不断指责对门邻居家的太太很懒惰，"那个女人的衣服永远洗不干净，看，她晾在院子里的衣服，总是有斑点，我真的不知道她怎么连洗衣服都洗不干净。"

直到有一天，一位细心的朋友来到她家，才发现不是对面的太太衣服洗不干净。朋友拿了一块抹布，把窗户上的秽迹抹掉，说："看，这不就干净了吗？"

这个太太一看，才恍然大悟，原来是自己家里的窗户脏了。

移情训练。

当孩子在与他人的交往中遭遇挫折和矛盾时，要求孩子站在他人的角度设身处地地思考问题和想象可能的后果。

当孩子不爱护别人的玩具时，应让孩子停止行动，想想假如他自己的玩具被别人摔坏了，他会怎么样。

当孩子想要别人的东西而受挫时,让孩子想想他是否会把他最喜欢的东西给别人。

当孩子受到忽视时,让孩子想想他为什么不去关注别人。

当你的孩子让你不高兴时,你应该明确地让他知道你为什么不高兴。

当你因为孩子的进步而高兴时,你应该和孩子交流和分享这种快乐。

当孩子很想打听别人的隐私和秘密,让孩子想象自己有没有不愿意让别人知道的事。

上面这些努力将会使得孩子逐渐摆脱以自我为中心的习惯,从而对他人有所关注。

行动是最有说服力的:要让孩子学会尊重他人,父母、老师首先必须尊重孩子。

○ 父母必须尊重孩子。孩子如果生活在尊重中,他便学会宽容和尊重别人;如果生活在敌视和暴力中,他便学会好斗。心理学家洛克雷说:"一个人若从小品尝不到被尊重的感觉,长大了也不会懂得尊重别人,更不会去尊重社会的规范。"

○ 尊重孩子的前提是了解孩子。要多和孩子交谈,多在一起玩,做孩子的知心朋友。这样才能知道他在想什么,他最需要什么,他想干什么,他最关心什么,不关心什么,爱和谁在一起玩,爱玩什么,对老师、同学的态度如何等。家中购买大型家具、电器等不妨征求一下孩子的意见,若他的看法有一定道理,就予以肯定、赞扬,并且照办。在如此

民主、平等、和谐的氛围中长大的孩子，自然会觉得"大人这么尊重我，我更应该尊重长辈和其他人"。

○ 孩子自己的事情自己做，让他知道这样可以减轻父母的负担。从孩子2岁起就应训练让他自己吃饭，穿、脱衣服、鞋袜，扣纽扣。随着年龄增长，还要求孩子会用针线，会钉纽扣。经常提醒孩子，自己的事情自己做，不能麻烦别人。

○ 孩子由于好奇心强，在家中经常会翻箱倒柜，其实他自己也不知道到底要找什么。一旦发现这种苗头，家长不要高声斥责，而是告诉他，需要什么东西，可以告诉大人，不能到处胡乱找；不仅在自己家里不要乱翻，到别人家里更不要乱翻东西；在学校不要乱翻同学的书桌、书包；将来长大成人参加工作，尤其不能在同事、领导的办公室内乱翻。若小孩还听不懂大人讲的道理，可以采用转移注意的办法，将他立即带离现场，与他一起玩新鲜的玩具或游戏。

○ 当孩子喜欢和别人交谈时，应告诉他要尊重别人的隐私。家中来客人后，不要像户籍警察查户口一样去问客人：

"您贵姓？""叫什么名字？""家中几口人？""每月挣多少钱？"等。

○ 带孩子上街时，看到环卫工人为了保洁不断地在清扫街面，应立即对孩子讲，那些阿姨、叔叔是多么的辛苦，如果我们乱扔垃圾，他们就会更加辛苦，会给他们增添麻烦。

○ 带孩子进商场推开门时，应告诉他，先看看后面还有没有人，若后面有人时，等到别人进去后再松手，否则别人会撞上门而造成伤害。

○ 家里买回来食品，应该首先让孩子请家中的老人先吃，这既是弘扬尊老爱幼的传统美德，也是训练孩子心中有他人的好方法。

让诚信成为诚信者的通行证

> 不论我们的目标多么伟大，或者有多少伟大的事业等着我们去做，我们一定要遵守自己的承诺并且去做好它。因为经商和做人的成功秘诀中最不能缺乏的两个字就是"诚信"。
>
> ——百事可乐公司总裁

伟大的人格造就伟大的事业。在这个到处都充满着竞争的时代里，诚信显得尤其珍贵。诚信是最单纯而有力的生活方式和工作方式，因为在这种情况下一个人只需要面对自己一个人。如果说了谎言，就必须花更多的精力和制造更多的谎言去让谎言不被识破。

训练目的

我国目前正处于由计划经济走向社会主义市场经济的转型时期，诚信教育应引起人们的高度重视。重新建立信用体系，必须从儿童抓起。通过训练，培养儿童对人诚恳、讲诚信、说话诚实、重诺言、守信用等优良品质。

训练方法

该知道的：给你的孩子讲讲诚信故事，他就会明白一个对他以后的成长很有影响的道理——信用是金。

日本大企业家小池出身贫寒，20岁时在一家机器公司当推销员。有一个时期，他推销机器非常顺利，半个月内就同33位顾客做成了生意。之后，他突然发现，他现在所卖的机器比另外一家公司生产的同样性能的机器贵一些。他想：如果客户知道了，一定以为我在欺骗他们，会对自己的信用产生怀疑。于是深感不安的小池立即带着合约书和订单，整整花了三天时间，挨家挨户去拜访客户，如实向客户说明情况，并请客户重新考虑选择。

这种诚实的做法使每个客户都很受感动，结果33人中没有一个解除合约，反而成了更加忠实的客户。

给孩子讲清不诚信将付出高昂的代价。如南京著名的冠生园食品厂，2001年中秋节前用陈年的馅料做月饼，被新闻媒体曝光后，生产的月饼卖不出去，最终导致破产。由此可见，不守诚信，欺骗消费者，是会付出很高代价的。

成语"千金一诺"的来历：秦朝末年有个叫季布的人，非常重诺言，讲信用。人们都说"得黄金千斤，不如得季布一句诺言"。这就是成语"千金一诺"的来历。

面对孩子的撒谎。

在孩子撒谎时知道孩子在撒谎，父母只要多和孩子相处，多观察孩子的言语和行为，就能够及时地发现孩子的错误。

了解孩子为什么撒谎：

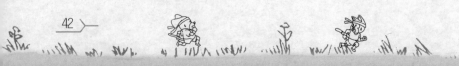

（1）父母言行不当被儿童仿效。如父母经常在孩子面前说这个人不好，那个人怎样，而当着那些人的面又称赞他们，或者让孩子不要把这些话告诉别人，久而久之，孩子就会仿效父母。有些父母经常有意无意地教孩子撒谎，如不喜欢的人敲门来访，就对孩子说："告诉他，就说爸爸不在家。"有时候，孩子没去上学，妈妈就教孩子给老师说自己病了才没去上学。孩子无形之中就学会了撒谎，将来在类似的情景中就会用类似的方法来对待父母及他人。

（2）为了逃避惩罚和不愉快的事情。孩子犯错误后受到的惩罚越严厉，就越可能撒谎。逃避惩罚是人的一种本能。所以，当孩子发生一些事情后，家长要详细了解事情的经过，千万不要只听孩子的一面之词，否则孩子开始撒谎了，家长还被蒙在鼓里。

（3）为了夸耀自己，引起别人的注意。比如一些有自卑感的儿童往往脱离实际夸耀自己，以引起别人的重视。所以家长对孩子的合理要求，还是要尽量满足，免得孩子被逼无奈而撒谎。

关键在于行动。

○ 身教重于言教。父母、老师应做到言行一致、表里如一、以身作则、不说谎话。无论对邻居、朋友，还是对同事、孩子都要做到诚实，讲诚信，切忌乱许愿去哄骗孩子，因为严格地讲，欺骗是一种罪行。

○ 父母切忌在家中当着孩子的面议论邻居、同事的事，不能说长道短；更不能在议论完毕后告诉孩子："我们刚才

讲的,你出去不要对别人说哦。"也不能告诫孩子,如果有人问你,你应该怎么怎么说。如果这样,就会污染孩子纯洁的心灵。

○ 一旦发现孩子有说谎的苗头,就应及时加以纠正,但切忌高声斥责、打骂,可以讲"狼来了"之类的故事,向他讲明撒谎的危害性。

及时发现问题。如孩子要钱,说是老师布置的需购买什么学习用品。家长就应避开孩子到学校找老师作追踪调查。若是撒谎,可及时教育。

○ 建立家庭信誉小档案。凡是孩子做了诚信的事,都加以详细记载,到一定的时间,可以在家庭聚会或有客人来访时,加以表扬。这是一种很好的精神奖励,一般不必给予物质奖励。若能将记录信誉档案长期坚持下去,通过长年累月的历练,自然就会让孩子养成讲诚信的好习惯。

○ 教育孩子千万不要贪占小便宜。告诉孩子,无论在生活上、学习上还是和小伙伴相处等各方面都要做到不贪小便宜,不存侥幸心理。一旦发现孩子贪占便宜,除及时制止外,还要讲清道理,告诫他任何一丁点儿的小便宜都会毁掉好不容易才建立起来的信誉。只要你诚实地对待每一件事,每一个人,别人(大多数人)也会同样以诚信来回报你。

○ 从进入小学一年级开始,每次考试之前都要反复告诫孩子,应该正确对待每一次考试,老老实实地做题,考出自己的真本领、真成绩,千万不可弄虚作假,如翻书、带纸条、偷看同桌的卷子或将自己的卷子交给同桌看等。一旦发现，应立即教育。

○ 借了别人的东西一定要还。"有借有还，再借不难"这是最基本的诚信。孩子借了同学或同伴的东西或钱，一定要督促他按时归还，并要对借贷者再三表示感谢。大人借了邻居的日常用品，在归还时最好带上孩子，以此作为示范。

○ 发现孩子做错了事，损坏了日用品，如打破了杯、碗等，应鼓励孩子大胆承认，只要主动认了错就给予表扬；切忌抱怨、训斥。大人做错了事如冤枉了孩子，应当着孩子的面勇于承认，做出检讨，为孩子树立榜样。

○ 守时训练。教会孩子能从挂钟、手表上读出时间之后，就应进行守时训练。告诉孩子，遵守时间也是诚信的重要表现之一。为此，父母应做到每天准时起床，准时吃三顿饭，准时送孩子上学，要求孩子准时回家（发现孩子延时回家，应问明原因），晚上准时睡觉。

一个对世间的生命充满着广博爱心的人是不可能变坏的。
——编者

热

爱

生

灵

人的内部有两种力量,一种是督促人向善的,一种是唆使人变坏的。从小就开始进行的热爱生命的教育,可以帮助人增加往善的方向发展的力量,从而最终使人内心善的一面战胜邪恶的一面。

训练目的

通过训练,使孩子懂得是大自然孕育了生命,我们应该珍爱自然界的一草一木,从而培养善心、同情心、爱心,并进一步升华为热爱人民、热爱祖国的崇高情感。

训练方法

他山之石：美国幼儿园是怎样教会孩子热爱生命的？我国新东方教育集团董事长俞敏洪讲述的女儿在美国读幼儿园的故事，是很发人深省的。

俞敏洪为了让女儿学好英语，在孩子4岁时就把她送到北美去读幼儿园。进园后几天，老师就带上一群娃娃到野外去捉毛毛虫。老师给每人发一个小纸盒，规定每人至少得养一只毛毛虫，每天给它喂湿润的菜叶，还要看看它有什么变化。老师还规定，年龄大、能写字的娃娃要作文字记录，不会写字的娃娃用画图的办法进行记载。娃娃们看到毛毛虫一天天长大，然后不吃不动变成茧（蛹）；过了不久，又看到茧子被咬了一个洞，飞出一只漂亮的蝴蝶。老师带上孩子到野外去，一齐放飞。呀！变成一群蝴蝶，翩翩飞舞，上下翻飞。孩子们快乐得唱呀！跳呀！跑呀！他们不仅亲眼看见了由毛毛虫变成蝴蝶的全过程，而且学到很多单词和全新的知识。有一次俞敏洪带上女儿到外面草坪的小道上散步，他不小心一脚踩死了一条横躺在路上的毛毛虫。这时，他女儿哭着说："爸爸，您踩死的并不是一只毛毛虫，而是一只漂亮的蝴蝶啊！"俞洪敏马上向女儿道了歉，表示今后走路时一定要多加注意，他女儿才慢慢平静下来。

上面这个真实的小故事中，老师只用了一堂小小的毛毛虫课，就把对生命的爱、对大自然的爱，根深蒂固地植入了孩子们幼小的心灵之中。为了培养孩子的爱心，建议父母和幼儿园的老师不妨仿效。只是应特别注意，美丽蝴蝶产的卵，

由卵孵化而成的幼虫（毛毛虫）大多是危害农作物和树木的害虫，属于歼灭对象，只有少数是益虫。

到大自然中找寻生命。

带孩子到大自然中去聆听大自然的声音。

（1）带孩子去公园玩时，教他认识含羞草（家中可以种一盆），并教他用小手轻轻触摸一下叶片，会发现它们迅速合拢。孩子定会惊奇地睁着大眼，会问："为什么呀？"对幼儿只能说："这充分说明，它虽然是草，但它是有生命的，是活的。"对大一些的孩子，则告诉他："想知道为什么吗？请去看《十万个为什么》吧！"

（2）买一盆跳舞草放在窗台上。当叶片长得十分茂盛时，选一个风和日丽的日子，让孩子从自己心爱的磁带中选一首优美抒情的乐曲播放，请跳舞草欣赏。这时奇迹便会发生。只见跳舞草宛如亭亭玉立的少女，舒展衫袖，和着美妙的曲子，情意绵绵地翩翩起舞；再让孩子换上一盘坏了的磁带，播放出，杂乱无章如牛吼叫的噪声，就会看到跳舞草会一动不动地"罢舞"，表现出十分反感的"情绪"。这些神奇表现难道还不足以说明一草一木都是有生命的吗？

［据研究，跳舞草是一种对一定频率和声波极其敏感的植物，与温度、阳光有一定关系。当气温在24℃以上且是风和日丽的晴天，它的小叶就会自行跳动；气温在28℃～34℃之间，或闷热的阴天、雨过天晴时，植株上的无数双叶片，时而如情人双双缠绵、紧紧拥抱，时而又像蜻蜓翩翩起舞，使人眼花缭乱，给人以美妙、清新、神奇之感。到了晚上，

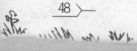

叶片全部竖贴于枝干，紧紧依偎。跳舞草在1999年昆明世界园艺博览会上真可谓出尽了风头。]

（3）和孩子一起在家中种几盆花、草，让孩子参与浇水等管理，并看着它天天长大。

（4）利用双休日或节假日，带孩子到郊区和农村，去小河边，去山坡上，去认识大千世界。让孩子亲手摸摸坚挺的竹木、顽石；亲眼看看破土而出的禾苗、小草；亲自闻闻百花盛开时的芳香；亲耳听听优美动听的蝉鸣、鸟叫；亲口尝尝桃、梨、枇杷的香甜；亲身经历春夏秋冬四季变化的美妙，从而激发孩子对大自然发自肺腑的挚爱和依恋。

（5）孩子过生日时，除了庆祝外，还可购一棵常青树如松、柏、香樟或竹子等，若自己家有园地就栽在园地里，若自己无园地则可以栽到绿化地或少年宫的空地上，让孩子自己挖坑、栽植、培土、浇水。事后也要让孩子精心呵护，让他伴随小树一起快乐成长。

动物和人一样，有着珍贵的生命。

和孩子一起养殖动物，感受成长之不易。

当孩子们懂得小动物依靠他们喂水、喂食才能生存时，他们和动物之间会产生一种神秘的一致性；当他们经过长时间耐心地给孵蛋的鸽子送草送食后，在一个明朗的晴天，终于看见小鸽子了；昨天还趴在窝里一动不动的老母鸡，终于在身边出现了一群唧唧喳喳的小鸡时，他们是那么珍爱这可爱的生命变化。

让孩子自己掏钱去动物园认养一只善良、可爱的动物，如熊猫、小鹿；或鼓励孩子捐款拯救濒临绝灭的动物，让他更加热爱动物。

撒满人间都是爱。

○这个故事可以讲给孩子听：真正的上帝是爱心。

有一个年仅五六岁的美国小男孩，不足一岁时父母双亡，当建筑工人的叔叔收养了他，叔侄俩的感情特深厚。有一天，不幸的事情发生了。他叔叔不小心从高高的脚手架上摔了下来，身受重伤，一直昏迷不醒。送到医院后，只听医生说："天啊！伤得这么重，只有上帝才能拯救他。"小男孩听罢，以为"上帝"是一种灵丹妙药，有起死回生之效，于是拿上唯一的一美元到大街上去买"上帝"。

"请问，您这儿有上帝卖吗？"第一家商店老板板着面孔说："没有，简直是胡闹。"老板认为他是故意捣蛋，便高声斥责："快滚蛋！"

小男孩一点也不灰心，走了好几条大街依次问下去，直到第29家商店，一个满头银发、慈眉善目的老人热情地接待了他。老人笑眯眯地问道："孩子，告诉我，你买上帝干什

么？"小男孩流着泪把他的身世和叔叔的遭遇说了一遍，老人也被感动得眼圈湿润了。老人又和蔼地问他："你有多少钱？""我只有一美元。""正好，孩子，上帝的价格刚刚一美元。"老人接过硬币，顺手从货架上取了一瓶"上帝之吻"的饮料交给他，说："孩子，千万不要着急，上帝会保佑你叔叔的。"

孩子喜出望外，兴高采烈地回到病房，把饮料一滴一滴地喂到叔叔口中，大声地对着叔叔的耳朵说："叔叔，我买到'上帝'了，你很快就会好了。"

两天之后，一个由世界上赫赫有名的医学专家组成的6人小组来到医院，对叔叔进行会诊。他们立即施行手术，并用了最好的药物，终于治好了叔叔的伤病。

一个月后叔叔出院时，一看天文数字的医疗账单差点又吓昏过去。医生告诉他有一位老人早已帮他付清了。原来小男孩遇到的老人是一位亿万富翁，从一家跨国公司董事长的岗位上退下来后，隐居本市，开一个小店打发时光。医疗小组正是由老人花重金聘请来的。

叔叔非常激动，次日带上侄儿，买了礼品，去杂货店感谢老人。到了一看，店已易主，原来老人已经卖掉杂货店出国旅游去了。他估计叔侄二人会来，行前便留下一封信。叔叔打开一看，激动得热泪盈眶。信中说："年轻人，您有这样一个侄儿，真是太幸运了。为了救您，他拿一美元到处购买上帝……感谢上帝，是他挽救了您的生命。但您一定要永远记住，真正的上帝，是人们的爱心。"

读这样的诗给孩子听："爱在右，同情在左，走在生命路的两旁。随时撒种，随时开花。将这一径长途，点缀得香花迷漫。穿枝拂叶的行人，踏着荆棘，不觉得痛苦，有泪可落，也不是悲凉。"

〇 唤醒孩子身上沉睡的爱的情感。

节假日让孩子陪着爷爷奶奶到户外去玩，去娱乐，让老人感到老而不孤。家中长辈患病，应叫孩子牵着老人走，对他说："请你当一次爷爷（或奶奶）的拐棍。"老人病卧在床，要让孩子去问候，还要端水拿药，送饭到床，喂饭到口。亲朋、邻居病了，带上孩子登门问候，孩子对病人的同情之心会油然而生。

带上孩子到敬老院、孤儿院去参观、访问，并为那些老人和儿童做一些力所能及的事情。如给老人送一块毛巾，给孤儿们送玩具等。

带孩子上街，看到那些年纪特别大的，缺胳膊少腿有残疾的乞丐，拿出零钱哪怕是1角2角，让孩子亲手交给他们。教育孩子，不要轻视他们，更不要嫌他们穿着邋遢，他们是人，也有人的尊严。让孩子知道，原来世界上有一些人，他们是弱者，确实需要我们去关照，去帮助。这也是培养善心、同情心、爱心的方法之一。只是要注意，对那些身强力壮的乞讨者，应教育孩子不要滥施同情心。

学校发动给灾区灾民捐助时，让孩子自己挑选衣服送到学校去，捐给灾区的小伙伴。鼓励孩子用自己的钱捐赠给灾区的同龄人。

孩子生日时讲讲他出生前后的事情：他在母亲腹内时的调皮捣蛋、生产时母亲的艰难、慢慢长大过程中的有趣事情。

让孩子生活在充满爱的环境中。

〇 让孩子感受到家庭成员之间的互相爱护和关心。

〇 让孩子享受无条件的爱：爱不仅仅是物质条件的提供，更重要的是无条件地被尊重，无条件地不断被引向进步。

〇 建立爱心小档案。凡孩子做了善事，就加以记录，并向亲朋好友加以宣扬。但孩子做好事后，不宜立即给予物质奖励，否则他会为了得到某种物质才去做好事、善事。只给精神奖励，可以使他体验到做好事、善事后内心充满欢乐是何等的愉悦，受到别人的赞美，内心真有说不出来的高兴。

〇 让孩子远离暴力。

（1）不到迫不得已，不要用暴力手段对待孩子。

（2）少看有暴力镜头的电影和电视。

（3）父母之间的打架、争吵最好不要让幼小的孩子看见、听见。

默认自己无能，无疑是给失败创造机会。

——拿破仑

让自信引导成功

我们的生命是自己的思想所造就的。多数自认为"不行"的人，实际上并不是真的不行。水只能在沸腾之后，才能变成蒸汽产生推动力，才能推动火车。人必须借助伟大而有生命力量的坚定的自信来催生我们潜藏的能力。

训练目的 自信是人的一种积极的心理品质，是培养孩子各种良好习惯的动力基础。自信更是人格的核心。缺乏自信是制约孩子健康成长的严重阻碍。通过训练，使儿童树立起自信心，享受成功的欢乐。

训练方法

父母和孩子都该知道的。

给孩子讲魔力发夹的故事。

有一个女孩子很忧郁，也很自卑，因为她总觉得自己不讨男孩子喜欢。偶然有一次，她在商店里看到一只漂亮发夹，当她戴起来的时候，店里的好几个顾客都说漂亮，于是她非常兴奋地买下了那个发夹，并戴着它去了学校。

奇妙的事情发生了：许多平日不太跟她打招呼的同学，纷纷来跟她接近；男孩子们也来约她出去玩，更有不少的人表示，原本呆板的她，似乎一下子变得开朗、活泼多了。

这个女孩子想："都是因为我戴了神妙的发夹。"随即她想到店里还有其他样式的许多发夹，应当多买一些来试试。于是，放学之后立即跑到那个商店。意想不到的是，她才进店门，老板就笑嘻嘻地对她说："我就知道你会回来拿你的发夹。早上当我发现它掉在地上时，你已经一溜烟跑去上学了，所以只好暂时为你保存着。"

这时女孩子才发现，自己的头上根本就没有戴发夹。

看来，影响我们信心的不是别人，而是我们自己怎么想。

只有自信才能成功，成功导致自信。告诉孩子，自信就是自己要相信自己。讲一些因为自信而获得成功的小故事。如邓亚萍曾连续多年获得乒乓球女子单打世界冠军。一次，中央电视台《东方之子》栏目记者采访她时问道："你怎么会每次都获得乒乓球单打世界冠军呢？"邓亚萍跷起大拇指说："我自信！"可见，一个人只要有了自信心才谈得上成功。

学会赏识自己的孩子：

○ 父母任何时候都不能对孩子说"你还小，你不行"，更不能说"你真笨、笨蛋、蠢猪"等话。而应该多说："你真行、好能干哟！"否则，会在孩子幼小的心灵中留下自卑和"我真的什么也不行"的阴影。

中国赏识教育的提倡者周宏，通过二十多年的努力，把双耳几乎全聋的女儿，培养成一位学识出众的高才生。有一次，他让小女儿做应用题，10道题她只做对了一题。作为家长，如果遇到这样的情况，肯定会责备自己的孩子。但是，他却在做对的那道题上打上一个大大的红钩，然后在纸上写了一行字给女儿看："你太了不起了，第一次做应用题就对了一道，爸爸在你这个年纪的时候，碰也不敢碰。"8岁的女儿看了十分兴奋，从此对数学产生很高的学习兴趣，数学成绩也一直很好。就从这件事开始，女儿对自己有了信心，于是学习越来越好，克服了耳聋的缺陷，后来到国外留学而且被评选为"中国十佳女性"。

○ 数子十过，不如赞子一长。意思是不要光在孩子身上找缺点，而是应该用放大镜去找他身上的优点和闪光点，变批评、贬低为适时肯定和赞许。孩子生活在鼓励中，他便学会自信；生活在批评中，将学会谴责。孩子幼小的心灵就像娇艳的含苞待放的花蕾，经不起暴风骤雨式语言的摧残。林肯曾说："每个人都希望受到赞美。"夸奖可以使孩子变得聪明；辱骂只能使孩子变得愚蠢。其实赞赏、夸奖、鼓励也是爱的表现形式。

成功也是成功之母：让孩子多获得些成功体验。

○ 感受成功从小开始。

孩子从会走路、说话开始就以"好动"为特征，什么都觉得新鲜、好奇，什么都想去干。父母应坚决摒弃"听说听教就是好孩子"、"不乱说乱动就是好孩子"等错误观念，千万不要这也不准摸，那也不准碰，一切都包办代替，否则必然使孩子产生依赖思想，从而导致自卑、胆怯、能力低下……父母应当相信孩子，支持他大胆去干，只需做好保护工作，避免受到伤害就行了。例如，吃饭时孩子要帮大人端菜，大人就帮忙托着盘子底下；他要搬凳子，就让他和大人抬（主要是大人使劲）；他要用拖把拖地，就让他在下面拿着，大人拿着拖把上端来回使劲，或干脆给他绑扎一个小拖把，让他去拖。如此，就会使幼儿的心理得到满足，自信心就会不断增强。

○ 在游戏中感受成功。

（1）3岁起可教幼儿做"石头、剪刀、布"的游戏，先讲清规则，再用手比画。大人赢几次后，也得让幼儿赢一次。这样他会感到特别高兴。

（2）教孩子下跳棋、象棋（小学中年级后，父母有能力的可教围棋）。仍然是父母赢几盘后，让孩子赢一盘，如此可让他树立起自信心。

○ 用录音机把孩子唱的儿歌、朗诵的诗歌、报告的见闻、讲的故事以及小演讲等都录下来制成"××专集"，经常放出来供全家欣赏，孩子会受到很大鼓舞。

○ 目前报刊、电视、广播等媒体内容丰富多彩，早已建成相当完整的体系。以刊物为例，从刚学会看图的婴幼儿到幼儿园、小学、初中、高中、大学、研究生都有对口杂志。这些杂志不仅是阅读材料，也是孩子一试身手的好阵地。从幼儿读物如《看图说话》开始，各类刊物几乎期期都有征答、竞赛内容。父母切勿等闲视之，应鼓励并启发孩子去完成，让孩子有获得胜利的机会。当然还可以鼓励热爱写作的孩子向这些他们自己钟爱的报刊写稿，一旦孩子的名字出现在上面时，其内心对成功的体验，真是妙不可言。孩子取得荣誉，也就是取得了自信心。也许正是一次小小的胜利，就奠定了他（她）毕生努力的信念和方向。父母应明白，这样做并非培养孩子的虚荣心，这些竞赛获奖者或文章刊出者确实增强了荣誉感。不可否认，名字首次出现在报刊上，使他们有一种小小的"出人头地"之感，但也许正是这一机会使他们的自尊心得到了满足，使他们有了更加强烈的争强好胜之心，有了保持荣誉和继续获得荣誉的坚定信念。对于儿童来说，正面的鼓励和奖掖始终比讽刺和打击能起到更好的作用。

带上孩子从公共汽车起点站上车，先一人占一个座位，

待人越来越多后，当孩子主动给老、弱、病、残、孕或带小孩的乘客让座，当孩子受到别人的夸奖时，他的自信心会大增，心中会暗暗下决心，今后还要做得更好。

和孩子一起对付自卑。

○ 告诉孩子，自卑不完全是坏事。著名心理学家阿德勒有一句名言：人类的所有行为，都是出自于"自卑感"以及对于"自卑感"的克服和超越。

发现孩子有了自卑感，做什么事都缺乏自信，可以这样告诉孩子，能意识到自己的不足，这是好事，不是坏事，应该把自卑转化为自奋。给孩子讲讲古今中外很多名人由于正确看待自己的缺陷或不足从而摆脱自卑的阴影终于取得成功的故事。如明代的大药物学家李时珍考举人三次落榜；郭沫若耳聋；华罗庚是跛子而且书只读到初中；齐白石40岁才开始学画国画；罗蒙诺索夫19岁才上学（19岁前当渔民，后来任莫斯科大学校长，俄国科学院院长）；拿破仑是个跛子而且身材矮小；贝多芬相貌奇丑而且26岁以后耳就聋了；林肯是个孤儿；高尔基才读几年书无缘进大学之门……这些人的不幸遭遇或生理上的缺憾带给他们的自卑，最终成为了他们发奋的动力。20世纪70年代初，继美国与中国恢复正常邦交之后，紧接着就是日本首相田中角荣迫不及待地访问中国，使中日两国也恢复了正常交往。可是却很少有人知道这位世界著名的演说家和政治家的政坛上的风云首相，小时候却是个口吃患者（结巴）。

○ 千万不能伤害孩子的自尊心。不要当着客人、小伙

伴的面训斥或打骂孩子，否则他会觉得丢了面子。一个人自尊心受到严重伤害后，往往会对一切都失去自信，甚至还会产生逆反心理，专门和父母、老师对着干，实施"报复"。

有的孩子会当着客人或小伙伴的面向父母提出各种各样的要求，这种行为常常被称为"人来疯"。遇到这种情况，父母一定要慎重对待，不能简单地肯定或否定，应做具体分析，凡孩子提出的要求合情合理，又在家庭经济许可的范围内，可以爽快地答应，并尽快兑现；对于提出的不合理、过高的要求，也不要一口回绝，可以这样告诉孩子："你的要求是好的，但是现在还做不到，等和你爸爸（妈妈）商议一下再告诉你，好吗？"或者说："你要买的那种东西我不熟悉，我们去问一问××（孩子最亲近、最敬重的亲朋）看是否适合你，再做决定好吗？"这样做，父母和孩子都不至于处于尴尬的境地。

○　不要轻易对孩子作出"不行"的评价。孩子都喜欢唱唱歌、跳跳舞，当他高兴地唱歌时，哪怕音唱得再不准，大人也不能说"唱得一点都不好""很难听""难听死了""像牛叫"；当孩子跳舞时，再笨拙，大人都不要嘲笑、讽刺。否则，由于自尊心受到伤害，孩子以后就再也不敢唱不敢跳了。正确的做法是：大家都夸奖，给他鼓励、赞美和肯定，帮助孩子树立起自信心；而挖苦加讽刺易使孩子产生自卑感。

○　降低标准，逐步提高。不要攀比，自比为好。有的父母常常用自己头脑中理想的天才儿童作标准来要求自己的孩子；有的爱用邻居、同事和朋友子女的优点和强项去比自

己孩子的缺点和弱项。攀比的结果往往是标准太高，难以达到，最易使孩子丧失自信心。正确的做法是：拿自己的孩子作参照系，看现在的表现与过去相比，今天与昨天相比是否有进步？只要有一丁点儿的进步就加以肯定和鼓励。

○ 将要实现的目标分解成比较容易完成的小步子，然后一个一个逐步提高。

当孩子的学业落后时，帮助他找准问题，然后具体给予帮助。埋怨和训斥最伤孩子的自尊心。

"我能行"行动。

将"我能行"的歌谣贴在孩子能经常看见的地方。

我能行

相信自己行，才会我能行；
别人说我行，努力才能行；
你在这点行，我在那点行；
今天若不行，明天争取行；
能正视不行，也是我能行；
不但自己行，帮助别人行；
互相支持行，合作大家行；
争取全面行，创造才最行。

家长找出孩子现在能够做到的一个可行领域，开始"我能行"行动。

> 没有规矩，不成方圆。
>
> ——古代谚语

遵守规则成大器

社会是一个游戏场，进去的人都必须遵守共同的游戏规则。社会规则并不总是对人的限制，它还给人提供内心的安全感和归属感。我们感到的自由其实是在掌握科学的规则之后的一种随心所欲。如果不遵守语言表达的规则，人与人之间就无法交流；如果不遵守交通规则，人的性命安全就失去保障。一句话，没有规则便不存在人类社会，社会其实就是一个约定俗成的规则体系。

训练目的 通过训练，使孩子明白我们这个世界是一个有规则的世界。规则使我们有安全感；规则使我们有判断是非的标准；只有规则才能使社会生活正常运转。

训练方法

把这些反复说给孩子听。

格言、谚语、名言

不依规矩不能成方圆。

21世纪是一个更加讲规则的世纪。

世界上找不出一个完全不受规则约束的人。

WTO（世界贸易组织）就是规则体系。

有了秩序，才能顺利进行一切事务。

遵守规则并不意味着有付出就要有回报，而是意味着做人要诚信。

○ 晓之以理从零岁开始。

孩子来到这个世界，由小到大是从无知到有知，从知之甚少到知之甚多的过程。因此，从孩子能说话、走路开始，父母就必须每天都制定出规矩来约束、管教孩子。要明确宣布哪些事可以做，哪些事不能做。语言要简练、明白，绝不能模棱两可。语气要坚定，让孩子知道只有对与不对之分。例如对1～3岁的幼儿可以规定：不能玩火；不能到水池、河边去玩水；不能随便去玩电线插头；不能玩小刀、剪刀、菜刀；不许骂人、打人等。每当发出这些禁令时，都要不厌其烦地解释原因及后果，不管孩子听懂与否。

必须体验到不遵守规则的痛苦。

○ 不遵守家庭生活中的基本规则必须受到相应的惩罚。比如，该吃饭时不好好吃饭，就只有挨饿直到吃下一顿饭的时候。

有奖有惩。孩子按规矩办事，品行优良，应及时表扬、称赞，最好不给物质奖。当孩子不守规矩，犯错误时，让他明白必然会受到处罚。幼儿一般有两种途径去认识周围世界，一是玩耍；二是从错误中获得进步。因此，孩子犯错误时绝不能姑息，可以用认错、道歉、罚站、停止做某种游戏、反省等办法进行惩戒。在实施时要注意：惩罚时间要短，不宜过长；切勿用不准吃饭、不准穿衣、罚跪等方式进行惩罚。

○ 完全有必要把孩子带到车祸现场，去看看惨不忍睹的景象。让其多参观几次流血事件比不让见好得多。好处其一，让车祸在孩子心灵深处打上永远不会磨灭的烙印，知道遵守交通规则的重要性；其二，可以消除恐怖心理。还可以带上孩子到医院去慰问因车祸住院的病人，让他们现身说法，使孩子受到深刻的教育。

认识规则并按规则行事。

○ 带孩子到公共场所去，告诉他从小要养成遵守公共秩序的好习惯。乘车、购物等，都要自觉排队，按顺序进行。

○ 从孩子 3 岁起，父母就应带

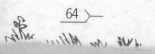

他到繁华的大街去进行安全教育。让孩子识别警察叔叔、人行道（斑马线）、红绿灯等。教孩子唱儿歌："红灯停，绿灯行，不守规矩撞死人。"还要告诉孩子，到晚上，即使没有警察叔叔站岗，也没有其他行人，遇到红灯也要停。

○ 陪孩子做任何游戏（包括下各种棋）都是教育孩子按规则办事的良好机会。游戏之前大家都必须先讲规则，"先说断，后不乱，不后悔"。

引导孩子进行体育锻炼时，老师、父母都必须先讲运动的规则，集体活动时绝不允许争抢、打闹。

与学校紧密配合，对孩子进行法制教育，让他们明白遵守法律、遵守校规等都是大规矩。要求孩子能够自觉遵守，学会自己教育自己。这是一个自我行为的控制过程。通过说理的办法逐步让孩子能做到自我命令、自我鼓舞、自我禁止、自我约束、自我检查，从而使他自己成为：在学校是守纪的好孩子，出学校是守法的小公民。

当一个人感到有一种力量推动他去翱翔时，他是决不会去爬行的。

——海伦·凯勒

牢记责任

责任心是个体不断发展和完善的催化剂。可是，当前社会的某些风气却使年轻一代形成了被动的性格基调。所有的家庭都在为孩子提供最好的生活待遇、最好的学习条件。在比过去优越得多的物质条件中，孩子的自觉性差了，责任心也被抛到了脑后，因为他们常常认为无论他做什么都不那么重要，对别人也不会有什么帮助，因而无须对社会承担什么责任。

训练目的 通过训练，让孩子知道一个人只有首先为自己的言行和过失负起责任，将来才能为祖国、为社会、为人民承担起责任。

训练方法

父母重视的便是孩子将来追求的。

○ 父母注重培养孩子的责任感，正是对国家、社会、民族负起应尽之责的具体表现。每个人都应该清楚地意识到，责任感既是做人的基础，更是成才的基础。一个对任何事情都丝毫不负责任的人，当外族入侵，国家受难，黎民受苦之时，是不可能挺身而出、舍生忘死为国捐躯的。

○ 这些格言、谚语、名言在你的头脑里能引起感想吗？

家庭兴衰，人人有责。

国家兴亡，匹夫有责。

人非圣贤，孰能无过。

知过能改，善莫大焉。

给孩子提供承担责任的机会：

○ 给孩子锻炼的机会。让他除了自我服务（自己的事情自己做）而外，还可以承担一些固定不变的、力所能及的劳动，并要求负责到底。如每天取报纸、牛奶；给金鱼投食、换水；浇花并要求记下何时出现花蕾、何时开花等。对这些

孩子会很感兴趣，很乐意去负责完成。

○ 把家里的困难告诉孩子，在重大问题上征求孩子的意见。经常与孩子谈心，做孩子的知心朋友。召开家庭会议，认真讨论经济开支、人情往来等。除大人发表意见外，也要倾听小孩子的看法、想法。当他的正确建议被采纳之后，他就会觉得自己也是家中"举足轻重"的人物，家庭责任感会油然而生。否则，他会认为对家庭的事采取"事不关己，高高挂起"态度。

○ 给孩子讲讲为自己行为负责的小故事，如《里根打碎邻居玻璃之后》等。带孩子看一些富有教育意义的电影，如《背起爸爸上学》这部电影曾经感动得多少人热泪盈眶，一个"背"字，不仅体现了父子之情，也体现了孩子对家庭的责任，是孩子"背"起了家庭的责任。这种久违了的反哺情结常常强烈震撼着人们的心灵。

在过错中学习对自己的行为负责：重要的不是错误的轻重，而是犯错误后的态度。

○ 孩子是在错误和闯祸中成长起来的。没有闯过祸的孩子长不大。闯祸的孩子，不一定就是坏孩子。每一次错误和闯祸都是培养孩子自我行为责任感的良好契机，关键是父母如何面对孩子的过失。一顿严厉的训斥或打骂，可能使孩子非常反感，下次再闯更大的祸；过分的宽容，一切由父母善后，会使孩子无法认识犯错误的严重性，下次继续闯祸。正确的做法是分清是有意为之还是无意为之，视其过失的大小都应立即进行教育。因为此时给他讲道理，可以使他刻骨

铭心、永生难忘。无论哪种情况，都应辅以适当的惩罚，如让闯祸的孩子自己做好善后工作，使孩子知道，必须为自己的行为负责，从而对自己的行为产生内疚感。

○　应该让孩子在过失行为后接受必要的处罚，这些处罚会让孩子对自己犯的错误产生深刻印象。孩子失手打碎了碗、杯、花瓶等，要让他自己去收拾"残局"，用扫帚、畚箕打扫干净，水杯打翻了，拿抹布擦干。若是孩子发脾气，有意摔打的，应立即把他带到另一个房间"面壁反省"，让他先平静下来，待主动认错后，再给他讲道理。孩子损坏他人的物品后，一定要让他赔礼道歉，并照价赔偿。以上这些做法，都是从小就让孩子懂得应该为自己的行为负责的有效方法。

○　重要的不是孩子犯的是什么错误，而是犯错误后的态度。当孩子有了过失之后，对自己的行为有了充分认识，并为此而深感内疚之时，应给予安慰，让他产生一种勇于负责的自豪感。父母千万不要说："明知不对，为什么还要去干？""早知今日，何必当初？""算你还有点良心"等等有伤孩子自尊的话。

人们在未来社会要取得成功，源于30%的才能加上70%的人际协调能力。

——卡耐基

善 于 交 往

人生来是不带镜子的，因此人是从别人的眼睛中看见自己的。对于孩子来说，除了父母之外，和他年龄相近的同伴也是他成长过程中不可少的镜子。善于和同伴交往，他会从中获得信心和情感支持；相反，如果同伴关系不良，尤其是在幼儿早期有被同伴拒绝的经历，会让孩子终身有一种不完全感和不满足感，从而容易在将来出现这样那样的心理疾病。

训练目的 通过训练，让孩子懂得：（1）一切物质财富（吃、穿、用的产品等）都不是哪一个人能创造出来的，一个人在世界上是无法生存下去的；（2）在未来的社会里，不与人合作将一事无成；（3）公平竞争并不排斥团结合作。

训练方法

不要小看社会交往在人的成长中的作用：让孩子明白和他人交往的重要性。

〇 把这些格言、谚语、名言念给孩子听。

己所不欲，勿施于人。

责人之心责己，恕己之心恕人。

一个巴掌拍不响，百个巴掌响当当。

一个篱笆三个桩，一个朋友三个帮。

人与世界的关系是一种人的关系。那么，你就只能用爱来交换爱，只能用信任来交换信任。

人们在未来社会要取得成功，源于30%的才能加上70%的人际协调能力。

〇 带孩子去参观一个自动化程度比较高的工厂（如制衣厂）。在仔细观察工艺流程后，他自然会得出结论：原来，每件衣服都是由很多阿姨、叔叔共同努力才完成的。事后应告诉孩子，现代企业的成长都是各类人才团结协作的结果。一个人如果不具有团队精神，不善于与人合作，即使再有能力，哪怕才高八斗也会被别人拒之门外。

〇 当代的独生子女，大多居住单元楼房，与邻居"电视锅盆之间相闻，老死不相往来"，加之父母过分溺爱，缺乏与人交往的机会，很易养成唯我独尊的性格。其实，任何孩子都有与小伙伴交往的强烈的心理需求。因此，家庭成员（成人）与孩子的交往，根本不能替代小伙伴与孩子的交往。孩子的社会交往能力应在儿童的小社会中去培养。为此，父

母应消除怕孩子吃亏的心理。带孩子到公园、车站、码头等公共场所去玩时，他往往会主动去找别的小孩玩。父母不要说："快回来，不要随便与不认识的人玩。"更不要老是牵着、抱着、紧紧盯着，应鼓励孩子去交往。

教给孩子交往的方法。

○ 在家庭中创造一个平等、和谐、温馨、自然、充满情趣的交往氛围。记住，孩子如果生活在温馨、和谐的环境中，他便学会钟爱别人；如果生活在歧视的目光中，他便学会仇恨一切，不与任何人交往。

○ 教会孩子正确交往的方法，引导他珍惜、巩固和发展友谊。孩子吵嘴了，不要去责备别人的孩子而偏袒自己的孩子，让自己的孩子处处占上风；更不要让孩子断绝往来。

孩子是不会记仇的，孩子的仇往往是大人煽风点火形成的。正确的做法是问清楚原因，如自己错了应主动赔礼道歉。要相信孩子自身有很强的修复友谊的能力。

孩子的小伙伴病了，要提醒孩子登门或去医院看望。带一束花或画一幅画比带水果好。

孩子的小伙伴们来家做客，父母应表示特别尊重和欢迎，要热情接待、关怀备至。一群孩子在活蹦乱跳，难免会把干净、整洁的客厅弄得又脏又乱，但是千万不要抱怨。当孩子的自尊心得到充分满足后，与人交往的自信心就更足了。待小客人都走了后，再叫孩子帮忙打扫，他会干得比任何时候都卖力。

○ 规范孩子的交往行为。每次外出做客之前，必须约法三章：（1）要有礼貌；（2）不能在别人屋里到处乱翻，要有客人的样子；（3）和小伙伴要友好相处，不能吵架、打架。孩子表现好，回家路上就给予表扬。如违犯了任何一条，可明确告诉孩子，取消下次去做客的资格。

○ 学会欣赏别人。经常提醒孩子，世界上没有完人，任何人都是既有优点，又有缺点。遇到讨厌的人，应想想自己是否也有与他类似的毛病。让孩子自己具体分析一下在自己的好朋友中，每个人的优点、缺点，再说一说自己的优缺点。如果能取人之长，补己之短，不仅可以增进友谊，还可以使自己成为一个优点多、缺点少的人。

○ 无论何时、何地父母都不要对孩子说："你不要太软弱了。有人骂你，你就骂他；有人打你，只要他先动手，你

就打他。""打不赢，就咬他一口。""你不能老是吃亏，拿果果时要拿大的、好的。"正确的做法是告诉孩子，有人欺负你时，应报告老师；给孩子讲孔融让梨的故事，并记住"吃得亏，打得堆"。

给孩子的交往提供机会，让孩子们自己解决交往中出现的问题。

○ 对于胆怯、性格内向的孩子，父母应多带他到亲朋好友家去做客，创造交往的机会。对专横、使性的孩子，在家中长辈不可事事迁就，要敢于对他不合理的要求说"不"，但不能用简单粗暴的方法处理，说了"不"还要摆事实讲道理。

消除孩子的"社交恐惧"心理，鼓励与同伴积极交往。每天晚上临睡前最好问一问："今天和哪些小伙伴玩的？玩得好不好？怎么玩的？"

○ 开展"小伙伴一日游"的活动，让你的孩子在双休日时约上他的几个好朋友到家中玩上一天。孩子读到五年级时，可以给他一笔钱（一天的生活费）让孩子和小伙伴们自己计划、自己采购、自己烹饪，锻炼计划、动手能力。下一个双休日时，又可到另一家，多个家庭共同为孩子创造锻炼机会。这样做不仅有趣，利于促进孩子间的交往，还可锻炼孩子们多方面的能力。

○ 对孩子最知心的好朋友，父母不要轻率地加以肯定或否定。正确的做法是对那位（或几位）好朋友，找老师或邻居做一些调查了解：若品德好，给予充分肯定；若品德有

欠缺，应把你的感受委婉地告诉孩子。还要告诫他："品味高的朋友能使你情操高尚；格调低的朋友会使你庸俗浅薄；坏朋友很可能会使你变得丑陋，甚至坠入犯罪的泥潭。"

○ 孩子们大多因崇拜歌星、影视明星、球星而成为"追星族"。如果发现孩子的朋友中有狂热崇拜者，而且你的孩子已经受到同化时（如在他房间四壁贴满"星"们的大幅彩照或常听某歌星的流行歌曲等），也不要惊慌失措，应及时引导。可以对孩子讲，这些"星"可以给人们带来欢乐，只可欣赏，大可不必过分崇拜。应勉励孩子多多崇拜"科星"（科学家），为他们讲讲陈景润、诺贝尔、居里夫人等人的故事。

伟人既是脆弱的凡人，又是无畏的神人。

——古罗马哲学家塞涅卡

战胜挫折

俗话说，人生不如意事十之八九。身处挫折中时，很多人都会陷于自卑，整天忧郁烦闷。但是，其实我们不知道，我们从挫折中学会的东西要比从成功中学到的东西多得多。挫折是成长的必经之路，它最能检验一个人的综合能力，也最能激发人的原动力。

训练目的 通过训练，让孩子知道任何人的一生都不会是风平浪静、一帆风顺的。前进的征途上有很多的拦路虎，有数不清的艰难曲折。只有那些有理想、有抱负、有信心、有决心、有恒心、不怕困难、不怕挫折的人，才能攀登上成功的顶峰。

训练方法

让孩子知道挫折对渴求成功的人来说是试金石。

带孩子去吃肯德基时，别忘了把肯德基老爷爷哈伦德·山德士的故事讲给孩子听：

他出生于一个印第安纳州的农民家庭。

5岁时父亲去世。

14岁时从格林伍德学校辍学开始了流浪生涯。

在农场干过杂活，干得很不开心。

当过电车售票员，也很不开心。

16岁时谎报年龄参了军，军旅生活也很不顺心。

一年后开了个铁匠铺，不久就倒闭了。

随后到南方铁路公司当了机车司炉工。他很喜欢这份工作，以为找到了自己的位置。

18岁时娶了媳妇，没想到仅过了几个月的时间，在得知太太怀孕的同一天被解雇了。

接着有一天，当他在外面忙着找工作时，太太卖了他们所有的财产逃回了娘家。

随后大萧条开始了。

他没有因为失败而放弃，他确实努力过了。别人都这么说。

还是在铁路上工作的时候，他曾通过函授学习法律，但是后来放弃了。

他卖过保险，也卖过轮胎。他经营过一条渡船，还开过一家加油站，他都失败了。他曾经对自己说："认命吧，哈

伦德永远也成功不了。"

他策划从离家出走的太太那儿绑架自己的女儿。他观察了女儿的生活习惯,知道她下午什么时候出来玩。可是在准备绑架的那一天,她却没有出来玩。他还是没能突破他的失败。

后来,他成了一家餐馆的主厨和洗瓶师。正好一条新的公路刚好穿过那家餐馆。

接着到了退休年龄。一辈子就这么过去了,而他却一无所有。有一天邮递员给他送来了第一份社会保险支票。政府同情他,政府说,轮到你击球时你都没打中,不用再打了,该是放弃事业退休的时候了。

就在这一天,哈伦德身上的什么东西愤怒了,觉醒了,爆发了。

他气坏了。他收下了那105美元的支票,并用它开创了新的事业。

他终于在88岁的时候大获成功。

他用他的第一笔社会保险金创办的崭新事业正是肯德基家乡鸡的生产。这个到了结束的时候才真正开始的人就是哈伦德·山德士。

困难像弹簧,看你强不强;你强它就弱,你弱它就强。智慧的花朵需要用毅力去浇灌。

他们是这样训练孩子的。

○ 不妨借鉴一下哈佛女孩刘亦婷的父母训练她的忍耐力的方法。

（1）刘亦婷10岁时，她的继父在冬天让她用手捏冰10分钟；

（2）她妈妈提议母女二人打赌，踮起脚尖做15分钟的"金鸡独立"练芭蕾舞的基本功；

（3）冬天下雪时，在外面打雪仗、堆雪人；

（4）冬天，寒风凛冽，做"我们都是木头人"的游戏，即一不说话，二不能动，三不能笑，坚持3分钟。

通过这些训练，可以使孩子具有一般人所没有的很强的承受能力。

○ 刘少奇训练孩子的独立能力的远距离放飞训练法。

1965年暑假，刘少奇写了一封信，让小学毕业不久、刚满12岁的小女儿平平独自一人给远在河北新城县工作的妈妈王光美送去。秘书、警卫都紧张地忙碌起来，打算先去给她买票，再送她去车站。少奇同志知道后坚决予以制止。他说："我写封信让平平送到她妈妈那里去，你们不要给她买车票，更不准用小车送她到汽车站，就是要她自己去买票上车。"又说："小孩子不能什么事情都靠大人，要让他们自己去闯闯，这样才能得到锻炼，否则将来还是不会做事。"就这样平平独自一人去了新城。刘主席的话对那些为孩子"包办一切、一揽到底"头脑昏昏的父母们，无异于一服清醒剂。我们建议：（1）把孩子带到距家较远的地方后，让孩子独自走路或乘公共汽车回家。由近及远，起初可请亲朋中孩子不认识的成人或大孩子监护，以防不测。（2）让孩子独自到离家较远的亲朋家中去。

硬着心肠也要进行的挫折教育。

○ 天下父母没有不爱孩子的，但是父母首先要明白，为了使孩子将来能适应高压力、快节奏的社会要求，孩子们必须具有一定的受挫能力。受挫能力又叫挫折商，是决定一个人人生之路的重要标尺。挫折教育本质上是对孩子良好意志品质的培养，为此，父母必须硬着心肠，从小抓起。

从小让孩子自立，长大了才能独立。不能自立的孩子，永远都走不出父母编织的保护圈。应理直气壮地告诉已懂事的孩子："父母的饭吃得饱，但吃不到老。"

○ 孩子能做的事，就让他自己做。

（1）婴儿时期白天让其自己睡在摇篮里或坐在椅子内自己玩，不可成天抱在怀里。

（2）学会走路后，摔倒了，不要全家出动去拉、去哄，而是让他自己爬起来，接着走。

（3）2岁左右应自己吃饭、洗手、解便。

（4）三四岁时应与大人分床。可采用逐步迁移法，先在大床前面安小床，等孩子习惯了再搬到单独房间去。

（5）五六岁时自己洗内衣、内裤。逐步让孩子独自一人在家，克服恐惧心理。

（6）上幼儿中班后让孩子自己整理文具、书本、书包，大人不要包办代替。即使什么东西拿掉了都不要管，只有当老师批评后，才会从中吸取深刻教训。

（7）上小学后，要让孩子自己去体验和感受四季的变化。天热了，让他自己脱衣服；天冷了，自己加衣服。即使感冒

了也只能说:"每年得几次感冒的人,可以预防癌症。"

(8)上小学中年级后最好让孩子自己独立上学,不要专人接送。

(9)上小学高年级后,让孩子独立自主处理自己的事情,父母的建议仅供选择。

(10)外出参加集体活动如夏令营、旅行等,可以事先提醒注意事项,但不要帮忙收拾应带物品,即使孩子遗忘了也不要管他。

利用一切机会,锻炼孩子坚强的意志品质。孩子生病,吃药、打针,应鼓励他要勇敢一些,坚持、坚持、再坚持。

如果学校距家不很远(1千米~2千米),建议父母尝试一下让孩子走路上学。事先可带上孩子以慢、中、快的速度测出所花的时间,一、二年级可由大人陪孩子走,三年级以后独立来去。若能风雨无阻、长年累月坚持下去,对培养孩子勇敢、坚强、坚忍不拔的毅力等都大有好处。

寒暑假让孩子去参加各种类型的夏令营、冬令营等活动。

农村有直系亲戚或可靠朋友的人家,可让孩子利用假期

到农村去，与农村孩子交朋友，学习他们吃苦耐劳、勤俭节约、奋发向上的高尚品德；体验农村的生活，知道广大农民的甘苦。不要忘了让孩子每天写日记，记下真切的感受。

鼓励孩子积极参与各种竞赛，尤其是体育竞赛，重在参与。允许孩子有多种爱好如绘画、音乐、集邮等，让他兴趣广泛，有利于心理调节。

除带孩子长期坚持散步、慢跑外，偶尔也要全家出动去爬山、滑雪、溜冰（或旱冰），让孩子出一身汗，滚一身泥，摔打摔打筋骨，这也是一种锻炼坚强意志的好办法。

从小开始不管春夏秋冬，让孩子始终坚持洗冷水脸。用冷水洗手、洗脚，既可锻炼意志和毅力，还可有效防止冻手、冻脚。男孩子上小学后可鼓励他坚持冷水浴。

教给孩子面对挫折的方法。

○ 及早告诉孩子在危急时的自救方法。如3岁起应灌输家庭成员姓名、工作单位，记住家中电话号码；不要随便跟陌生人走，不吃陌生人的糖果；有事去找警察叔叔。4岁起应让孩子牢记110、119、120这些电话号码，并知道其用途。

○ 学会心理调节。孩子遭遇失败时，父母应给孩子减压，告诉他胜败乃兵家常事。失败了，没关系，找出原因，下次再战。历史上屡败屡战的人是很多的。如德国的欧立希制成砷凡纳明（一种西药）曾经失败605次，第606次终于成功，故该药就取名606。

○ 帮助孩子制定学习和人生的长期目标和短期目标。要施加一定的压力，因为没有压力就不能成才，但不要施加过

大的压力。如孩子某次考试没有考好，他本身就有些自责，若父母因期望值太高而进行训斥，很可能使得孩子因压力超过心理负担能力而出问题。

○ 减小心理压力，克服嫉妒心理。孩子在学校中，可能因自尊心太强而产生嫉妒心理。如看见某同学穿了一件新衣服，某同学考了第一名，某某受到班主任的表扬等等，这些都是孩子心理上受到挫折的具体表现。嫉妒心理是一种可怕的"病毒"，要严防它腐蚀孩子的心灵。当发现孩子流露出前面说的那些不满情绪时，不要批评他，应该开导和鼓励。可以这样帮他分析：把你的零用钱节省下来，父母再给补助就可以去买新衣服；你应该更加努力争取下一次考试赶上那个同学；你应该像受表扬的那些同学那样去做，相信下一次老师就会表扬你。长期坚持这样做：就可能把嫉妒心理转化为追求上进的动力。

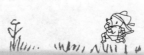

爱护公私财物

> 在我们的时代，物质福利源源不断地涌进童年、少年和青年早期的世界，以致出现了这样一种危险：儿童和青少年可能丧失关于这类福利是劳动创造的观念，甚至完全不知道它们是从哪儿得来的。
>
> ——苏霍姆林斯基

随着生活条件的改善，现今家居条件越来越好。公共场所的服务设施也越来越完善。许多孩子天天享受着家庭生活的舒适和公共设施带来的便利，比如公共电话厅、图书馆的藏书、商店或其他地方的自动饮水机等等，但是这些东西都没有由他们自己付出金钱或劳动，因而他们很难善待和珍惜它们。

训练目的 通过训练，让孩子知道，不管是自己家中的物品、别人的物品，还是公家的物品都是很多人劳动的结晶，我们只能爱护，不能损毁，从而自觉地爱护公私财物。

训练方法

爱护财物的教育不是让孩子成为守财奴，而是要让孩子知道财物凝聚着艰辛劳动的道理。

从2岁起，可在屋内主要物件上贴上卡片，如门、窗、电视机、冰箱、桌子、椅子、沙发、床等地方，让幼儿知道这些物件的名称及主要用途。这样做还有开发幼儿智力的作用（可帮助认字）。无法贴卡片的如碗、盘、水杯等就逐步教会名称并认识。

3岁以后应让幼儿知道，米、油、盐、菜、肉等是拿钱去买的，我们每天都要吃；家中用的一切物品都是拿钱去买的。随着年龄增长应逐步让孩子知道主要物品的价值。

和孩子讨论这些问题：

（1）家里的钱用完了怎么办？

（2）如果没有房子住、没有衣服穿怎么办？

（3）为什么大街上的乞丐不去上学读书？

（4）让孩子设身处地想一想，如果别的同学把你的文具损坏了，你心里会是什么滋味。

除了爱护公物外，还需随时提醒孩子，同学的书本、文具、书包等是同学的私有财产，也应像爱护自己的东西一样加以爱护。

损坏物品要赔偿。

幼儿不损坏用品是不可能的。对4岁以上的孩子，每损坏一次用品都应该用价值比较对其进行教育。如打碎一个茶杯，可以告诉他："茶杯4元钱一个，可以买大米2千克，我

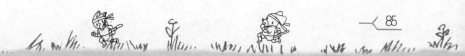

们全家可以吃两天。"

取消给孩子的奖励品，用以赔偿损失。比如，孩子打坏一个东西后，可以扣除孩子用来买他喜欢的东西的钱，比如不买糖给孩子吃了，把它当作赔偿。

从读幼儿园开始就要经常告诫孩子，学校的门、窗、桌、椅、运动器材和实验器材等都是公共财产，要爱护，不要随意损坏，一旦损坏按学校规定肯定要照价赔偿，并要受到一定的处分。

告诉孩子，除了爱护自己家中的物品之外，老师、同学、亲朋、邻居家中的物品都是人家的私有财产，也不能随意损坏，要像自己财产一样加以爱护。

孩子读小学后应告诉他家中主要收入（父母的月工资或经商收入）和大家具的价值。要经常叮咛孩子一定要小心，不能损坏经常要用的那些大件物品，如电视机、洗衣机等，这样做可以加深孩子爱护公私财产的印象。

和孩子一起行动吧。

生活在一个资源有限的地球上，全社会都应该鼓励和提倡过简朴的生活，不宜一味提倡高消费。

父母在生活中应该作爱护财物的表率，反对铺张浪费。

在家中开展"三个一"的节约小运动。在家庭会议上提出：每个成员都应该节约每一滴水、每一度电、每一粒粮。让孩子担任小监督员，专门监督水龙头是否关好，人离开房屋后电灯是否关掉，吃饭时撒米饭没有，并让孩子一一予以记载。监督大人的过程实际上就是孩子自我监督的过程、自我教育的过程。长期坚持下去，可使孩子养成节俭的好习惯，在学校也会注意节水、节电。

　　带孩子到公园、车站、码头、机场等公共场所去时，告诉他，这些公共设施是供大家使用的，不要去损坏它们。到公园去切勿让孩子去踩草坪，去采摘花草。带孩子乘公共汽车时，必须制止孩子用小刀刻画椅背行为。到图书馆、展览馆、博物馆去更要爱护一切公物。到各地的古迹去探访应注意保护文物。

　　在爱护公物方面，不仅要求孩子不要去损坏，还应告诉他，如发现其他的人在破坏公物（如破坏铁路、公路的设施，偷剪电线等），还要敢于同那些损公肥私的犯罪分子作斗争，但斗争方式应以打110报警为好，要讲究斗争策略。

勤奋与奉献

> 人的一生应该这样度过：当回首往事的时候，他不会因为虚度年华而悔恨，也不会因为过去的碌碌无为而羞愧；在临死的时候，他能够说："我的整个生命和全部精力，都已经献给世界上最壮丽的事业——为人类的解放而斗争。"
>
> ——奥斯特洛夫斯基

许多人都知道天才出自勤奋的道理。但是真正的勤奋不仅仅体现于满腔热情地开始，更体现在失败之后是否笑对失败，重新开始。世界上的一切伟大事业和成就，都是在一次次失败后继续坚持时所取得的。

训练目的 通过训练，使孩子懂得：（1）一个人如果一生与勤奋相伴，将终身受用；（2）只有勤奋才会使人感到没有虚度年华，活着的每一天都是有意义的；（3）人活着不能只图享受，还要讲奉献——为家庭奉献，为社会奉献。

训练方法

勤奋是什么？是年年月月实实在在的努力。

○　这些格言、谚语、名言在你和你的孩子头脑里有吗？

一日之计在于晨，一年之计在于春，一生之计在于勤。

宝剑锋从磨砺出，梅花香自苦寒来。

天才就是勤奋。

勤能补拙是良训，一分辛苦一分才。

天才是百分之一的灵感，百分之九十九的汗水。

○　讲一些懒惰的人什么也得不到的故事，如《懒乞丐的故事》等；勤奋的人取得成功的故事，如徐霞客、陈景润、居里夫人、诺贝尔等人的故事。

勤奋大行动。

勤是指的脑勤、眼勤、耳勤、手勤、脚勤。只有勤快人才会始终满怀希望，朝着既定目标去奋斗和拼搏。

帮助孩子确立奋斗目标，为着目标去努力。伟大的目的产生伟大的毅力。可以讲一讲周恩来为中华崛起而读书等故事。

有了目标还得有行动。幻想不是理想。孩子八九岁时正是富于幻想的年龄。告诉孩子幻想并不是理想。只有当勤恳、踏实、努力奋斗之后，才有可能使理想变成现实。目标可分为长远奋斗的目标和近期目标。近期目标越小越容易实现。如通过一学期或一年时间把字（硬、软笔）练好，那就要求孩子为这个目标而刻苦练习。

从当前的任务开始，告诉孩子学生的主要任务是学做人、

学知识、锻炼身体。把这些都做好了，就是对家庭的最大奉献，就是对家人给予的关爱的最好回报。

这些勤奋的表现。

○ 给孩子提供为大家服务的机会：

（1）吃饭之前，让孩子为大家摆好碗筷，大家都对他表现出感谢。

（2）父母下班回家时，让孩子帮自己拿来拖鞋，接过手上的东西，并表扬他。

（3）承担一定的家务，让辛勤的父母得到更多休息。

○ 体验帮助别人的快乐。

（1）帮助行动不便的老人。

（2）帮助比自己弱小的弟弟妹妹。

（3）帮助有缺陷的残疾人。

（4）参加结对子的"一帮一"希望工程，帮助那些贫困的失学孩子。

○ 告诉孩子，"我为人人"与"人人为我"的关系。"我为人人"具体地说，就是时时、事事、处处都要为别人着想。对一个学生来说，主要是无条件地遵守社会公德。比如：

（1）课堂上应特别尊重老师和每一个同学，严格遵守校纪班规。

（2）在宿舍要遵守纪律，互相关心、互相帮助；按时作息，当别人入睡后不要高声喧哗、唱歌，听音乐最好用随身听；晚上起夜不要开灯（自备电筒），应轻手轻脚，不得妨碍他人。

（3）搞好教室、寝室的公共卫生，是每个成员应尽的责任，不能偷懒，不要请人帮忙做；不要随便去坐卧别人的床铺；不乱拿别人的东西，更不要去翻看同学的日记及书信。

（4）在食堂要按时就餐；自觉排队，不插队；尊重食堂工人的劳动；不乱倒饭菜，爱惜粮食。

（5）在公共场所如参加学校或社会的集会、典礼时，要遵守时间，不迟到、不早退；不穿便装，要穿校服；庄重有礼，不打闹；听领导、老师或同学发言时，不要闭目养神，不要吃瓜子、水果等零食，不要说话和看书；别人发言完毕后要拍手鼓掌表示赞赏；到公园、影院、图书馆、大商场、车站、机场、大酒店等公共场所，不要穿拖鞋、背心、短裤、超短裙等，更不能打赤膊；到影剧院观看演出，不可高声怪叫、打口哨、喝倒彩；到体育场馆看比赛更应遵守社会公德，不要辱骂裁判、运动员，不要喝倒彩；自己支持的球队胜了，不可过分狂热；败了，不要恶语伤人，乱喊"下课"等口号；更不要辱骂对方球队的球迷。

总之，模范地遵守社会公德是一个人高尚道德情操和良好习惯的具体表现；也是我为人人，处处为别人的奉献精神的表现。父母不必也不可能一次性全部灌输到孩子的脑海中去，而是就事论事随时提醒孩子即可。

> 不管你有没有信心，去做就准没错。
> ——亨利·福特

说了就要做

很多人都知道哪些事该做，然而真正开始行动的人却并不多，他们生活在乐观而没有积极行动的自我陶醉之中。很多人都有拖延的习惯，往往因为拖延错过许多，上班迟到、没能赶上火车，甚至错过改变自己一生的机会，所以有谚语说"十个想法不如一个行动"。无论如何，要让孩子知道："现在就是行动的时候。"

训练目的

通过训练，让孩子知道光说不做的人到头来一事无成；说了就做的人到将来硕果累累。说了就做就是言行一致，这是做人最起码、最基本的准则。

训练方法

1. 和孩子一起学习和讨论《明日歌》：

明日复明日，明日何其多。

我生待明日，万事成蹉跎。

世人若被明日累，春去秋来老将至。

朝看水东流，暮看日西坠。

百年明日能几何？请君听我明日歌。

不要做语言的巨人，行动的矮子。

2. 什么事"说了就要做"。

"说了就要做"分三种情况。

（1）帮助孩子树立一个长远目标，即远大的志向、理想。如有的孩子说"我将来要当一个科学家"，有的说"我要当医生"、"我要当老师"等等，告诉孩子，这仅仅是理想，不是三五年就能实现的。但是从现在起，说了就要做的只能是在学习、生活、锻炼等各方面都要朝这个方向努力奋斗，不然理想就变成了空想。

（2）光有幻想不行。要告诉孩子，要把幻想变成现实，说了就要做的仍然是把学习搞好，一切从现在做起，从自己做起。如有个孩子读小学后，知道我们住的这个星球是个椭圆形的球体，从地球仪上看到在地球那边与我们国家相对应的就是美国。于是他就说："到美国太容易了。等我将来从我们这里钻一个大洞（即隧道），穿过去就到美国了。"这就是幻想。告诉孩子，幻想不是坏事，没有幻想就没有科学。我国古代的人早就幻想着"千里眼、顺风耳"，现在不是早

已变成现实了吗？！如电视、广播、手机等即是。也要告诉孩子，很多幻想仅靠一个人的努力是很难实现的。哪怕科学再进步、再发达，至少也要几代人的不懈努力，至于能否实现，仍然是未知数。

（3）为完成一个小小的目标，如决定本学期内体育的短跑达标，只要说了马上就做，每天坚持50米短跑10分钟，只要持之以恒，一定能达目的。

3．习惯训练也必须说了就要做。

○ 父母首先要做到"说了就要做"。其含义和做法是：

（1）根据孩子年龄，分阶段确定要实施的某种习惯的某项训练，经深思熟虑确定下来之后，就要做到"君子一言，驷马难追"，而且雷厉风行地加以实施。如对幼儿宣布了早睡早起，那就当晚就行动。说晚上8点半睡觉，早上7点半起床，就要努力做到。

（2）不要轻易给幼儿许愿，一旦许了愿就要兑现。要像曾参那样说话算数（曾参和夫人为了让儿子读书，曾许愿给他杀猪。后来儿子完成了学习任务，曾夫人不想兑现，曾参却马上叫仆人把圈内的肥猪拉一只下来杀了）。比如给孩子许诺，实现某一目标后就带他到北京一游。经考核确实达标，就理当利用假期带上孩子到北京去。

（3）父母对孩子的承诺因某些客观原因无法实现时，应主动给孩子解释清楚，或采用变通的措施予以补救，这样有利于取得孩子的谅解。

○ 从小事抓起，让孩子说话算数。如召开家庭会议在

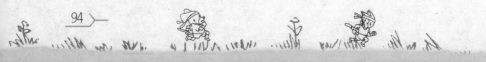

进行分工时规定：

（1）由孩子负责每餐饭后用抹布擦桌子，孩子也答应了，那么，每餐饭后就提示孩子应该做些什么。

（2）规定每晚睡觉前洗脸、洗脚，当天晚上便执行。第二天晚临睡前提示："昨天规定的该做什么？"

（3）干干净净迎接明天。为孩子至少准备2双袜子，规定孩子每天放学回家后脱下袜子自己洗净晾晒，第二天穿上干净袜子去上学。头几天应天天检查。

（4）进屋后换鞋，往往乱七八糟，规定由孩子负责摆整齐，可随时进行检查。

○ 今日的事今日做。在训练过程中，孩子最爱说的一句话就是："我明天再做。"此时，应耐心开导他，明天永远都有，而今天只有一天。很多事情推到明天去做，可能就忘记了。气象学家竺可桢五十年如一日天天记录气温、湿度（直到临死的前一天都记了的）就是这个道理。例如要求孩子天天写日记，虽然不要求自己去测温度、湿度，但要记下是阴、晴或小雨、中雨、大雨、大风等，否则等到明天可能全忘光了。

父母应做好督察工作。如从小学二年级起规定孩子天天

写日记，父母无论工作多忙，临睡前都得抽几分钟时间进行检查，并用红笔对错别字打"×"，对不通或欠通的句子打横线，督促孩子次日改正。总之，父母和老师规定做的事情，必须在规定时间内完成。孩子最初是不具备这种自觉性的，需要家长反复的、耐心的督促才能慢慢养成习惯。

老师比总统重要

美国闻名遐迩的大作家密契纳，有一年曾经接到美国总统约翰逊亲自签名的邀请函，请他到白宫参加仅仅只邀请了128人的高级宴会。这对于被邀请者来说，是一件非常荣幸、可以说是梦寐以求的事情。然而密契纳却毅然拒绝参加。他给约翰逊总统写了一封回信：

"总统先生：三天以前，我已经答应出席中学时代一位教师的欢送会，她教我怎样写文章，是一位杰出的老师。

"亲爱的总统先生：您见不到我，会无所谓的……但老师见不到我，却会很失望的。"

密契纳用生命体验告诉世人，老师比总统更重要。

（据《读者》2003年6期《购买上帝的男孩》改写）

张良敬老得奇书

张良生于秦末汉初时的下邳（现江苏省邳县）的一个贵族之家。长相虽然文弱，待人却很谦恭，从不恃强凌弱。

有一天，张良读书深感烦闷，便漫步到汜水桥头，迎面走来一个白发苍苍、身穿粗布短衣的贫穷老人。他走到桥上有意把鞋子扔到桥下，然后对张良说："孩子，给我把鞋拣起来！"

　　张良感到非常吃惊，从小到大，从来没有人对他这么傲慢无礼过，他捏紧拳头，甚至有过想教训教训老头的想法。在这一闪念之间，他突然想到对方是个高龄老人，话虽冷峻，可面目慈祥。于是他强压心中的无名怒火，转身到桥下把鞋拣了上来。"快给我穿上！"老人又不动声色地说道。张良跪在地上给老人穿上鞋，老人满意地微笑、点头，走了。张良看着老人的微微弓着的背影也笑了笑。老人走了几里路之后突然又掉回来，对张良说："你是个值得调教的孩子，我想收你为徒弟，五天后的早晨，你到这里来见我好吗？"张良立即跪下拜师。

　　五天过后，一大早张良到桥上一看，老人早就来了，他生气地说："和老人约会，为什么要迟到？再过五天，你早点来！"

　　又过五天，雄鸡刚叫头遍，张良来到桥上，谁知老人又占了先，他非常生气地说："怎么又来迟了，再过五天早点来！"

　　五天之后，张良不等鸡叫就到了桥上，等了两个时辰，老人才来，他非常高兴地说："年轻人，就是应该这样。"于是老人将一个大口袋送给张良，要他带回去用心研究。

　　原来这个老人叫黄石公，是一个很有学问的隐士，他送

给张良的是一部《太公兵法》的奇书。由于那时纸还没有发明，书是将字用小刀刻在竹片上，再用牛皮条串在一起制成的。所以，一部《太公兵法》至少也有几十斤重。

张良自得了这部兵书后，刻苦钻研，烂熟于心，后来成了汉高祖刘邦的第一谋士（参谋）。他应用兵法，协助刘邦东征西讨，夺取了天下。刘邦后来说："运筹帷幄之中，决胜千里之外，吾不如子房。"（张良字子房）

黄石公经过四次考验，看到张良不仅尊重老人，而且十分谦逊，所以才把兵书送给了他。

里根打碎邻居玻璃之后

多年前，美国有一个11岁的小男孩，他很喜欢踢足球。一个星期天他正玩得兴起，突然听见"咣啷"一声，原来是他不小心，飞起一脚把邻居家的茶色玻璃打得粉碎。他向邻居道了歉，邻居也接受了他的道歉，但告诉他必须照价赔偿，应赔12.5美元。当时美国的物价低，钱很值钱，12.5美元可以买125只鸡。小男孩哪里有这么多钱来赔，只好闷闷不乐地回到家里，向父亲说了经过，用乞求的目光看着他的父亲。父亲沉思良久对他说："你没有钱，我可以借给你，但你必须在一年之内还清。"小男孩把钱送去邻居家，再次真诚地表示了歉意。

此后，小男孩放学回家就拼命地做家务劳动挣钱；星期天到街上卖报纸挣钱；去饭馆里洗碗盘挣钱。半年之后，就

挣够了12.5美元，如数还给了他的父亲。

你知道这个小男孩是谁吗？他就是20世纪80年代被选为美国总统的里根，而且任期八年。后来里根在他的回忆录中十分感慨地告诫人们：他正是从小时候的这件事懂得了一个人必须为自己的言行负责任。强烈的责任感驱使他取得了成功，终于由一个影视演员入住白宫，担起了为国家负责任的重担。

"我发现了"

阿基米得是古希腊有名的科学家。有一次国王命工匠打造了一顶纯金王冠，国王怀疑匠人掺了假，于是下令让阿基米得进行鉴定。他接得这个非常烫手的山芋后，百思不得其解，冥思苦想，食不甘味，夜不成眠，毫无结果。一天下午，他感到十分困倦，干脆去洗澡。他刚坐进澡盆，水便溢了出来。此时，他忽然顿悟出浮力比重原理，金冠难题迎刃而解。阿基米得欣喜若狂，从浴盆里跳出来连衣服也顾不上穿好就往街上跑，边跑边大声喊叫："我发现了！我发现了！"这个结果令他兴奋不已。

坚强意志结硕果

我国明代地理学家、地质学家徐霞客，为了考察祖国的山川、地貌，抛弃优裕的家庭生活，坚持跋山涉水28年，走

遍16个省。几次遇盗,几次断粮,有时迷落荒郊,露宿山野,甚至坠河落水,险些丧生。但他意志坚强,排除万难,毫不动摇,对我国地质研究,特别是在石灰岩地貌和河道勘测方面,作出了巨大贡献。他写的《徐霞客游记》这部引人入胜、极富创见的地理考察巨著,成为我国地理学的开山之作。

我国另一名气象学家竺可桢,五十年如一日研究物候学,天天观察生物动态与气候变化之间的关系,并作详细记录。就在他临终的前一天,他躺在病床上,用颤抖的手记下了当天的温度、湿度、风力、风向等天气情况。他用顽强的意志战胜了很多困难,写出了很多气象方面的专著,使他当之无愧地成为我国当代气象科学的奠基人。

"我终于成功了"

瑞典化学家、发明家诺贝尔长期进行炸药引爆研究,他夜以继日地埋头试验。一天,轰的一声发生爆炸,五名助手(包括他一个弟弟)全部身亡,他也被炸伤。老父目睹惨状,患半身不遂之症。灾难没有动摇诺贝尔的决心。邻居搬家远离他这个"危险人物",他把器材搬到船上试验。经受上百次的失败,几次被炸得遍体鳞伤,多次死里逃生。一次又发生强烈爆炸,他从浓烟滚滚的亭子里跌跌撞撞地跑出来,满面血污,忘记伤痛,高声大叫:"我终于成功了!"诺贝尔把毕生精力都贡献给了科学事业,为了炸药,他终生未娶。先后获得三千多项发明专利。利用黄色炸药开矿山、修铁路、

公路，赚了很多钱，成为世界上少有的大富翁之一。他死前留下遗嘱，将他终生辛劳所挣的980万元美金作为本金，存入银行，于1896年设立诺贝尔奖金，每年用利息奖掖后人，已颁奖108年。此奖大大推动了人类科学的发展，早已成为科学界的最高奖项。

懒乞丐的故事

从前，有一个年轻人，自幼游手好闲，好逸恶劳，不学无术。虽有家财万贯，父母双亡后，不到三年就被他挥霍得干干净净。到头来只剩下一身补丁衣服，一个破碗，一根打狗棒，沦为乞丐。白天，日上三竿才出去要饭；晚上，就在破烂的城隍庙的神案下铺上几把稻草过夜。人们也不知道他的姓名，都把他叫做"懒乞丐"。

懒乞丐虽说懒，可是他每天要到的饭并不先吃，而是回到庙里，先摆在香案上敬奉城隍菩萨之后才吃。每次敬奉，除了三跪九叩之外，还要暗暗祈祷："城隍菩萨啊！可怜可怜我吧！如果您老人家能让我当上大官，我一定给您重修庙宇。"原来，他每天看到当官的威风八面，吃香的、喝辣的，心中十分羡慕。

懒乞丐一年四季天天坚持敬奉，他的虔诚终于感动了城隍。一天凌晨，城隍便给懒乞丐托了一个梦，对他说："你不是想做官吗？从今天起就去当官吧！"

懒乞丐听罢,心中一惊,突然醒了。用手一摸,崭新的官袍、官帽、官靴样样俱全,他迅速试穿起来。尚未穿好,忽闻庙外鼓乐齐鸣,一个洪亮的声音在高喊:"请懒大人上轿。"他于是重新梳洗穿戴毕,入轿后被径直抬到皇宫里参加早朝。

自从懒乞丐当上高官之后,好不春风得意。第一个月领到俸禄后就请来工匠,把个破庙修缮一新,大门上还挂了一块金匾。

春夏日子好过,眼看秋去冬来,日渐寒冷,仍需天天早朝。对于睡惯懒觉的懒乞丐来说,实在是雪上加霜。于是他又天天敬奉城隍,不断祷告:"城隍菩萨啊!可怜可怜我吧!做官虽好,可是天天早朝实在太辛苦了。您若能保佑我发大财,我一定给您老人家重塑金身。"

城隍想到,前次让他做了官,果然把庙子修得如新庙一般,还算是讲信用之人。于是,慈心大发,又给他托了一个梦:"好吧!从明天起就不要去做官了。我给你一张弓,一只箭,你只需将箭射出,在箭头落地之处深挖,下面自有分晓。"一觉醒来,他用手一摸,果然有一弓一箭,而官衣、官帽却都不见了。

他兴奋得再也睡不着了。好不容易挨到天麻麻亮,就起床外出,拈弓搭箭,"当"的一声箭杆飞得老远才插在地上。他到邻居处借来一把锄头,拼命的挖呀!挖呀!果然在二尺多深处挖到一个罐子,揭开一看,金光闪闪,原来是满满一

罐金元宝。从此，懒乞丐成天过着花天酒地、醉生梦死的日子。用完了又去射箭、深挖，把给城隍菩萨重塑金身一事，早已忘到九霄云外去了。城隍心中十分恼怒。

懒乞丐从小娇生惯养，从来没有参加过劳动。每次虽然挖出金银财宝，但都累得气喘吁吁，手中打起大大的血泡。一个夏天的中午，他打算到河边去洗澡，途经一家农舍，但见屋旁的菜园子里，翠绿丛中吊着几个硕大的早已成熟的黄色葫芦。他突发奇想：挖金子太辛苦了，不如用箭去射葫芦，金银装得满满的，岂不美哉！于是，澡也不洗了，跑步回到城隍庙，取来弓箭，眯着一只眼睛，对准最大的一个葫芦射去，只听"当"的一声，葫芦落地变成两半。他急忙跑过去仔细一看，哪里有什么金银，只有一张小小的纸条，连箭也不知去向。懒乞丐目不识丁，好在不远处就有学堂，他拿着两个半边葫芦和纸条到学堂请教。老秀才戴上老花镜一看笑了笑便高声给他念道："做官懒上朝；挖金懒得挖；还是去讨口，给你两只瓢。"

从乞丐到营销经理

一个乞丐打扮的人在繁华的街口摆地摊卖擦鞋器。一个老板从这儿经过，丢1美元放入塑料筐内便急匆匆向公共汽车站走去。停了一下，他又回来从塑料筐内取了一个擦鞋器，并歉意地说，他忙于赶车忘记了取擦鞋器，希望不要介意。

他还说："你我都是商人，你是卖货的，而且上面有标价。"
说完他又转身赶公共汽车去了。

　　两年之后，在一个社交聚会上，一个身着整洁、穿高档
西服的营销经理对一个大企业的老板说："先生您好！您可
能早已忘记我了。我虽然也不知道您的姓名，但我永远也忘
不了您。您就是那个重新给了我自尊和自信的人。两年前我
还是一个卖擦鞋器的乞丐，直到那天您告诉我，我也是一个
商人为止，我的命运才开始发生奇迹般的变化，真应该感谢
您啊！先生。"

俗话说：活到老，学到老，还有三家没学到。这句话说得很明白：每一个人天天都应该学习，一辈子都得学习。随着社会的进步和科技领域的拓展，现代人更有学不完的知识。

第三篇 学 会 学 习

我们今天知道的东西，到明天就会过时。如果我们不会学习，就会停滞不前。

——多萝茜·D. 比林顿

我们不得不承认，我们现在生活的时代与以往已不大相同，人类的知识总量正呈几何级数增长，每过五到十年，知识的总量就会翻一番。面对信息时代的到来，全世界都在争论着这样的问题：我们的孩子该学会什么，我们的教育应该教什么？对孩子的一生而言，最重要的科目是学会学习。这正如中国古代圣贤所说："授人以鱼，不如授人以渔。"

俗话说：活到老，学到老，还有三家没学到。这句话说得很明白：每一个人天天都应该学习，一辈子都得学习。随

着社会的进步和科技领域的拓展,现代人更有学不完的知识。儿童是新世纪的主人,要肩负起科教兴国的历史使命,更要努力学习、虚心学习,坚持终生学习。现在不学习先进科技知识的人,就是21世纪的"文盲",必将成为最没出息、最贫穷的人。

学习知识不外乎是从书本上学和在实践中学两种形式。二者必须紧密结合,做到学以致用,才能学有所成。否则,不是无用的书呆子,就是盲目的实用主义者。少年儿童应把主要精力用在书本知识的学习上。

学好书本知识并不难,关键在于养成动口、动手、动脑的好习惯。动口就是多读和多说,要求读通顺、读准确、读懂、读出感情,诗词或精品文章还要背诵。学会说话就是善于与人交谈、讨论,说话要求口齿清楚、声音响亮、意思明白、措词准确、语气感人。动手就是亲自去实践。做作业、画画、手工劳作、办板报、布置教室、做实验、采集标本、搜集信息等都是动手的训练方法。动脑,就是开动脑筋,遇到困难和难题,不回避,不畏惧,也不依赖父母和老师,而是自己想办法解决。三天不说口生,三天不写手生,脑子越用越灵。动口、动手、动脑应当坚持天天训练。

光学课本是不够的,还需要读适合少年儿童的图书和杂志。孩子们可以从中学到课本以外的许多知识。它们就像食物中的维生素,一种都不可缺少;它们也是课本的必要补充,少了这些知识,孩子就会得知识贫乏症——知识面狭窄,知识结构不合理。这种情况到将来必然影响到孩子的成才。

总而言之，在当代最重要的学习莫过于学会学习。

孩子在学会做人的基础上，再学会学习、锻炼、审美、劳动等，现在能成为品学兼优的好学生，将来就会成为建设小康社会的有用之才。

年轻的父母们，快投身到孩子良好学习习惯的养成教育中来吧！应该毫不迟疑、越早越好，配合学校教育，用你的智慧、心血浇铸未来的光荣、幸福和骄傲！

> 阅读能力是任何学习的基础,因为每一门学问都是从阅读书籍开始的。
>
> ——石井勋

喜

欢

阅

读

青出于蓝,而胜于蓝。人是一代一代成长的,为什么一代一代的人总是能够将前人努力推进的事业继续往前推进呢?那是因为他们总是想办法站在了前人的肩上。我们的祖先们经过艰苦卓绝的努力,积累了丰富的科学文化精髓。这些科学文化财富大多以文字或书籍的形式呈现出来。因此,如果一个人不会读书,不喜欢阅读,那他就远离了人类的文明,他一生所能达到的高度就必然会受到相应的限制。

训练目的 通过训练,激发儿童阅读书籍、报刊的浓厚兴趣,增强儿童求知的欲望,养成喜欢读书的好习惯。

训练方法

阅读不仅仅是读书。

○ 父母应明确阅读不仅仅是阅读文字……阅读包括实物阅读，即客观环境的观察，图片阅读，最后才落足到文字阅读。阅读不仅仅在入学以后，每一个人从降生的那一刻起就开始了阅读，只是那时没有主观意识，也没有记忆。但正由于这些阅读，才刺激了脑细胞的分裂与增长，智力便开始迅速发展，其速度是青少年的几十倍。进行早期阅读训练，可大大加速智力的发展。一个在书香环境中长大的儿童，其婴幼儿时期又加强了系列训练，他的阅读兴趣和阅读能力要比其他环境中长大的儿童强得多，这是一个不容怀疑的事实。

一切书籍和文章都是大自然和社会生活的再现。婴幼儿时期对客观环境的观察、感悟就是在阅读一部无字的书，看图片，唱儿歌，听故事，听音乐，看电视等也是阅读的一部分。因此，阅读的训练不要等到入学以后。

○ 阅读开始于感官训练。实施零岁方案，进行视听训练。听音乐，看彩画，听妈妈唱儿歌，看小动物。

自然是书，观察就是阅读。1周岁～3周岁，观察身边的事物学说话，从实物到图片，从静态到动态。会话从单音节到双音节、三音节、再到短语、简单的句子。然后看彩色图书，根据画面说简单的句子。接下去是学唱儿歌，教背古诗，看幼儿电视节目。4周岁～6周岁，观察身边的自然景物和自然现象，用语言表达出来或提出疑问。读幼儿读物，看图识字和看图说话，把爸爸或妈妈讲的故事复述一遍。有条件可

练幼儿书画。数一百以内的数和10以内的加减计算。

○ 处处留心皆学问。"无字书"比"有字书"内容丰富得多，许多学问正等待着后人去研究，去完善，去深入，甚至去发现，去开拓。

创建诱人读书的读书环境。

○ 创建家庭文化氛围，给孩子布置一个舒适的读书环境。

很多家庭的孩子都有自己单独的房间。房间里除寝具外，书桌、书柜或书架不可少。经济条件许可，还应有收录机、复读机、电脑等高科技电子学习用品。儿童读物和可供学习的磁带，光碟自然也不可少。

书桌靠窗，光线充足，光源从正面或左前方投射入屋为好。台灯应选择有保护视力功能的环保型产品。书柜立在书桌旁，以方便取书存书。书柜的书要存放有序，父母要给予具体指导。书桌上还应放置闹钟、座右铭、镇纸。闹钟调定起床和睡觉时间。座右铭由父母帮助设计，让孩子亲手制作。内容和书写可请孩子最尊敬的人书赠。倘若是名人题

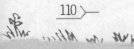

赠，那就很有鼓励性和保存价值。镇纸可选择有欣赏价值的鹅卵石和工艺石，铁条、木枋也行。桌上还可以放一个小地球仪。

没书柜的小朋友，可钉制一个简易的书架。

（1）桌面立式书架，找六块与书（32开本的课本）同宽的光滑的长方形小木板，长不超过1米，用铁钉钉成一个三层小书架立在桌上，每层高比课本略长为宜。

（2）壁挂式书架。先做两个架枋钉在书桌旁的壁头上，抬枋上放置书板。书架高低以伸手能取为准。

如果上面的布置都做不到，至少也得有一张小书桌。书桌上立一副书卡，把书籍卡在桌子上，不至于乱七八糟，没有条理。

书包固定挂在一个方便取放的地方。课程表、作息时间表贴在显眼的地方。

拼音字母表，声母，韵母表，笔画名称表，偏旁部首表，加法、乘法口诀表，各种数学公式、计算换算表等学习用表，应整齐有序地贴在书房墙壁上，以便随时诵读。

房间宽敞，还可选一两幅字画挂在书房内，就更能显示出一派书香的气息和激人奋进的情调。

父母的书房也应布置得整洁、舒适、美观、大方；客厅适当挂上著名科学家的头像和名言等，尽可能创造一个书香门第的环境。

每天用座右铭激励自己读书。做好了，再换一幅。把用过的座右铭积起来，几年、十几年后可装印成一本《座右铭

集》。

家庭小黑板上可以写有关读书的格言。如：

阅读可以丰富知识、陶冶情操、开阔视野、触及心灵，增加人生体验。

书籍是人类进步的阶梯，是儿童认识世界的窗口。

书山有路勤为径，学海无涯乐作舟。（有意改为"乐"字）

双休日可带孩子去书店、图书馆感受良好的读书氛围。

家庭应有适合孩子看的书。

订阅报纸、杂志。孩子出生以后，家长可以针对不同年龄的孩子，父母尽可能订一份适合孩子阅读的报纸或杂志，如适合婴儿看的《婴儿画报》等，孩子再大一点，就可以自己选择图书了。经济条件不许可，也可与孩子的小伙伴合订一份，轮流阅读，经过一年，平分收藏。鼓励孩子与好朋友互相交换或借阅图书。

有选择地购买课外书籍，特别是古今中外的文学名著，如《四大文学名著儿童版》、《艾丽丝漫游奇境》、《骑鹅旅行记》、《哈利·波特》……引导孩子进入文字的奇妙世界。

为孩子买的书也不宜太多。孩子有了自发的购书欲望后，一定要等到把已有的书看完以后再买新书，否则孩子感兴趣的将是买书的过程而不是书的内容。

让孩子学会藏书。读过的课本和课外书籍，完好无损地珍藏起来，供经常阅读。

培养孩子读书的兴趣。

○ 每天晚上学习前，点上一支香，最好是檀香，以醒

脑提神，保持书房芳香宜人。

父母可聘请孩子为"家庭读报员"、"资料收集员"，每天坚持读那些孩子能读懂的文章，搜集相关的信息，制作成知识卡片，日积月累，卡片多了就分类保存，以便查阅。这样，不但会学到许多知识，而且阅读能力也相应提高了。

让孩子品尝读书的乐趣，感受读书的好处。孩子读了某一本故事书后，让其讲述故事或朗读精彩片断，也可与孩子评论书中人物和其他问题，甚至父母可以向孩子请教，让孩子感受到"读书真好"，读书可以使自己懂得很多，甚至比父母懂得还多。

○ 鼓励孩子积极参加班级、学校少先队开展的各种读书活动和读书知识竞赛。

抓住最佳时机，激发儿童读书兴趣。时下，许多儿童喜欢收集三国、水浒人物卡片。他们将市场上装有人物卡片的方便面一箱箱地买回家，却只要卡片，而把方便面扔了。为此，有些家长十分烦恼。可是聪明的家长则发现这正是培养孩子读书的良好机会。他们先是参与其中，帮助收集卡片，然后就一张张地讲述卡片人物故事，进而把文学名著拿出来，择其最熟悉最动人的章回，像说书人一样讲给孩子听，讲到情节高潮处就戛然而止。"欲知后事如何，且听下回分解"。告诉孩子，后事就在书中，应该自己去读。这样巧妙地激发出孩子读书的欲望和兴趣。老舍、赵树理都是因听说书而激发了对文学的特别爱好。

利用儿童的好奇心和逆反心理，激发其读书兴趣。比如

某书对孩子人格的塑造很有帮助，读后会使他受到启发。但父母骗说这本书你不能读。孩子往往因好奇而迫不及待地偷偷读完。

○ 把有字书与"无字书"结合着读。古人云"行万里路，读万卷书"。这不只是手不释卷，还包括到哪里读哪里的书：游风景名胜地，就读前人吟咏此地的诗文；参观科技馆，就读相关的科普知识书籍；到纪念馆、博物馆，就读相关的历史故事，名人传记以及其他相关书籍；游动物园，就读最喜爱的动物的知识介绍和爱护珍稀动物，维护生态平衡的环保知识。不同时令读不同时令的诗文。春天到了或去春游，就读赞美春天的诗文。从一年级到六年级的语文教材中都选入了许多赞美四季景色的优美诗文，就让孩子身临其境，感受诗文所描绘的意境，进而潜移默化地启迪孩子爱生活、爱自然、爱文学的感情。

对自然科学感兴趣，可以走到哪里，标本就采集到哪里，笔记就记录到哪里，相关文章就带到哪里。

○ 提高阅读的准确度和速度。孩子上小学后，可让他约一个小伙伴到家中进行阅读比赛。方法是从课本（或报刊上的好文章）中数1000个字或几段，用铅笔标记号，然后每100个字标记号。从开始朗读起就计时，读完后统计漏读、错误、添读、复读的字数，从而计算准确度与速度。

○ 算细账、提要求。教育部颁布的《语文课程标准》规定：小学生阅读的总目标是具有独立阅读的能力。小学至初中，九年之内课外阅读总量应在400万字以上。其中小学三、

四年级的具体要求是，背诵优秀诗文50篇；课外阅读不少于40万字。若你的孩子正读三年级，就可以给他算一笔细账，三、四年级共四个学期，每学期至少读10万字，每天至少应读556个字的文章。这样一算既消除了孩子的畏难情绪，又会产生主动阅读的欲望。此外，还应给孩子提出具体的要求，如三年级时做到131。前一个1指每天读一篇短文，记下标题、作者、报刊名称日期；中间的3是要求记下文中3个自己最喜欢的词语并用这3个词语各造一个句；后一个1是指摘抄文中一个精彩片段或写一篇读后感。这一要求可随着读四年级、五年级、六年级变成141、151、161。

读

写

姿

势

为什么在常人眼里,科学家的形象都是带着一副高度近视的眼镜,脸色蜡黄,身材瘦弱的样子呢?将来的科学家但愿不再是这个样子。

——编者

耳聪目明是学生胜任学习的最基本的身体条件,因此人们应该"要像爱护自己的生命一样,爱护自己的眼睛"。青少年学生由于学习任务繁重,案头工作时间很长,对眼睛的使用有过度的趋势。再加上不良的读写姿势,现今的学生中近视的发生率越来越高,而且有低龄化的趋势。同时,青少年又处于身体发育期,不良的读写姿势很容易影响他们的脊椎和骨骼发育。所以,注意读写姿势并不是一件可有可无的小事。

训练目的　通过训练让孩子保证正确的读写姿势,养成科学用眼的好习惯,以保护视力,促进脊柱健康发育。

训练方法

把你知道的告诉孩子。

父母应以身边
众多戴眼镜的人为
例，经常提醒孩子，
让他知道，读书写
字是人一辈子要做
的事。坏习惯一旦
养成就很难纠正，
而且会严重影响视
力健康和脊柱发
育，成为近视眼、

歪脖子和驼背、斜肩，既不方便又十分难看。

要想拥有一双视觉敏锐而明亮的眼睛和挺直结实的身板，
必须坚持正确的读写姿势，养成科学用眼的习惯。

正确的读写姿势是这样的。

正确读写姿势要领：左右屁股满实地坐在凳子上，身板
挺直，头部端正，两眼端视书本，与书本距离33厘米左右，
胸与桌沿保持两拳距离。两手臂轻松地屈放桌面上。两脚同
肩宽，垂直踏在地上。腿疲乏了，也可伸直，两足交叠放在
地上。这两种姿势也可交替使用。

如果读书便抬腕，两手握书口；如果写字便左手压平练
习簿，右手执笔书写。书本的摆放一定要端正。

以上训练得从幼儿园开始，直到小学低年级，天天不放松检查、督促、纠正。只要训练到位，以后习惯成自然，终生受益。

纠正错误姿势的方法。

○ 以下几种情况都是错误姿势：

（1）坐半边屁股，坐吊屁股；

（2）头左偏右斜，甚至把脸平卧在桌面上；

（3）胸口抵靠桌沿；

（4）下巴放在桌上或书本上；

（5）腿搭在桌椅上；

（6）书本摆放东歪西斜不端正。

○ 纠正错误姿势的办法

已有不良姿势，必须立即纠正。如儿童自主纠正困难，可用强制手段来矫正。强制办法有两种。

第一种，买一副正姿器卡在桌沿上，强制身板挺直，头

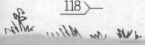

部端正。坚持一段时间，慢慢地坐姿就端正了；

第二种，买一个电子坐姿纠正器戴在右耳廓上，身子歪了，头偏了，正姿器就会发出警笛声，提醒儿童立即坐正，只要坐正了，警笛声就自动终止。

○ 正确的读写姿势，一开始读书就要严格训练，而且一定要在家长的指导下反复训练，天天检查，发现错误立即纠正，直到正确。这样坚持两三年，正确的习惯就基本养成了。

经常与学校老师联系，做到家校互动，及时矫正不良的读写姿势。

保护好孩子的心灵之窗——眼睛。

读写不光要有正确的坐姿，还必须讲究用眼卫生。视力下降，会给学习、生活、工作带来许多不便。视力严重障碍，坐姿再正确，也无法像正常人那样读书写字。所以坚持正确读写姿势还应包括用眼的卫生。即养成良好的用眼习惯。

正确、科学地使用眼睛，必须做到：

（1）保持正确的读写姿势；

（2）读书写字的地方光线充足，光线从正前方或左前方投来；

（3）眼与书本保持33厘米左右距离；

（4）不在强光下和昏暗地方读书写字；

（5）不能躺着看书，不能边走边看书，不能在颠簸的车上看书写字。

（6）连续用眼1小时后，应闭目一分钟，再远眺1分钟；

（7）坚持早、午、晚和课间做眼保健操，甚至只要觉得眼睛不舒服就选择其中一二节练习；

（8）每半学期自查一次视力，发现视力障碍及时矫正或治疗。

带上孩子到亲朋、同事或邻居家中去做客，请哥哥（姐姐）现身说法教育孩子。戴眼镜的，请他们说一说为什么近视的；视力良好的，请他们介绍经验并参观读写姿势。

第一眼就能让人记住的人是赏心悦目的人。
——威廉·詹姆斯

认真书写

字如其人。如果一个学生希望老师对他有好的评价，他需要提供一份认真书写完成的作业；如果一个考生在重大的考试中希望评卷的老师给他一个比实际水平稍高一点的分数，那他就必须认真书写。

训练目的　配合学校教学，教育孩子明确书写要求，端正书写态度，掌握书写方法和技巧，从而达到书写流利、正确、格式规范和文面美观的目的。

训练方法

告诉孩子：写字非认真不可。

父母应告诉孩子，每一个写出的字，基本上都是给别人看和读的，所以写字是一种社会责任。写得好，别人愿意看，喜欢读；写得糟糕，别人见了皱眉头；写错了，别人读不懂，或把意思弄错了，还会误大事。因此，写字绝不可潦草敷衍，交差应付，非认真不可。书写还是一种艺术，特别是汉字的书写是一种举世公认的高雅的艺术。要想写出一手流利而漂亮的字很不容易，除要有书写的兴趣外，还得认认真真下番苦工夫才行。

经常给孩子讲，不好好写字，不仅会给别人带来麻烦，也会给自己造成重大的甚至不可弥补的损失。如据统计，北京每天有20万封信，邮政局的投递人员无法投递。原因就是书写潦草，地址不明。充分说明书写潦草已经严重地阻碍了信息交流。

写好硬笔字的技能技巧。

硬笔字是汉字书写的基础工夫。硬笔字书写的工具主要有铅笔、圆珠笔、钢笔。使用铅笔必须备小刀或卷笔刀。这些文具统统用文具

盒装好。写字前，书、练习本、文具盒一并到位，放整齐。

削铅笔要反复练，笔芯不宜过长过尖，最好多削几支备用。铅笔不能用嘴吮吸、撕咬以免引起铅中毒。

要想写就一手流利而漂亮的字，握笔姿势十分重要，不能随心所欲，一定要按传统方法练习。

握笔方法：先用右手拇指、食指钳住笔尖上3厘米处的笔杆，中指末节再紧顶靠在下面，笔杆中部斜靠在虎口上，不让笔杆滚动和滑掉，无名指和小指轻贴掌心。这样，硬笔就听使唤了。

汉字的书写规则。

一般笔画的书写。

笔画名称表

笔画	名称	例字	笔画	名称	例字
丶	点	六	㇇	横折撇	水
一	横	十	㇄	撇折	去
丨	竖	中	㇇	撇折点	女
丿	撇	人	亅	弯钩	子
乀	捺	八	乀	斜钩	民
一	提	虫	㇗	竖弯	医
亅	竖钩	小	㇄	竖弯钩	儿
㇄	竖提	长	㇋	横折弯	船
乛	横钩	农	㇈	横折弯钩	九
𠃌	横折	口	㇗	竖折	山
㇆	横折钩	月	𠃑	竖折折钩	马

○ 汉字的书写笔顺

汉字的书写笔顺可概括为7种，少数字却说不出一个规

则,只好特别对待。现行小学教材的书写指导具体到了每一生字,这少数字的笔顺问题就自然统一了。

汉字笔顺规则表

笔顺规则	例字	笔顺规则	例字
先横后竖	十干丰	先中间后左右	小办亦
先撇后捺	人入木	从外到内	同周问
从上到下	吉合写	最后封口	国因田
从左到右	利把他		

将7种笔顺规则及例字分别用16开的纸写好,贴在墙上。要求孩子每天放学回家,在例字后面各写上一个类似笔顺的字。若长期坚持,必大见成效。

汉字间架结构表

结构名称		例字
左右结构	左右相等	林朋欣相鲜秋
	左宽右窄	歇到剑
	左窄右宽	们缝喻谭吃
左中右结构		谢街树储
上下结构	上下相等	志吉思袭
	上大下小	想春典憋惩(包括上分下合)
	上小下大	字花前罚最(包括上合下分)
上中下结构		意喜蓝蒽塞
半包围结构		同凶医屋建床匆
全包围结构		国因团围困
品字形结构		晶森磊蠢轰鑫

汉字基本的间架结构可归纳为上表,但仍有少数独体字

哪一种都不沾边，比如：大、母、尸等。在书写实践中，许多字的结构并不那么机械，各部之间仍有伸缩、盈让的关系。伸缩盈让是为了这些字的结构更加美观。

○ 拼音书写的规则。

拼音是给汉字注音的符号，是人们识字的工具，还是学习普通话的得力助手。

书写拼音用四线格练习簿。每个字母的格位、笔顺和笔画长短都不能随心所欲，必须按书写要求练习。小学生只要求掌握手写体的写法。父母可读读小学语文第一篇开始的拼音部分，里边每个字母的书写指导非常到位。

汉字音节书写规范

a b c d e f g h i j k l m n

o p q r s t u v w x y z

汉字音节书写规范

rèn zhēn xùn liàn pīn yīn shū xiě

认 真 训 练 拼 音 书 写

每个音节的几个字母写在一块，不能分家。

○ 数学的书写规范。

认真书写，不仅是语文科要求这样，数学和其他学科也同样要求这样。请父母们参照教科书，看看孩子作业中这些方面的书写规范没有：

（1）每一个数字的笔顺、各数位间隔是否正确和恰当；

（2）各种运算符号是否规范。等号不等、加号、除号混淆，括号与数字难分辨的现象经常出现；

（3）小数点、间隔号区分开没有；

（4）分数线是否适中；带分数的整数部分与分数部分是否清楚。

别看这些很不介意的失误，由于不规范，常常给计算带来麻烦。所谓严格训练，就是每一个字母和符号都不能马虎，必须规范。

〇 毛笔字的书写。

毛笔字的基本功，除硬笔字需要的外，它有自己的握笔方法。书写时还很讲究研墨、调墨，每一画的起笔、运笔、收笔的训练。训练的步骤为描红、蒙格、脱格、临帖，每一步的练习都需要时日，没有三五年工夫是见不到成功的。父母如有兴趣，可配合学校教学对自己孩子进行指导，也可请名师专门教授训练。

学习毛笔字。毛笔是汉字传统的书写工具。因为是软笔，要熟练运用很不容易。但只要毛笔字基本功练好了，硬笔字功夫就出来了。古人总是从蒙童起就开始练习了，而且一丝不苟地一个字一个字地反复练、天天练。有书法兴趣和天赋的儿童，父母应尽早诱导、发现、并尽可能早期培养。

关键还是多练习。

书写既要正确，又要保持文面的整洁和美观，这不是一件可以一蹴而就的事情，需要长期、反复的练习。

收集孩子同龄人中的优秀作业和优秀作文，给孩子物色

一个模特儿。

　　给自己孩子选购合适的书法资料，由父母或其他家人指导训练。这是最实惠、最有效的办法。

　　每天晚上抽出一刻时间检查孩子的书写，发现问题由孩子自己纠正。父母只需用红笔做上记号或给一句富有激励性、个性化即感情色彩的批语，加以积极引导。如发现字的间架有问题，不妨批上："注意结构，更为美观。"若某一个字已经两三次改错，仍然有错（大多是偏旁写得不规范），可以规规矩矩写一范字，批上："这样写，你觉得如何？"

　　利用双休日让孩子自己办一份手抄报，自己设计版面、插图、标题，把自己写的日记或作文抄在上面，也可以从报刊上摘录补空。

　　小学高年级后，可给孩子购买写美术字方面的图书，让其自己练习写美术字。

　　鼓励、支持孩子参加学校和各级书法竞赛，给孩子成功机会和享受。

　　鼓励和支持孩子参加假期书法班学习，也是提高孩子书法能力的办法。

认真书写的五个基本要求

　　目前，中小学生的书写上存在的问题不少，概括起来有以下几个方面：书写姿势不正确；不少字的笔顺和间架结构没搞清楚；书写格式随心所欲；文面不美观。产生这些问题

的症结在一开始读书写字就没有进行严格的训练。

练习写字的基本要求是:(1)姿势正确,包括坐姿和握笔姿势;(2)笔顺正确,包括笔顺规则和基本笔画书写;(3)间架结构正确;(4)书写格式规范;(5)文面整洁美观。

训练写字的程序:先学硬笔字,再学毛笔字;先楷体,再学行体、草体。小学生最重要的是学好硬笔楷体字书写。

> 学生的书本如同战士的武器。
>
> ——编者

爱惜书本

书本不仅仅是薄薄的纸张，里面记载的是人类的精神和真理。让孩子们爱护书，并不是这些纸和别的纸有什么不同，而是在他的内心培养一份对知识和真理的热爱和敬畏。

训练目的 通过训练，培养儿童珍惜书本（自己的、公家的和同学的）的优良品质和习惯。

训练方法

用你的言行让孩子意识到书的珍贵。

用谚语、俗语启发孩子，让他爱惜自己的书本。如："书本是读书人的有形资产。""珍惜书本就是珍惜自己的财产。""知识无价书有价。"

给孩子介绍书本的发展简史，即未发明纸之前曾用竹简（竹片）刻字、牛皮条串连成书；后来用白丝绸写字成书；发明纸后用木板雕刻成书；毕昇发明活字印刷后又进了一步；用铅的合金制造成字钉排印成书曾持续了几十年；现在用电脑排印成书。可见一本书浸透了多少人的智慧、心血和汗水。我们没有任何理由不爱惜它。

爱护书本的习惯从小就要训练。

○ 幼儿时期应通过训练养成下列好习惯。

（1）把书放在桌子上，放端正，摆整齐；

（2）有左手或右手一页一页地翻书，向左翻用左手，向右翻用右手。千万不要让孩子养成用手指沾上口水去翻书的坏习惯。

（3）不让书翘角、卷页，如有翘角、卷页就及时压平；

（4）不涂抹、不污染，不撕剪画页；

（5）把书本平整地放进书包和从书包里取出；

（6）书本与玩具分别存放。

○ 入学后，可从以下几方面训练。

（1）给新书包书皮。现在的书籍书皮大都是塑膜，为了保护塑膜，可再包一层书皮。书皮材料可用桑皮纸或旧画报。

包书皮还是一门精巧的手工工艺，装得好，即新颖又漂亮。

（2）保持书本完整整洁。书面上除要的读书符号和记录，不得乱写乱画，更不能裁剪彩页和插页。

（3）保持书本伸展，不翘角，不卷页。每晚将书本合拢平放，压上平整的重物，如玻板，木板等。

（4）保持练习簿完整，不缺页。写完一本保存一本，一学期检查一遍，分科扎捆存放。小学毕业后，分科检阅，看：自己的成长和进步。

（5）当值日生收发练习簿要分组有序进行，不能乱扔让练习簿满教室飞。

（6）评比书包。书包是便携式小图书馆。里边除课本外，还可装课外图书。现在大都背负式书包，主包放课本、练习簿，副包放文具盒、玩具、小工艺品、装袋小食品。液体、油脂类食品如饮料、奶酪之类不能入包，防止污染，保持书包整洁。

（7）修补课本和图书。课本和课外图书如有裂损，赶快用透明不干胶修补。做到随时发现随时修补，身边无破书。每月或每期结束，集中清理，对裂损图书彻底修补。

（8）保持书桌、书架、书橱整洁、有序，不蒙灰

尘。藏书有量,每到三伏天要翻晒。书橱里放上几粒卫生球,免生蛀虫。

（9）鼓励孩子将自己读过的书、亲朋赠送的书、自己购买的书都好好保存,当数量达一定程度时,可建立一个家庭"小小图书室"。倘若实现这一个目标,孩子会自觉爱惜书籍的。

> 什么是学会学习,这就如同人不一定会读、写每一个字,但是当他想要读懂一个字的时候,他知道到哪里能够读懂它。
>
> ——联合国21世纪教育委员会

熟练使用工具书

在现代社会,人需要学习的东西太多了,而人的生命时间又是有限度的。因此,教育必须考虑一个问题,如何让人在最短的时间里学习那些最具有迁移性和最具有生成性的知识,这类知识就是那些工具性知识,即能够带来知识的知识。

训练目的 通过训练,培养儿童能够熟练地使用工具书,并借助它们扫清阅读障碍,破译书中疑难,养成善于自学的良好习惯。

训练方法

购买第一本工具书：新华字典。

孩子上小学后，就要为他购买工具书。当孩子第一次拿到《新华字典》时的喜悦是需要父母去分享的。应趁热打铁告诉他，工具书是我们的无声"老师"，也是老师的"老师"。现在我们把这位很有学问的老师请到家来了，千万不要让"老师"失业，还应勉励孩子要努力学习，随着年级的升高和知识的增长，今后还要购买《现代汉语小词典》、《成语小辞典》、《同义词反义词小辞典》、《数学典型应用题题解》、《小学生辞海》、《少年百科知识辞典》等工具书。不过，现在最要紧的还是要先学会查《新华字典》。

教给孩子查字典的方法。

○ 查字典有两种方法，一种叫音序检字法；另一种叫部首检字法。若熟悉字的读音，却不解其义，用第一种方法；见字不知读音和字义，用第二种方法。

○ 音序检字方法，可以自己的姓为例：

第一步：指出这个字拼音的第一个字母，到"汉语拼音音节索引"找到这个字母；

第二步：在找到的这个字母下找到这个字的音节，看清楚这个音节后注明的页码；

第三步：按音节后的页码到字典正文里查到这个字。

要查的字找到了，就得认真弄清这个字有几个读音，各有几个意思。你读到的那句话该是哪个意思。

先练习查自己的名字、家人的名字，使孩子摸出点门道

后，再去查别的生字。

要提高查阅的速度，必须将拼音方案烂熟于心。到了非常熟练的程度，可以直接到正文里查字，不到1分钟就可查到要查的字。因此，建议经常督促孩子练习：

（1）默写拼音字母表，牢记字母顺序。

（2）默写声母表、韵母表。掌握它们排列的规律。

（3）同声母汉字、同韵母汉字归类练习。

○ 部首检字的方法，仍以自己的姓为例。

第一步，确定要查字的偏旁部首，这部首是几画。比如"读"是"言"字旁，二画。到部首检字表中二画栏内找到"讠"，后面注有"25"即可到"检字表"25页内找到"讠"部；

第二步，数一数除讠旁外，余下部分多少画。"卖"为八画，在"讠"部八画下找到了"读"；

第三步，按"读"后页码"108"，到字典正文"108"页找到"读"。

第四步，辨析"读"的意思。"读"只有一个意思：依照。引申出两个意思：阅读，求学。"读"还有一个读音，dòu 107页可以查到。（新华字典1998年修订本）

○ 有的汉字很难准确确定它的部首，有的汉字可以在

两个部首中查到，这是常见的现象。实在难查到的字，可到"难检字笔画索引"内查找。

○ 对孩子的训练，建议多做以下练习：

（1）将汉字笔画名称和偏旁部首名称表贴在书房墙壁上经常认读。

（2）经常做汉字偏旁部首归类练习；

（3）经常做汉字笔画游戏，让孩子掌握汉字笔画的计数方法。如：把提供的字按笔画数排队；指出字的偏旁是几画，剩下部分是几画等。这种练习，小学一至四册语文每单元几乎都有设计。

（4）查自己的姓名、家人的名字，查课文中不认识的字。

○ 保护孩子查字典的学习兴趣：

孩子学会查字典后，兴趣浓厚，热情高涨。父母应给予鼓励。

父母可以和孩子比赛查字速度，看谁查得又快又准确。

二年级要求记日记时，不妨告诉孩子把查过的字记入日记中。

> 余曾谓读书必须有三到：心到，口到，手到。
>
> ——朱　熹

不动笔墨不读书

现在许多家长只知道为孩子的学习成绩而担心着急，对孩子的学习方法一点也不注意。家长们只要看见孩子坐在那里读书，心里就感到很是安慰了。殊不知，许多人坐在那里看书只是做个架势给家长看，其实根本没看进去。为了提高学习效果，学生需要充分调动各种感官参加活动，手脑并用，既要读，还要写，既要听和看，还要动手做。只有这样，才可以维持大脑较多区域较长时间的兴奋状态。

训练目的　通过训练，让孩子知道读书时动眼、动口又动手的重要意义；掌握写读书笔记的方法，养成不动笔头不读书的良好习惯。

训练方法

让孩子将这些谚语、格言放大，贴在他的书房里。

读书破万卷，下笔如有神。

聪明在于学习，天才在于积累。

好记性不如烂笔头。

动笔的习惯从抄写生字开始：

孩子读低年级时，父母每天可例行检查课内生字、词语的抄写，更正抄写中的错误。再从儿童注音读物中任选一篇中的一句或50字左右的一段（最好是儿歌）来指导其中生字词语的抄写。如：

fáng qián wū hòu　　zhòng guā zhòng dòu
房 前 屋 后 ，　种 瓜 种 豆 。
zhòng guā dé guā　　zhòng dòu dé dòu
种 瓜 得 瓜 ，　种 豆 得 豆 。

这首儿歌四句16个字，让孩子指出不认识的字，再看头上的拼音，拼读出来，并抄在笔记本上。

一年级上期选用彩图识字卡片来指导，一年级下期选用儿歌来指导。到了二年级，选用短小的童话、寓言故事来指导。每天指导时间控制在20分钟～30分钟之间。设置一个专门的课外读书笔记本来写生字和新词。

中、高年级早已学会查字典。每天除例行检查课文中生字和词语的抄写、语文笔记的整理外。每周还可以指导读3首～5首诗或2篇～3篇短文，抄录生字、新词、精彩的句子，充分利用字典扫除阅读障碍。每次不超过40分钟。三四年级细

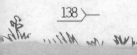

致一点、五六年级粗放点，把主动性让给孩子，把自觉性培养起来。

参考书目：《儿童文字精品书》四册。

《童话故事大世界丛书》二十本。

中、高年级整理数学公式表、度量单位及换算表贴在书桌前，供经常阅读。

做好读书笔记，为写好作文做准备。

○ 小学三年级开始学写作文，很多孩子都感到非常吃力，不知道写什么？从何下手？父母应抓住这一良机加以引导。告诉孩子，问题正出在积累的材料太少了。只有做到"不动笔头不读书"即写读书笔记才能解决。只有勤动手做好读书笔记才能累积更高的知识，提高读书的质量。还要告诉孩子，写读书笔记不难，贵在坚持。要做到长年如一日，几十年如一日的坚持。一边读，一边记，不仅可以加深对文章内容的理解和记忆，而且日积月累，知识就多了，写作文的材料自然也就多了。需要某些内容，就能信手拈来，不用冥思苦想，咬笔杆子。

摘录名人名言。摘录谚语、格言、歇后语。在笔记本中刊出

专栏。

抄录文中的对联，俚语（民间俗话）。

摘录文中精粹文句：包括各种描写句、抒情句、议论句。

以上是适合有相当阅读能力和兴趣的儿童。十二岁以内的儿童，一般是在父母指导下读一些适合他们的儿童读物，把生字、不懂的词语、句子抄下来，向老师或其他人请教。

○ 读课外书籍需要动笔，读课本要动笔吗？回答是肯定的。无论预习或复习都需要。预习时，用笔对不懂的、有疑问的地方做上记号；复习时用笔作知识概括、或提炼出精华作眉批。

○ 写读书笔记不要局限在照抄上面，还可以写读后感。更不要忘记了由于看书受到启发，因思维的碰撞而迸射出来的火花（即奇思妙想之类），犹应立即动笔记录下来，否则转瞬即逝。

你的孩子若能做到连看报纸都不忘记好笔记，那就证明本习惯已训练成功了。

○ 小学生怎样写读书笔记。

小学生用得着的方法有以下几种：

录生字。阅读中遇到不认得的生字抄下来。边抄边查字典，达到读准字音，辨明字形，弄清字义。只要你坚持这样做，你的孩子认得的字一定会比别人多。

录词语。阅读中遇到不理解的词语抄下来。在词典中去查阅，搞清楚它的意思。词语中有生字同样不能放过。如果是四字成语，最好用一个专门的本子记录，几年下来，记得

也多了。这不仅是一本成语手札，而且查阅词典的机会增多了，知识典故也增多了。坚持词语的记录和积累，会不断增加你的语言材料，让你的说话和写文章能言简意赅，生动贴切。

录语句。把文章中写得很精彩的句子抄下来。这些句子有的描写出神入化，有的达意委婉曲折，含意深邃隽永，可能为名言警句。日积月累会使你的说话和写出的文章很有说服力。

录公式、定义、定理。这是学习数学和其他学科的方法。

写段落大意或段落提纲。小学中、高年级语文科每篇课文几乎（除古诗）都这么讲，每一段用一句话或一个短语来概括，并让学生记下来。学生也可以用同样的方法去分析别的文字，写出段落大意或段落提纲。这样做可以帮我们理清文章的脉络和结构层次，提高我们写文章组织材料的能力。

写中心思想。中心思想是文章要表达的主要意思，也叫主题。语文科每篇文章老师都要分析总结，并让学生记下来。读别的文章也可以依法炮制。读得多了，写得也就多了，自然阅读的能力也提高了，同时，写起文章来就会中心突出，决不至于"千笔千言，离题万里"。

温故而知新，可以为师矣。

——孔子

预习和复习

预习作为课堂学习的准备环节，它让学生在课堂学习之前事先对老师要讲的内容有一个了解，在头脑里建立一个大致的认知结构，这样可以更好地唤醒头脑中与它有关的知识。复习作为课堂学习的后续环节，主要作用是加深所学知识在头脑中的印记，从而保持和巩固好知识。预习和复习作为主要的学习方法，这两方面的技能和学业成绩有很密切的关系。

训练目的 通过训练，让孩子明白预习、复习的重大意义；掌握预习、复习的方法，从而养成这个良好的学习习惯。

训练方法

你知道如何帮助孩子成绩拔尖吗？

要想孩子成绩拔尖，父母就应从一年级入学起抓住预习、复习这个学习的重要环节，坚决摒弃"上课都把老师看，课后围到作业转，考试之前拼命干"的残缺或被动的学习方法。预习就是走在老师前面，让孩子自学，复习就是先看书后做作业。只要孩子一年级起就养成自觉预习、复习的习惯，在后来漫长的岁月中，父母就省心了。

父母应明确小学阶段语文、数学预习和复习的内容和重要。语文预习主要是生字、新词、朗读、背诵；复习主要是字、词、句的练习。数学预习重点是搞清概念，读懂例题；复习要落实到做作业上面。其他各科以默读、了解梗概为主，课后巩固完成作业即可。

作为父母，光有望子成龙的愿望不行，还得有行动。

小学低年级时，父母应守着孩子进行预习、复习。

中年级以后，可在父母指导下，由孩子自己制定出一张作息时间表，贴在书桌或墙上，让他自觉地执行。父母只需监督。

作息时间表应包括几点起床、洗脸、晨练、读书、早餐、上学、午

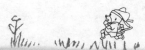

餐、午休、上学、自由活动、复习及完成作业、看少儿节目、晚餐、就寝等内容。自由活动可穿插安排并另拟计划（即星期1～5的项目应不同）。除特殊情形外，不可随便调整。只有如此，才能使预习和复习在时间上得到保证。

父母对自己入学的孩子每天至少保证一小时的指导，具体做以下几件事：

（1）帮助检查当天作业，改正错误，找出错误原因；

（2）检查课文朗读、背诵、默写；

（3）听写新词、短语；

（4）玩字词游戏：给生字、词语注拼音或拼音注汉字；

同偏旁字或同根字、同音字排队；

找同义词或反义词；

检查词语或关联词的运用（即造句）；

（5）回答孩子每天准备的问题。在孩子各科学习中，总会遇到这样那样的问题，无法解答。父母每天定时回答，这应该成为学习中的亮点予以十分的关怀。

（6）倘若你的孩子数学差，则应把重点放在数学上。现实中，确有少数孩子，数量概念非常差。数理思维能力在幼儿时期就能见高低。如果上幼儿园大班，还不能准确计数100以内的数，甚至50以内的数也不行，或者10以内的加减计算都不行，就属于数理思维差。但不要着急，从10以内的数计数开始，用小棒或珠子等实物作参照，反复地一个一个地数，进行有趣的组合，加、减游戏。手指头也是参照物。只要10以内数的基本常识有了，再100、1000地读写困难就小多了。

若用带壳的花生训练计数更受幼儿欢迎，因为数清后就变成了奖品。

教孩子一些复习的技巧。

复习要及时。复习的目的一是为了不遗忘，二是为了更好的理解。遗忘的规律是先快后慢，所以每天学习的东西要想不遗忘，就必须在课后进行练习和复习。

学习的内容到一定量以后，为了将知识系统化，就有必要进行单元复习和总复习。这两种复习，实际上是知识序列化的复习。可列一个提纲供父母参考。逐步要求孩子自己列出提纲，进行复习。

语文科有生字序列、词语序列、成语序列、同义词、反义词序列、诗歌序列、关联词语运用序列、错别字序列、病句序列、作文序列，高年级还应有标点序列、语法序列。

数学科各册有知识重点，目录就是一个纲。不过，有几个重要的知识，永远都非常重要。

（1）概念要清晰，不能模模糊糊、含混不清。比如数的概念，计数、读数、写数不能误；数与量、数与式、数与形的概念和关系要清楚；

（2）运算的法则、顺序、定律要记牢；

（3）长度、重量、面积、体积的计量单位、进率，公市制换算要准确；

（4）应用题的审题、解答，特别是典型应用题几乎是学习中的难题。

改正试卷中的错误。现行教材，单元、中期、期末都有

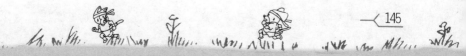

试卷，答卷后，帮助孩子找出错误及原因，并要求孩子必须将错题重新演算一遍。

成绩好的孩子都会提前学习。

预习是一种提前学习，家长对孩子的预习可以进行这样的指导：

预习主要是培养孩子单独学习，自己发现问题的自学能力。

预习要指导孩子充分发挥工具书的作用。成绩好的孩子基本上都是提前几周反复预习。

自学能力强的孩子，父母可指导进行单元预习（自学其一单元的新知识）和单元复习（学完其单元后对本单元知识体系进行小结）。

家长对学生的预习要进行检查，提出一些问题让学生回答就知道孩子学得怎么样。

父母要随时随地给孩子敲警钟，千万不能骄傲自满，不能因为早已预习就不在课堂上专心听讲。应鼓励孩子一定要把预习中存在的疑问，通过老师讲解仍未弄懂的问题，彻底弄明白，不达目的，誓不罢休。

最近，我的一位好友来看我，她刚从森林里散步回来，我问她都看到了些什么。她回答说没有什么特别的东西。我常这样问自己，在森林里走了一个多小时，却没有发现什么值得注意的东西，这怎么可能呢？我这个有目不能视的人，仅仅靠触觉都能发现许许多多有趣的东西。我感到一片娇嫩的叶子的匀称，我爱抚地用手摸着银色白桦树光滑的外皮，或是松树粗糙的表皮。春天，我满怀希望地在树的枝条上寻找着芽苞，寻找着大自然冬眠后的第一个标志。我感到鲜花那可爱的、天鹅绒般柔软光滑的花瓣，并发现了它奇特的卷曲。大自然就这样向我展现着千奇百怪的事物。……然而，为什么那些有视力的人却什么也看不见？

　　　　　　　　　　　　——海伦·凯勒

观察还得思考

　　观察不仅仅需要眼睛，还需要用心。牛顿从苹果落地的现象得出了万有引力定律以后，许多人都在想，怎么牛顿就那么幸运呢，为什么苹果就不砸砸我的脑袋？可是一个老农说，苹果经常砸我的脑袋，可是我还是不懂什么万有引力定律。

　　训练目的　通过训练，让孩子掌握观察与思考的方法，养成细心观察和勤于思考的习惯。

训练方法

你也应该给你的孩子上这么一课。

"尿液是甜的"

一位医学教授,带一群临床实习的医学院的学生到一个糖尿病患者的床前讲糖尿病的症状。为了让同学们明白仔细观察在科学工作中的重要性,讲完后,只见他用手指蘸着病人的尿液,然后伸到嘴边用舌头舔手指。他要求学生们也必须照着去做,还要回答:糖尿病人的尿液是什么味道?众学生你看看我,我看看你,只好皱着眉头,极不情愿又无可奈何地伸出指头,蘸一点尿液尝。大家异口同声地说:"尿液是甜的。"这位教授听后顿时哈哈大笑起来。笑罢对他们说:"我教你们这么做的目的,主要是让你们学会仔细观察世界上一切事物。难道你们没有看到我是用食指蘸的尿液,舔的是大拇指吗?"大家的脸刷地全红了。

学会观察是个渐进的过程。

注意力是观察的先导。婴儿从出生后三周便形成视觉、听觉,此时即可开始训练观察能力。可将彩色气球或吹气卡通玩具(狗、猫、兔等)放在距婴儿双眼50～70厘米处,训练其集中视力。可逐渐移动玩具的位置及距离,吸引他的注意(不要让强光刺激他的双眼)。2个月之后,将玩具换成发

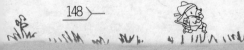

出声响的小鼓、铃铛之类，婴儿听声音会自动寻找声源（因此时耳内羊水已消失，开始形成听力）。3个月后幼儿会看人、听你说话，此时应不论做何事都必须叫他的名字，如"××，吃奶、××穿衣服"等。幼儿4个月后对一切都很有兴趣，可开电视、放音乐、闹钟闹铃，让他寻找。6个月时幼儿对所看到的物体的注意时间平均可达1分钟（最高的7分钟），可远距离打开彩电、放音乐训练其注意力。

幼儿半岁至一岁期间，应让他反复观察一个个具体的事物，包括静止的、运动的、大的小的。父母反复指认、反复叨念事物名称或反复教幼儿会话，这是婴幼初期观察指导的方法。观察中让婴幼儿自己去感悟这些事物的形状、颜色、大小、远近、激发他的思维。记住：千万不要忽略父母的语言诱导。

据对一个一岁左右的小女孩进行实验发现，尽管她刚会蹒跚学步，只学会两三个叠音词。但经反复指认耳朵：婆婆的、爷爷的、爸爸的、妈妈的、她自己的（镜子照），在反复诱导观察中，她记住了耳朵的形状、位置。以后问她："耳朵呢？"她就指或抓对方的耳朵。再问"你的耳朵呢？"她就用小手指自己的耳朵。其时她根本不会说"耳朵"这个词，又让她指画片上人物的耳朵，她总是能准确无误地指出。人的其他五官、肢体，身边的器物、动物、衣物、人物等都可用这种方法指认观察，再到画片上去指认，观察和思维便得到了进一步训练。

一岁半以后适时把兴趣引到对动作、行为、活动的观察

上。比如玩皮球，"滚过来"、"滚过去"等概念，通过观察、操作去理解。跳绳、跳舞、骑车等许多幼儿游戏都可着意引导他们去观察、模仿。尤其是日常生活中的行为动作万万不可忽略。模仿是在观察的前提下，更深层次的思维活动表现，动作越高难，模仿思维的锻炼就越到位。

○ 引导幼儿对一类事物进行多角度观察。比如鸡（公鸡、母鸡、小鸡），不用去描述和说明，用指认辨别的方法去感悟出它们的特征。他们看见鸡觅食吃虫子，以后还会发现母鸡带小鸡的现象。再去指认鸭、鹅。尽管他们语言不完全准确，但在脑子里已储存了鸡、鸭、鹅的形象。假如再让他们在图片上按语言提示指认，那是一定不会错的。

到了三至六周岁，活动范围扩大，观察的事物也增多，加上语言能力的提高，观察思维便向深层次发展了。这时，要加强儿童推理、判断的思维训练。在观察中，孩子能不断提问，就表现他们思考的问题已不局限在眼前的事物。"天有多高？""云为什么会跑？""月亮上有人吗？"这些天真的提问，表明孩子在不知不觉中探求未知的世界。父母还可根据孩子观察实际提出些让他思索的问题。如：玩具车在泥地上为什么跑得慢？在水泥地上为什么跑得快？

○ 入学以后，孩子视野扩大，语言能力也步步提高，读书的兴趣也越来越浓。父母应有目的地引导孩子对大自然和社会用分类比较的方法进行全方位多角度的观察。观察内容分列于下，供父母参考。每次可选择一种（如一株法国梧桐或一只小狗）让孩子作仔细观察。又如观察苹果可让孩子眼

睛看、用手摸、用口尝。

大自然中有许多事物值得孩子去观察。

植物：树木、花草、庄稼禾苗及其生长变化。如一棵树（树冠、干、枝、根、叶、花、果、实）、一种树、一片树（落叶树、常绿树）；一朵花、一种花、几种花（它们的颜色、形状、花期）……

动物：昆虫、禽、兽、鱼类、两栖等组成了千姿百态的动物世界。从常见的家养的蜜蜂、禽、畜开始，直到动物园的各类动物。加强爱惜生命，与动物友好相处的环保教育。

气象：阴、晴、雨、雪、风、云、霜、露、虹、霞等各种天气现象。并适时告之，所有气象变化与水的循环和气温高低密切相关。

天象：日、月、星辰、银河系；月亮盈亏、北斗星、北极星等，并配以美丽的传说。日月食、流星雨、彗星奇观千万不要放过。

地壳地貌：土、石、山、岩、河、渠、沟、谷、平原、丘陵等，有特殊地貌的地区，更是活教材。

观察过去科学家反复观察过的现象：苹果为什么往下

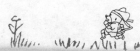

落？蝙蝠为什么在夜间飞？雷电是怎么回事？……

社会生活是培养儿童观察力的重要场所。

观察人及其活动：家人、邻居、老师、学生、男人、女人、工人、农民等，他们各在干啥，他们各自的穿戴、行为、爱好。

观察商业：各种商店、商品和商人。

观察交通运输及规则。

观察社会的管理：政府机关、官员、公安警察及其活动等。

观察工业：农业的生产活动：择其身边的常见的生产活动进行观察。参观、访问或亲自参与生产劳动。

观察科技进步带给社会变化的种种现象：电视、电脑、移动通讯、网络等在社会生活、生产中的应用及其变化。

培养观察力的技巧：智力始于观察力。

○ 带着问题去观察。父母应尽量激发孩子的观察兴趣，让每次的观察都成一件乐事，而不是苦事，还要耐心地告诉孩子，观察要有目的、有顺序、有记录，观察后要有综合、分析、总结。长期坚持观察，能不断丰富知识，活跃思维。

○ 观察应做到科普资料阅读与实际观察

记录相结合；局部观察与整体观察相结合；横向观察（同一时空）与纵向观察（发展变化）相结合。每一项观察越仔细越好，还应养成写观察日记或观察记录的习惯。观察记录要客观、准确，不能有半点的错误。一开始就要养成严谨的研究作风。

○ 观察有一定的顺序：从左到右、从上到下、从里到外，从整体到部分，从部分到整体，从不同角度观察。

带孩子上街，经过大商场的橱窗时，父母可提议与孩子比赛：看谁对橱窗内陈列的商品种类、颜色记得多。几分钟之后，走过去立即让孩子复述，若他记的数量没有父母记的多，就让他再回去观察一次，只要长期这样训练，会大大提高孩子的观察能力。

○ 认识从一个角度进行观察的局限性。与孩子讨论瞎子摸象的现象：四个瞎子，他们都不知道大象是什么样？于是，有人牵了一头大象来，让他们摸摸大象是什么样子。结果，摸着大象耳朵的说大象像一把扇子，摸着大象尾巴的说大象像一条蛇，摸着大象腿的说大象像一根柱子，摸着大象身子的说大象像一面墙。四个瞎子谁也不同意谁，因为他们都认为大象就是他们摸到的样子。

培养儿童的观察能力，不仅要调动视觉（眼睛看）、听觉（耳朵听）、触觉（用手摸）、味觉（可以尝的东西如苹果等用嘴尝），还应调动嗅觉，即用鼻子闻。例如，幼儿园可以采用"嗅觉快乐教育法"：用几个小碗内装醋、大蒜、苹果、辣椒、花椒、生姜、葱等，用白纸封口并编上号，纸上

用针扎一些小孔。然后让幼儿依次去闻气味,要求闻了之后,凡能画出形状的东西都用铅笔画出来,孩子们会觉得很有趣的。在嘻嘻哈哈中,训练了观察能力,学到了知识。

如何开启孩子的思维能力:思维能力是智力的核心。

思维训练从出生的第一天开始。脑子需要锻炼,否则大脑会退化、萎缩。为此,多为孩子提供适宜的刺激,如五彩的颜色,各种好听的悦耳的声音,让孩子玩智力玩具,做智力游戏,故意讲一些有头没尾的故事等,都可以使儿童旺盛的精力不至于白白浪费掉。

○ 语言是思维的物质外衣。只有语言(口头、笔头)才能表达思维的结果。培养孩子的语言表达能力就可以训练思维能力。父母应随时倾听孩子讲话,若发现说话时爱说"嗯"、"啊"、"那个"、"这个"、"就是"等口头语,表明词汇贫乏,词不达意;语言不连贯、不流畅,应及时纠正。从扩大阅读面,多与人交谈着手,即可让孩子改正过来。

○ 形象思维训练。在日常生活的观察中,儿童脑海中储存的形象会越来越多,越来越丰富,静态的、动态的、淡雅的、绚丽多姿的。这就是知识,永生难忘的知识。如用语言表示,一个一个鲜明的形象就会闪现出来。比如"朝霞满

天"、"阴雨绵绵"等。不过仅凭直观得到的形象非常有限，还必须通过其他训练手段来不断充实和提高。

经常欣赏画片、照片。画报就是最好的教材；图书、连环画也是好教材。经常看电视少儿节目、科技博览、人与自然等节目，可以见到身边见不到的形象和现象。看儿童歌舞、动画碟片、看音像教材影碟都是形象思维训练的好方法。

反复吟诵儿歌和诗歌，学得越多越好，这可培养儿童想象和联想的思维习惯。幼儿时期，虽不识字，也可看看图画教背诗歌，数次之后，他翻到画页就能背。书店里，这种诗画幼儿读物很多，只要简短易背就行。

入学后，语文课本中几乎每一篇文章都有描写的文句和文段，着意让孩子把这些文字语言转换成一幅幅图画或一组一组电影镜头储存在脑海里。最好的办法是轻闭双眼，听别人有表情朗读，在脑海里想象其情、其景。

吟诵比喻、比拟、夸张辞格的文句、语段，训练联想、想象的思维习惯。

读童话、寓言、神话故事，拓展孩子想象的空间。

看歌舞、曲艺表演，感悟肢体艺术和声情并茂的语言艺术所创造的形象和意境。

○　逻辑思维训练。语言逻辑的基本要求是：说的话要符合客观实际。教学中常常把重点放在纠正一些不符合实际的语言通病上。父母也可用这种方法来训练孩子的逻辑思维。

（1）概念错位。"我们家收了很多粮食，有玉米、小麦、花生等。"这句话里的花生显然不是粮食，而是油料。这种

概念性的错误，小学生的作文中很常见。只要平时留心指导，就能慢慢解决。也可以做下面一类的练习：

把下列车辆按要求分类：

客车　自行车　摩托车　轿车　架架车　卡车　手推车　人力三轮车

机动车：

非机动车：

把下列家用物品分成两类，并注明类别名称：

桌子　电视机　衣柜　VCD　音箱　沙发　冰箱　洗衣机　椅子　床

（2）说话前后矛盾，就是前言不达后语；

（3）数量表述前后不统一；

（4）因果、条件、假设关系不成立；

（5）肯定与否不明确；

（6）前后不照应；

（7）更多的是东拉西扯，没有条理。

因为这些思维逻辑发生错误，就直接影响着正确的分析、推理和判断。只有平时养成了严密的思维习惯，才不至于影响思考的质量。

○ 急中生智的应变思维训练。

胸有成竹、沉着镇定、随机应变是善于思考的最现实的需要。建议从如下几方面入手：

（1）读现代版"脑筋急转弯"，这种书很能启迪儿童智慧。

（2）读历代文人高士能言善辩，应对时局的故事。如读《晏子使楚》、《完璧归赵》等可从中受到启发，请读随机应变的少儿故事。如《曹冲称象》、《司马光砸缸》、《文彦博洞中取球》等。

（3）读祖先流传下来的三十六计的故事。

（4）读近代、现代革命少年在对敌斗争中的故事。

（5）下棋，如围棋、军棋、象棋等颇能锻炼应变的思考能力。

（6）参加各种智力游戏。每个电视台儿乎都设计有开发少儿智慧的节目，父母应多关注、鼓励孩子参加这些智力游戏。教材中也设计有很多智力游戏，千万不要因是游戏而不放在眼里。请记住：那是在启迪儿童的智慧。

○　结合平时的学习训练分析思维能力。

每个父母都希望自己的孩子在读书上聪明、好学、成绩出众，那么，善于思考的品质就不可少。建议父母们从以下几方面训练：

（1）仔细审题。题的要求都没搞懂就做题，这种错误很普遍，必须严格加以训练和改正。

读清楚、读懂每一道题的具体要求。不管题多简单，也一定不能马虎。只能按要求解答，不能张冠李戴或节外生枝，更不能别出心裁。

如写出反义词,就决不能写出同义词;如选择提供的答案,就不能自己另写答案;在正确答案后画"√",错误的答案后画"×"。

如作文题《快乐的星期日》,一定不要同《快乐的一天》混为一谈。虽然都快乐,后者"一天"可以是星期日,也可以不是星期日。而前者"星期日"只能是星期日。

如数学题"3个5的和是多少?"和"5个3的和是多少?"答案虽然相同,但各自的数理关系不同。

如应用题一定要读通、读懂题,把已知条件挖掘完,认真分析它们与未知条件的关系,从而找到求解未知条件的方法。

(2)多练习综合性难题。

(3)多练快速解答题。这类题,限时完成,既考速度,又考准确率。

(4)多练一些巧解练习题。如从1到100的100个自然数相加的巧算方法。

要想孩子成才,必须培养创造性思维,即不轻信、盲从,敢于打破陈规俗见创造新事物或新形象的思维。最常见的是孩子会偶尔提出"异想天开"的问题或设想,做父母的千万不要责怪,不要不耐烦,因为这也许正是比黄金还宝贵的创造性思维的萌芽,若能加以鼓励、赞赏,细心浇灌,就可能最终开花、结出硕果。

培养孩子的想象力,是给儿童智慧插上的翅膀。可早期进行训练。孩子两三岁时,利用晚上明亮的灯光,父(母)

可用双手在灯光照射下加以巧妙重合，在雪白的墙壁上投射出一个又一个的黑影，然后向孩子："这个影子像什么呀？"孩子一定会歪着小脑袋仔细辨认，突然会兴高采烈地说："呀！像只小羊！"

思考与观察

思考是大脑借助语言，通过形象思维和逻辑思维的形式对观察材料或语言文字提供的材料进行分析、推理、判断的复杂的思维过程。只有人类才有这种高级神经活动功能。一切创造发明、人间奇迹都是人类深入观察，善于思考的功劳。我们读书学习，绝不能只停留在书本知识上，而应该更加广泛深入地观察大自然和社会，并充分发挥和提升大脑善于思考的功能，去获得比前人更多的知识，去开拓比前人更广阔的科学空间。为了充分发挥和提升大脑善于思考的功能，就必须努力训练和提高观察的能力，形象思维和逻辑思维的能力。其实每门学科的教学都非常重视这些能力的训练和提高，不过父母们还应该教育孩子积极配合教学，参加到各种形式的训练活动中去。

观察是一种乐趣。观察和一切感知是思维的源泉。忽视观察，思维的材料就非常贫乏，思维的层面就非常肤浅和狭隘。观察是一切科学诞生的摇篮。

观察为思考提供了非常丰富的材料。观察的材料，大而言之，是大自然和大社会；小而言之，是身边的人、事、景、

物，留意它们的存在（时间、空间）、状态、特征、关系和发展变化。所有大学问都来自大自然和社会，这是不容置疑的事实。培养孩子观察的习惯，并不断提高观察的能力，同时对观察的事实进行深入的思考，就是在教孩子做学问。

语言是思维的工具：思维离不开语言，语言能激活思维。形象思维是最活泼、最生动、最能激发灵性、牵动感性神经的一种思维品质；而逻辑思维则是最严肃、最缜密的又一种思维品质；它们能激发人们科学艺术创造的灵感。许多科学现象和事实，未发现之前，科学家们就凭借这种思维品质，想象推演出来了。科学家和艺术家们都具有这种天赋很高的思维品质。由此看来，加强语言学习，加强形象思维和逻辑思维训练是开发大脑潜能，提高思考质量的最基本的工作。训练和提高儿童的思考能力，养成开动脑筋，善于思考的习惯是塑造新人类，迎接新挑战的需要，也是养成教育的重要任务之一。

> 如果你想记住任何东西，你要做的一切就是将它与已知或已记住的东西联系起来。
>
> ——托尼·布赞

善于记忆

人的大脑就像一个沉睡的巨人。它是由150多亿个脑细胞构成。它有中心，有许多分支，每一分支有许多连接点。每一个脑细胞都比今天地球上大多数的电脑强大和复杂许多倍，它们来回不断地传送信息，其复杂和美丽程度在世间万物中无与伦比。所以，只要很好地对它加以利用，我们将具有惊人的学习能力。

训练目的 通过训练，让孩子掌握一些科学的记忆方法，并付诸实践，提高学习成绩。

训练方法

相信记得住,才能够记住。

○ 格言、谚语、名言讲给孩子听。

记忆是智力活动的仓库。

防止遗忘的诀窍是复习。

重复是记忆的母亲,理解是记忆的灵魂。

只有兴趣才是最好的老师。

要让孩子的大脑像大海绵,而不是大漏斗。

○ 父母应及早培养幼儿的机械记忆能力。幼儿记忆的特点是机械记忆、无意记忆和形象记忆占优势,而理解记忆、有意记忆和抽象记忆均较弱且正处在发展过程中。据此,可在幼儿2岁时就教唱儿歌、背古诗中的五言绝句等。以选押韵的形象鲜明的材料为好,如带上孩子去参观鹅时,就教骆宾王的《咏鹅》。

孩子上小学后,应介绍一些有关人脑的知识,让他充满自信心,只要肯下工夫,就能把那些知识背下来。告诉孩子,人脑由150多亿个脑细胞组成,可以储藏的信息量是美国国会图书馆(共1000多万册藏书)的50倍,即可以储存5亿册书的内容。人脑

白日依山尽
黄河……

 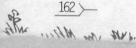

储存的信息量从理论上讲应当是电子计算机的100万倍。

死记硬背是必要的，但不是最好的方法。

告诉孩子死记硬背（机械记忆）并不是最好的记忆方法，采用此种方法的结果只能是"读死书、死读书"。但是，这种方法对付现阶段的考试仍有一定的用处，即强迫自己记住那些枯燥无味的知识点，就可以得到高分，考试一过就忘到九霄云外去了。还要让孩子明白，从发展趋势来看，总有一天会形成这样的局面：光靠死记硬背是肯定考不上高中和大学的。

最好的方法是把要记的和已经记住的建立联系：

研究记忆规律的专家们得出了共同的结论：只有那些最有兴趣的事物或知识，才记得最牢固。据此便创造出谐音、联想等有趣的记忆方法。

○ 谐音记忆法（现举4例）。

例1. 一位高中化学教师，在讲元素周期表时，要求学生必须背诵一至七主族和零族的元素名称，同学们个个面带难色。老师便给大家介绍谐音记忆法："现在看 IA 族（即第一主族）的氢锂钠钾铷铯钫怎么才能很快记住。你可以想，有个大舌头（说话口齿不清楚）的人，他念成了'心里辣得有点慌'，可能他辣椒吃多了吧！"学生们在哄堂大笑中就不费吹灰之力记住了这七种元素。20年后，学生聚会时，师生畅叙别情，有学生对老师说："老师，你教我们的化学知识，绝大多数都忘了，唯独'心里辣得有点慌'至今念念不忘，想忘都忘不掉。"

例2．想记住π值为3.1416并不难，可谐音为"山巅一寺一流"。让学生想象成一个高高的山上修了一座寺庙，建筑属一流水平。若π值需要更精确，为3.14159，可谐音为"山巅一寺一壶酒"。让学生想象成一个高山上有一座寺庙，一个和尚手拿着一壶酒。

例3．马克思生于1818年5月5日，可想象成为马克思用他的《资本论》：一巴掌一巴掌的打得资本家呜呜地叫唤。

例4．孔老夫子生于公元前551年～479年，可以谐音为"捂捂腰，试吃酒"。想象成为老夫子老年腰疼，常常捂捂腰杆，并试吃一种药酒。

用谐音、换字再加上奇特想象的方法，为没有丝毫意义的、枯燥的记忆材料，赋予特殊意义的例子还很多，父母在给孩子讲了上述例子后，应让孩子自己去大胆尝试，从所学的课程中找出一些难忘记的材料去谐音，一旦成功之后，孩子兴趣倍增，往往会乐此不疲。起初可出一些简单的题如怎样记住电话号码179837？（提示：若孩子能谐音为"一齐就爬山去"就太好了）还可把你家的电话号码、手机号码让孩子谐音。

〇 联想记忆法：充分发挥想象力，把毫无关联的词汇奇妙地联系起来并加以巩固，这样就记住了难记的材料。例如，要求孩子在一分钟内能按顺序记住5种动物：蛇、老鼠、狮子、老虎、大象。可以这样启发孩子：蛇要吃老鼠，老鼠便从狮子的后腿很快爬上狮背，老虎为了在狮子面前证明自己是"百兽之王"，便与大象比武，大象用长鼻子把老虎打得爬不起来。如此便可很快记住。还要告诉孩子，联想时越稀奇古怪越好，越快越好，一经想出来的联系就不要去更改它。可让孩子一在一分钟之内记住五种动物：猴子、猪、马、青蛙、孔雀。二在一分钟内记住无关联的词汇：布娃娃、大熊猫、电视、哭泣、开关。

〇 直观形象记忆法：用直观形象代替文字、语言，往往会收到事半功倍的效果。现举3例：

例1. 一个老师在教幼儿认"回"字时，先用一张大白纸四周用排笔涂成黑色，告诉幼儿："这是你们家中的客厅，大大的、方方的。"然后用一张小一点的白纸将四周涂黑，告诉幼儿"这是一个'口'字，就是你们的小嘴巴。"再把小纸放到大白纸中间，问幼儿"放学了，你们该干啥？"幼儿齐声说："回家。"老师启发："对了，你们每个人的小口站在大屋子的中间就是'回'字。"于是幼儿觉得，太有趣了，该回家了。

例2. 教"灭"字的方法是，将一支蜡烛点燃，再用一块木板或铁片压在蜡烛上端，幼儿看到燃得亮亮的"火"，因为上面压了一块板，所以就"灭"了，于是便永远记住了"灭"字。

例3. 学地理时，可将某些国家或地区放大成草图，让孩子好好想一想，看它们像什么？是某种动物还是数字？或是其他什么形状？如我们祖国的地图像一只"一唱天下白"的大"雄鸡"；湖南省像一个人头；欧洲大陆像平行四边形；意大利像一只皮鞋（意大利刚好盛产高质量的皮鞋）；越南

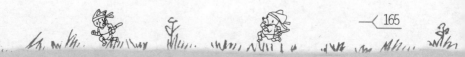

像个3；黑海像F等。训练时可让孩子自己去想象下列国家或地区像什么？朝鲜（像5）；索马里（像7）；波罗的海（像K）；南美洲（像直角三角形）；佛罗里达岛（像丁字）；四川省像什么？（像1只卡通鸡背上卧着一只狮子狗）。

○ 韵文记忆法。由于韵文具有声调铿锵、朗朗上口、言简意赅、意义深厚的特点，所以，用韵文记某种材料，比去背毫无关联又不押韵的同种材料要快若干倍。而且一个月后检查遗忘率时，后者是前者的几十倍。运用韵文记识难记的知识，古已有之，如学中医的人都离不开《汤头歌诀》即是证明。现举4例：

例1．学地理时，要记住长江、黄河各多长（多少千米）似乎很难，其实一点也不难。只需记住："牢牢记住，6543，长江两头，黄河中间"就永远记住了，（其中6543是3456的倒写）。

例2．周恩来总理当年为了让警卫战士（文化程度均不高）记住全国的省、市、自治区的名称，就编了韵文："两湖两广两河山，三江云贵吉福安，双宁四台天北上，新西黑蒙陕青甘。"其中"三江"指江苏、浙江、江西；"双宁"指辽宁省和宁夏回族自治区。当时香港、澳门尚未回归，海南省、重庆市尚未建立，战士背诵后就记住了全国的行政区划。

现在可以这样加以修改：两湖两广两河山，四江云贵福吉安，川藏二宁青甘陕，内台海北渝上天。特区香港和澳门，回归祖国大团圆。其中"四江"指江苏、江西、浙江、黑龙江。

例3．小学生要学会标点符号的使用相当困难，于是有人就编了一首标点歌：

一句话说完，画个小圆圈（。句号）；

中间要停顿，圆点下带尖（，逗号）；

并列字词间，点个瓜子点（、顿号）；

并列分句间，逗号加圆点（；分号）；

引用原话前，上下两圆点（：冒号）；

疑惑式长句，耳朵坠耳环（？问号）；

命令和感叹，滴水下屋檐（！感叹号）；

引文特殊词，蝌蚪上下蹿（""引号）

文中要注释，两头各用弦（[（）] 括号）。

小学生只需背熟后就慢慢会用了。

例4．学历史时最难记秦朝以来的历史朝代，有人就编了口诀：秦汉三国晋封侯，南朝北朝是对头，隋唐五代十国后，宋元明清帝王休。民国二十二年后，人民翻身得自由（建立了中华人民共和国）。

由于韵文大大提高了记忆效率，而且经久不忘，所以受到学生的欢迎。在训练孩子时，除了收集别人早已编好的歌诀外，更要鼓励孩子自己去为某些知识（特别难记的）编歌诀，父母或老师可帮忙修改。一旦编好一首，孩子内心的喜悦是难以用语言形容的。

〇　歌曲记忆法。在韵文记忆的基础上，若能谱上曲调或套用某一现成曲调，成天曲不离口，那就更妙了。如拼音字母歌、写字歌、英文字母歌等早已广为流传。训练时可让

孩子自己仿照已会唱的歌，填上词再哼唱。

〇 趣味记忆法。编成故事、笑话或设计成游戏，让孩子在愉快的活动中记住某些知识。如一位地理老师在讲长江的第一大支流时，讲了一个小笑话，某年升学考试填空正是"长江的第一大支流是（　）"，许多考生都无法填写。忽然一个交了卷的学生在考场外大声地嚷道："今天的题好深啊！把人的'汗'水都憋出来了！"室内学生恍然大悟，都填上"汉水"。学生们大笑之后也就记住"汗水"（汉水）了。

孩子读到小学高年级后，可适当指导他采用归类序列记忆法、列表记忆法、提纲记忆法、归纳要点记忆法等。现以归纳要点法为例：由于清朝腐败，1901年9月8个帝国主义国家（八国联军）强迫清政府签订《辛丑条约》，其4点内容是学历史的人背得很辛苦的难事，但有人却用"钱禁兵馆"（谐音"前进宾馆"）4个字就归纳了：

（1）要清政府赔款（款就是"钱"，谐音用"前"）。

（2）要清政府保证禁止人民反抗（用"禁"概括，谐音"进"）。

（3）允许外国在中国驻兵（用"兵"归纳，谐音"宾"）。

（4）划分租界，建领事馆（用"馆"归纳）。

开家庭灯谜晚会。灯谜是中华文化瑰宝之一，不仅有趣，可帮助识字和记忆，更可开发智力。若干年前，某地举行盛大的灯谜晚会，诸多谜语都被人猜中，唯独剩下一盏四面体宫灯（外用白纸糊严，内有灯）无人问津。一文质彬彬的中年人来到灯前，细看说明是要求用动作表演之后，打四书上

的一句话。这位先生沉思良久，遂对主持人表示愿意一试。只见他先用双手撕去三面白纸，然后围着宫灯大步流星走了一圈，最后将剩下一面白纸撕去。他对主持人说："这句话是'三思（撕）而后行，再思（撕）可也'，对否？"主持人连连点头称是并给他发了重奖。这就是祖国灯谜的魅力。类似这样的故事还很多，不过像如此艰深的灯谜是不适合小学生的。家庭灯谜晚会只能选一些较浅易猜的字谜，全家人同猜，但浅显的更易让孩子猜中。奖品以小礼品为主。现介绍数条谜语仅供参考。有兴趣的父母可另行收集，还可与孩子共同自编谜语。

（1）一口咬掉牛尾巴。（打一字）

（2）一女搬倒一座山。（打一字）

（3）二小，二小，头上长草。（打一字）

（4）打你两拳，踢你一脚，不怕你是歪人，还要给你妈说。（打一字）

（5）两头冷，中间热，纸做的东西吃不得。（打一家家户户都有的日用品）

（6）三面有墙一面空，有个小孩在当中。（打一字）

（7）六十不足，八十有余。四退八进一，四退八进一。（打两个字，合起来是一个县名）

（8）蒋介石失去将令，北洋军两边而行，吴佩孚不知天命，熊克武有志无能。（打一字）

（9）二人土上站。（打一字）

（10）青一块，紫一块。（打一字）

（11）设计磁悬浮列车。（打一成语）

（12）大牛。（打五言唐诗一句）

（13）一人搬倒一座山。（打一字）

[谜语答案：（1）告；（2）妇；（3）蒜；（4）海；（5）日历（台历）；（6）匹；（7）平、昌；（8）燕；（9）坐；（10）素；（11）图谋不轨；（12）人生有离合；（13）白。]

> 日记是自己保持沉默的挚友，无论你怎样为自己辩护，也不会受到它的非难与责备。
>
> ——贺林渥斯

写

日

记

日记是人内心的独白，写日记是自己和自己的灵魂交流，这种交流帮助人感悟生活和促使人成长。许多文学家和科学家都有坚持写日记的习惯。如果一个学生从小培养出了坚持写日记的习惯，将来不仅能够很好地作文，还可以过有心的思考的生活。

训练目的 通过训练，让孩子掌握日记的写法，并要求坚持下去，从而形成记日记的良好习惯。

训练方法

生活是座美丽的百花园,日记是伴随我们成长的一朵芳香的玫瑰。

日记是我们成长历程的见证人。

父母应让孩子意识到写日记的重要:给孩子讲很多科学家、文化名人坚持几十年写日记的故事(如竺可桢、鲁迅等),让孩子懂得,记日记不仅可以提高书面语言的表达能力,还可以提高思想认识水平,更可以积累搞科学研究的有关资料。一个人如果能从七八岁就开始写日记,几十年如一日地写下去并加以保存,那么,日记就是一部个人生活的绚丽画卷,也是社会时代风貌的缩影。

从说话到写话。

对两三岁幼儿进行口述日记的训练。每晚临睡前让他用一句话报告当天他看见的或做过的一件事,不准确时父母加以订正,并让孩子再口述几遍。

四至五岁时,每晚让孩子说出当天是几月几日,再用一两句话说出当天做的一件事或看见的一件事,或看过的一本图书和电视节目,或学唱的一支歌,父母订正后,让孩子复述两三遍。

六岁时,每晚让孩子说出当天是几月几日,星期几,天气怎样。这部分内容订正后让孩子复述两三遍。再说当天做的或见的一件事,或听到的一则消息,或读过的一本书,一首诗等,父母订正,让孩子复述。七岁后即可进行文字日记训练。

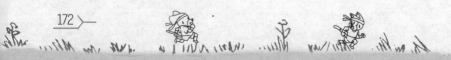

孩子读二年级后，认识的字多了，说话能力提高了，有能力把口述日记用文字记录下来。并要求书写工整，格式正确，内容真实，而且充实。格式为年、月、日、星期几、当天天气状况、正文。

九至十二岁后，日记的体裁和表达方式可多样化。记叙中可适当运用描写、抒情、议论的手法，内容可从学校、家庭生活扩大到社会生活，也可批评坏人坏事，伸张正义。

教孩子写观察日记。

○ 父母要为孩子解决写什么问题，不然他会每天记一篇流水账，形成万篇一律。告诉孩子日记的内容可以说包罗万象，但应逐步学会取舍详略。如今天看到了什么？是好事还是坏事？今天做了什么，是好事还是不好的事？今天什么事最有趣？明天打算做什么？家中长辈的生日、同学的生日、亲朋的生日是怎么庆贺的？送了什么小礼品？自己的生日是怎么过的？哪些小伙伴送了什么小礼品？喜不喜欢？亲朋好友生了什么病？家中乔迁之喜，购买新家具，用自己的钱买了一本书，在学校受了表扬或批评……都是写日记的好材料，

怎么会没有什么可写的呢？

随着孩子年龄的增长，应对写的日记提出较高的要求。如小学高年级时就要要求孩子不要只记一些鸡毛蒜皮的小事，应该记下你对世事、亲情、友情的真心感悟，具有抒情性。

告诉孩子，要勇敢地迈出第一步，不要为父母或为老师写日记，日记内容一定要真实，要说真话，记下自己真实的生活，才有保存的价值。

写日记可与前面讲的写读书笔记、观察日记等结合。要把日记写好应牢记：观察要细，内容要真，方法要活，选材要精。

〇 保存日记。日记要用质地较好的纸张和本子，写完一本，存放一本，一年或几年以后，再来读自己的日记，看看自己的生活、学习，以及思想的轨迹和进步。

养成写日记的习惯，非朝夕之事，也非文字表述那么轻松，需要父母长年如一日地耐心地指导。父母和孩子都要持之以恒，坚持始终。要让孩子逐渐认识到写日记是自己学习和成长的需要，从而自觉地坚持写好日记。

孩子不让看的，父母不能偷看。

孩子逐渐长大，他们有许多小秘密写进日记，父母在未经孩子同意，都不能偷看他们的日记。孩子的隐私权应该受到保护。

刻

苦

钻

研

> 懒于思索,不愿意钻研和深入理解,自满和满足于微不足道的知识,都是智力贫乏的原因。这种贫乏通常用两个字来称呼,这就是"愚蠢"。
>
> ——高尔基

训练目的 通过训练,使孩子在学习上能发扬不怕困难,迎难而上,顽强拼搏的精神,从而取得优异成绩,养成刻苦钻研的好习惯。

训练方法

首先要让孩子知道的格言、谚语、名言。

天下无难事，只怕有心人。

不入虎穴，焉得虎子。

一寸光阴一寸金，寸金难买寸光阴。

知识就是力量。

读书时用功读书，玩耍时放心玩耍。说话要说真话，做人得做好人。

困难只能吓倒懦夫懒汉，而胜利永远属于敢于攀登科学高峰的人。

历来古今其志士，戒骄谦逊成就多。

经常给孩子讲古今中外的名人、伟人刻苦用功学好本领的故事，给孩子打气。如古人中有"头悬梁、锥刺股"与打瞌睡作斗争的读书人；有"披蒲编，削竹简"自己做书来读的人；有"如囊萤，如映雪"解决无灯读书的人（以上均见《三字经》）；还有凿壁偷光的读书人。至于书法家中的刻苦典范更是比比皆是。除王羲之父子而外，还可再举三例：

（1）智永的"铁门槛"：智永是南北朝的和尚，他屋内有可装60千克水的大缸，练字时将写坏了的毛笔头扔入缸内。30多年共倒了5大缸烂笔头，后来终于一举成名。求他写字题匾的人络绎不绝，门庭若市，连门槛都踏烂了，只好用铁皮包好，人称"铁门户槛"。

（2）怀素的"笔"：唐朝和尚怀素，常用芭蕉叶当纸练字，庙内100多株芭蕉叶摘光后，用木板涂上漆代纸，连木

板也写穿了。写坏之笔在窗外堆成小山，挖坑埋掉成为坟墓，立碑名为："笔"。

（3）欧阳询观碑入迷。唐代欧阳询非常喜爱书法。一次骑马路过一地，偶见汉代素靖写的石碑，先在马上看，后下马观看，走几步又坐下看，疲倦了铺上毡子在碑前看，在碑旁连睡三夜，直到将笔法烂熟于胸后才回去。后来终于成了大书法家。

此外，还可以讲詹天佑、华罗庚、居里夫人等刻苦用功的故事，让孩子明确学习目的，提高学习的自觉性、主动性，培养孩子在学习上的责任感、义务感、荣誉感和羞耻感。

孩子读到小学高年级后，应送他几句话，作为座右铭：有志之人立长志，无志之人常立志。欲为祖国建奇勋，忧愤钻精四个字。其中，忧是指为国家、为民族、为自己的前途而担忧；愤是发愤用功；钻是目标专一，刻苦钻研；精是精益求精。四个字的关系是忧必愤，愤必钻，钻必精。如周恩来总理，小小年纪就为中华民族的前途而忧，于是发愤读书，先后留学日本、法国，刻苦钻研各国的经济、政治、军事，最终成为世界上杰出的政治家、外交家。

早期的训练看来不直接相关，但却最有意义。

〇 婴幼儿时期应加强爬行训练。据研究，爬行过少的幼儿语言发育迟缓。7个月后就可以开始训练，如在前方放上彩色玩具（大气球等），让幼儿爬行去取。一旦到手后，大人一齐喝彩，拍掌鼓励。此项训练也有助于培养注意力。

注意力是智力的门户。从小必须培养孩子的注意力。幼

儿园可采用做集体游戏来进行培养。活动前先讲清游戏规则，要使幼儿的个人行动符合集体游戏的要求，让他全神贯注。如让幼儿扮演"交通警察"，指挥来往的"车辆"（可用遥控汽车玩具）和"行人"（其他幼儿扮演老人、青年、小孩和各种残疾人等）。可使他们在愉快欢乐的气氛中把注意力集中起来。

○ 刻苦用功需要有锲而不舍的精神。当孩子第一次在学习上遇到困难的时候，千万不要打退堂鼓。父母一定要勉励他必须千方百计克服困难，不获全胜，决不收兵。告诉他解决的办法是牢记战胜学习上困难的三部曲：遇到难题自己独立思考10分钟；解决不了，请同学帮忙，大家共同讨论10分钟；仍然解决不了，去请老师或父母，一定要当天的问题，当天解决，不要等到明天。

克服学习的最大障碍——厌学。

○ 厌学的原因很多，主要的是没有兴趣，害怕失败（把读书当成一件苦差事），没有毅力。

父母要让孩子意识到读书不是一种负担，而是一种美好的享受。比如读一本美丽动人的童话书或有趣的故事书，都可以得到精神上的享受。现在学好本领，长大了为国效力还可以得到精神上和物质上的享受。

○ 认识到失败的价值。失败在学习中是常有的事。学生缺乏自信，大多是某次考试失败在心理上留下了阴影，再次失败又没有正确开导，便丧失了信心，至于以后大多会破罐子破摔。解决此一难题的唯一办法是父母不要操之过急，

应具体分析失败原因，指出努力方向，要让孩子不断获得学习有所提高的喜悦感和成功感。比如孩子每次考试虽然都不及格，但是只要每次都略有增加（有些小小波动也是正常的），在缓慢上升，这也是他经过刻苦努力才得到的成果。父母只能用肯定和鼓励去重新点燃孩子心中自信心的"火焰"，绝不能用辱骂和体罚等"灭火器"去扑灭自信心的"火苗"。

○ 至于毅力的培养，建议最好采用激将加奖励的办法。据观察，自控能力差的孩子，好动，易被新鲜事物吸引，连10分钟都坐不住，更静不下心来学习。但这种孩子自尊心都比较强，争强好胜就是具体的表现。父母可抓住此点，大做文章，可以这样悬赏："××，你如果能安安心心坐下来，在10分钟之内把书上的五言绝句古诗背下来，就可以到外面去踢20分钟的足球。"孩子的劲头一下就来了。说不定要不了10分钟就完成了任务。以后则慢慢加码："如果你能坐下来专心学习20分钟，双休日我们全家人去河边搞野餐。""如果你能坐下来专心做作业30分钟，我们就可以去爬山。"记住，千万不能奖励糖果或现金。

什么时候开始刻苦都不晚：现在就开始行动吧。

○ 改善环境，培养孩子自己控制自己的能力，即与注意力分散作斗争的能力。除贪玩好动而外，过度疲劳、环境嘈杂都会引起注意力的分散。为此，当孩子专心学习时（尤其是初期），切忌唱歌、跳舞、高声说笑，电视、DVD、VCD忌放大音量，更忌打扑克、麻将等。为了孩子有一个美好的未来，父母理应作出必要的"牺牲"。当然，绝对安静的环

境是没有的，关键在于要让孩子能排除干扰，集中注意，强迫自己完成学习任务。当孩子已养成自制能力，自觉刻苦用功之后，可引导孩子逐步做到闹中取静。可给他讲毛泽东同志在长沙读师范学校时，专门拿一本书到人最多、最嘈杂的城门处去读的故事，让他也去体验一下达到忘我的境界。从而养成凡做事则善始善终，决不虎头蛇尾的习惯。即使遇到某些干扰也能自然而然地、毫不费劲地把注意力集中起来，出色地完成学习任务。

○ 在学习上做到刻苦钻研，父母应提醒孩子必须脚踏实地，少说空话。可以给他讲爱因斯坦的著名公式：$A=X+Y+Z$。

一个不爱用功，光说空话的青年，看到爱因斯坦获得诺贝尔奖之后，羡慕不已，成天缠着爱因斯坦，要他公开成功的秘诀。爱因斯坦为了不浪费宝贵的时间，尽快打发他走人，随手在纸片上写下一个公式：$A=X+Y+Z$。青年傻了眼，一点也看不懂，只好请爱因斯坦解释。原来是 A 表示成功，X 表示艰苦劳动，刻苦用功，Y 表示正确的方法。青年迫不及待地问："那么 Z 表示什么呢？""代表少说空话！"青年无言以对。

要做到刻苦钻研，就要抓住今天，惜时如金，把搞好学习的"听、读、练、钻、结"的五字诀告诉孩子。听：在课堂上专心听讲；读：认真读课本，课前预习，课后复习；练：一丝不苟地完成作业；钻：钻研疑难问题；结：学完一个单元、一章或全书后，进行小结、总结。惜时如金：要求科学

分配时间，利用时间，做到该学习时专心学习，该玩时放心地玩。

○ 方法很重要。在刻苦攻读过程中，不要让你的孩子陷入题海的泥潭。不要成天都在做作业，搞无效劳动；更不要孩子刚完成老师布置的作业后，父母再加10道题。不要认为多做题就是在刻苦钻研。不要忘了熟能生巧，但也能固拙。要坚决摒弃在原地踏步走式的机械重复（无休止地做同类型的作业题），而是需要螺旋式的上升。否则与创造性的学习是背道而驰的。请牢牢记住：未来社会不需要"守成型"的人才，只需要"创造型"的人才。

○ 让孩子始终保持乐观情绪，才能保证精力旺盛地投入刻苦学习之中。据中国科学院进行的心理免疫试验：选100个大学生，先测定肌体的免疫能力。然后分成两组，50个人看喜剧片的电影，另50个人看恐怖片电影。看完后再次测定，发现看喜剧片的50人免疫力升高，而看恐怖片的普遍降低。由此可见，保持乐观的心态是何等的重要。当发现你的孩子心态不正常，有抑郁情绪时，最好马上叫他停止学习。要么让他读一读幽默风趣的笑话大全；要么干脆让他出去玩个够。

告诉孩子，在学习上要想取得好成绩，必须战胜浮躁和冷热病，做到胜不骄、败不馁。异常好动、心神不定、见异思迁就是浮躁。一丁点儿的胜利就骄傲自满、冲昏头脑，一次失败就心灰意冷、看破红尘，这就是冷热病的症状。骄傲和气馁都是自己给自己设置的障碍，攻不下来就会连加受挫。很多成功人士的经验告诉我们，战胜自我比战胜他人更加困

难。浮躁和冷热病是意志的腐蚀剂。在严格训练孩子养成刻苦攻读的过程中，父母应予以高度重视。

现代科学带给人们便利和好处的同时，也带给了人诱惑和危害。

——编者

科学视听，安全上网

　　现代科学的发展和普及已经到了教育必须考虑它们带给人类负面影响的时候。任何事物都有两面，电视在把世界以一种特殊方式呈现在人面前的同时，也使得人的眼睛和耳朵、甚至人的头脑变得懒惰，电脑、网络的出现改变了人们传统的交际和学习方式，但是它也使许多人沉迷于消磨人的意志的聊天和游戏中，甚至有鼓动人类内心中恶性的一面。

　　训练目的　通过训练，使孩子认识到科学视听和安全上网有利于学习和身心健康，从而把视听学习和视听娱乐区别开来。自觉地科学地安排视听时间及内容。

训练方法

小心现代科学的隐形危险。

电视机、电脑微弱的电磁波和闪烁的彩光影响着大脑和视力健康，如不科学地使用，年复一年，负面效应就会显现出来。建议：看电视、录像，与屏幕至少保持1.5米距离（大彩电应更远）。每看完一个节目应闭目、运目一分钟。电脑要用滤光罩，学习上网一小时应闭目、运目一分钟。幼儿学习电脑时间还应缩短一些，半个小时左右为宜。长时间在电脑前学习而产生眼胀、头昏，还应休息调整。电视和电脑都应选择柔和的亮度。看完电视、用毕电脑应洗脸。要把这些基本常识融入习惯，保持终身。

保护听力。随身听和袖珍放音机使用头戴式耳机，不要选用耳塞，更不要选用特重低音耳塞。不能边骑车边听，不能在车辆行驶的马路上边走边听，更不要带进课堂。

如何引导孩子看电视。

该采取哪种态度？父母对于孩子看电视、玩电脑有三种态度：

（1）坚决反对，以为它们是罪魁祸首；

（2）放任自流，让孩子看够；

（3）既不禁看也不放任，而是加以引导。

电视正是"千里眼"、"顺风耳"二者有机结合的产品，是我国古人的幻想变为现实的体现。既是传递信息、教育、宣传的工具，也是很好的家庭娱乐工具。所以，成人、小孩都喜欢看电视，尤其是孩子，电视在他眼前展现出一个大千世界，奇妙无比，具有极强的吸引力。显然，上述的一、二种走向极端的态度是错误的。而采取第三种态度是非常明智的。

父母必须注意：其一，注意选择节目，尽量全家同看。适于少儿看的节目很多，如大风车、万花筒、动物世界、科普园地、祖国各地、世界各地、旅游、智力游戏及竞赛等，这些节目都是儿童的良师益友，父母应把它们当成开阔知识视野、促进智力发展、修养道德品质、培养高尚情操的第二课堂。当孩子喜欢这些节目后，父母的喜好理应让路。其二，限定时间，保证睡眠。据研究，孩子一天内接触电子媒介超过2小时，有可能影响其交往和学习，甚至影响其心理健康。因此，每天看电视等应控制在1小时～1.5小时为好。其三，启发帮助，因势利导。父母与孩子同看，耐心地当好"荧屏课堂"的辅导员。解答孩子提出的问题，使孩子从中受益。

让孩子看与他们年龄相适应的电视节目和影碟。父母孩子一起看，并指导孩子看。幼儿除少儿节目是首选外，卡通故事片也可开发儿童智力，有条件的家庭可做一个动画片、卡通片、少儿歌舞碟的储存箱，供孩子反复学习。

严格管理成人生活片，严禁少儿看成人生活片。据一些资料反映，少儿一旦偷看过成人生活片，有的甚至情绪躁动，精神萎靡，更有甚者会因模仿而犯罪。其毒害胜于鸦片。

读小学高年级后，可以有选择地指导孩子看连续剧。连续剧情节缠绵，孩子有课业，不能让他们没完没了看下去。情趣高雅，思想意义浓厚的连续剧可在父母允许和指导下看。那些趣味低下、情节暴露的片子，不要让孩子看，恐怖和暴力情节多的连续剧更不能让孩子看。

我们该怎样面对网络和电子游戏：警醒＋行动。

○ 年轻的父母不要置孩子于不顾，成天迷恋歌舞厅、游戏厅和网吧。要训练孩子，父母先得训练自己，给孩子作出榜样，对家庭和社会认真负起责任来。

○ 经常与学校老师联系，密切注意孩子的行踪。一旦发现孩子在网吧内打电子游戏，应及早进行教育。若让其已经成瘾之后，就太迟了。教育仍以说服、说理为主，可讲一些少年犯罪的故事进行开导。

○ 签一份亲子协议。孩子进入小学中、高年级后，交往面逐渐扩大，独立意识也随之

增强，封建家长制的管教易造成孩子的逆反心理和行为。这个时期如疏于正确诱导，会酿成难于收拾的尴尬局面。为解除父母的困惑，有关媒体曾多次报道一种成功的方法，"同孩子签订协议书"。把父母和孩子放在平等的法律地位上，父母和孩子是朋友，共同受协议的约束。协议内容大致如下：

父母满足孩子在家合理的视听要求，同孩子一起看电视节目，开展家庭歌舞会；

提高孩子正确交友，让孩子懂得交友的正确原则和标准，邀请孩子朋友来家做客；

孩子自觉接受父母的督导，按时到校，准时回家，不在途中逗留，不进营业性歌舞厅、游戏厅、网吧，未经父母同意，不到邻居和朋友家看电视和录像。女孩子不在别人家过夜。

让孩子的爱好和才艺得到充分的发挥和展示，激发他们的成就感，就得让孩子角色到位。同孩子朋友的父母联合举办家庭舞会、卡拉 OK 赛等视听活动。鼓励、支持孩子参加学校举办的歌舞表演赛、计算机比赛等有益的活动。

○ 教给孩子安全上网的技巧。以网上色情、暴力等案例警示孩子，同孩子讨论安全上网的重要意义。从而自觉地不登陆黄色网站和暴力网站；安装安全过滤软件以减少上网失误；不在网上公布自己的真实姓名、家庭地址、电话号码及就读学校等；未经父母同意不与网友见面。

○ 学会使用网络进行学习。电脑的普及和宽带网在广大城乡的开通，网上学习已成为现实。如何使用网络进行学

习，不仅是学校的事，也是家庭的事。父母应同孩子一道投身到学习变革的现实中：一道学习电脑操作和网络的基本知识，共同具有相关的使用和管理能力；一道学习搜索引擎的使用方法；学会发现和处理信息；一道在网上发表自己的观点与他人交流。

震惊全国的两起凶杀案

2002年12月29日，四川省眉山市8个14岁～17岁的少年将14岁正读初中二年级的吴超活活打死。破案后，究其原因，行凶者仅仅是为了练习一下武侠游戏中学到的"武艺"。

一波未平，一波又起。上述凶案发生后仅隔两天，即12月31日，在眉山市永寿镇又发生4个14岁～16岁的少年将退伍军人胡克明打死并脱光衣服扔进水坑的惨案。破案后，究其原因更是荒唐：4个少年酒后狂欢，找不到娱乐项目，于是便提出找个人来"打着玩"，并约定沿乡间小路前行，第一个遇到谁就打谁。

据破案后调查，12个少年犯都是迷恋网络游戏的"高手"。由于受网络游戏中宣扬的虚拟的个人英雄主义的感染，就模糊了他们在现实生活中的道德底线和法律底线。12个少年实际上是在空虚无聊、需要宣泄的心态下不自觉地对暴力游戏的一种模仿。

请让你的孩子远离暴力游戏吧！

多诈的人藐视学问,
愚鲁的人羡慕学问,
聪明的人运用学问。
——培根

收

集

信

息

　　搜集信息和使用信息是信息时代必须掌握的本领。

　　训练目的　通过训练,让孩子了解信息的价值,逐步掌握搜集信息、选择信息、操作信息的方法,养成时刻关注信息、搜集信息的习惯。

训练方法

这些是父母和孩子都该知道的。

信息就是财富。

秀才不出门，能知天下事。

一等富，靠信息；二等富，靠智力；三等富，靠体力。

对信息的追求源于好奇心。

幼儿对外界什么都觉得新鲜，尤其是对同龄小孩、小动物、花花草草、玩具、彩画特别有兴趣。见小孩一定要打招呼，跟去玩；见小动物一定要追着看；见花草一定要摘来玩，玩腻了就扔；见玩具一定要得到；见彩画一定要拈来看、玩、撕……

幼儿一天天长大，活动范围也不断扩大，见到的事物也不断增多。逛公园、逛玩具店，那里新鲜事物异常精彩、目不暇接。在这里，他们得到的信息没有不真实的。但他们选择信息的标准只在能吃、能拿两条上。父母们应有选择地帮助他们处理这些信息，满足他们追求美好事物的欲望，启迪他们创新的智慧和不断求新的精神。

进入小学高年级后，父母应向孩子灌输有关信息方面的基本知识。告诉他，我们正处于信息网络时代，信息无时不在，无处不在。社会的政治、经济、军事、科技、文化等各个层面都有各自的信息。这些信息在不断地变化并飞速地传递着。人们根据各自的不同需要，千方百计地搜集、筛选、操纵着这些信息。一条有价值的信息，只要及时抓住它，并付诸实践运作它，便有可能创造出上百万甚至上千万元的财

富。信息是一座取之不尽、用之不竭的宝库。告诉孩子，只有认真学习并掌握搜集信息的方法，养成善于搜集信息的良好习惯，才能适应未来社会的激烈竞争。请记住，引导孩子搜集信息，只有信息并获得成功，就是在铸造竞争的灵魂。

面对浩如烟海的信息，我们必须有所为，有所不为。

应告诉孩子，虚假信息太多，应善于识别。墙上广告，未经工商部门批准的广告，大多数都是假信息。

少年儿童起初最关注的信息是他们自己特别感兴趣的如玩具信息、图书信息、体育信息、娱乐信息及幼儿、少儿电视节目等信息。父母应随着孩子一天天长大，逐步引导关注科技信息、国内国外新闻等信息，这对于孩子的健康成长是非常重要的。

搜集工具书信息：包括名称、出版社、作者、定价。还应看内容简介，据此确定是否有购买价值。

每做一件事之前应搜集相关信息。如远足旅行就要搜集气象和交通信息。

孩子有才艺天赋，要让孩子尽量搜集才艺培养和比赛信息。音乐、美术、舞蹈、工艺、书法等各种暑假培训的招生信息以及县、市、省等各级比赛信息，无疑是才艺特长生的福音。父母根据自己孩子的情况，共同搜集相关信息进行筛选处理并付诸实施，以实现孩子成才的梦想。

让孩子帮助父母搜集信息，只有信息，才能推动父母事业的成功。

商人父母让孩子搜集商品信息；农民父母让孩子搜集种

植、养殖、良种信息；下岗父母让孩子搜集新技术、新工艺或招工信息；家中有疑难病患者，让孩子搜集特色专科及报刊上登的偏方、验方的医疗信息……

教给孩子搜集信息的基本方法。

○ 搜集信息，可根据信息传播方式从以下几个方面入手：

口头信息：就是人们口口相传的信息。是最古老的传播方式，速度非常慢。

文字信息：报纸、杂志每一天、每一期都有大量的信息，书信也在传递着各种信息。

广告信息：传单广告、户外广告牌都在传播着各种商品生产的信息。

音像信息：收音机、电视机每时每刻都在传播着各种信息。

通讯、网络信息：电话查询、网络搜索可获得大量信息。这种传播异常神速，而且可反复搜寻。

○ 运用剪报搜集学习资料。鼓励孩子将报纸上刊登的学习经验、突破难点等资料，剪下来按语文、数学等科目分别粘贴在

一个本子上（还可按同一科不同单元搜集），搜集这些信息有助于孩子的学习。

告诉孩子，像学习资料这类信息，应当与同学共享，不必保密。而商业上出于竞争的需要，有的信息是绝密的，如美国饮料可口可乐的配方就是个例子。

刻苦用功的居里夫人

玛丽·居里夫人，1867年11月7日生于波兰华沙。她有四个哥哥姐姐，她是最小的一个。从小她就不与哥姐打闹，而是专心致志地读书。每天晚上，她都拿着书，坐在桌旁，用两手的拇指塞着耳朵。这就是她对那些嘈杂声音修筑的"防御工事"。

有一次，玛丽的表姐到他们家做客，对于玛丽的用心读书持怀疑态度，于是便想试验一下。几个姐姐在玛丽左右和后面用椅子搭建一个高达三层的不稳定的三角塔，准备等玛丽出尽洋相。然而玛丽却完全没有留心，仍然端端地坐着。过了半个小时，她看完一章后，合上书本，刚刚起身，突然"哗"的地一声，椅子塌了下来，姐姐们有的高兴得拍手大叫，有的准备防御玛丽的反攻。可是她既没有发怒，也并不觉得有趣，只是摸摸被打痛的左肩，捡起书本向睡房走去。经过姐姐们面前时，她只平静地说："真无聊！"

由于刻苦学习，玛丽的算术、文学、历史、法文等功课始终稳居全班第一，中学毕业时，获得了金质奖章。

当时的波兰，女子还不能上大学，玛丽便只身一人到巴黎考上了大学。她住在阴暗、狭窄的小阁楼上，有时饿得头昏眼花，几次晕倒，但仍坚持努力学习。

大学毕业后，玛丽与彼埃尔·居里结婚，夫妇二人共同致力于放射元素的研究工作。在一间堆废物的破厂棚里建立了一个最简陋的实验室。她用与她身高一样长的沉重铁棒，不停地搅拌着铁锅里的沸腾物。如此辛苦地干了十多年，他们终于从8吨铀沥青矿中提炼出了1克氯化镭。放射性元素镭的发现使她第一次获得诺贝尔物理奖。

正当夫妇二人的科研如日中天之时，彼埃尔·居里因车祸不幸逝世。居里夫人很快从悲痛中振作起来，继续研究，终于发现了另一种放射性元素。为了纪念她的祖国波兰，就命名为钋。这是居里夫人第二次获得诺贝尔奖。她一生共获得十次科学奖，是巴黎大学聘请的第一个女教授。

居里夫人有两个女儿。有一次，一个朋友登门拜访，看见居里夫人的小女儿手里拿着一个圆圆的闪闪发光的东西在地上玩，走过去一看，原来是一枚诺贝尔金质奖章。在居里夫人眼里，它和玩具似乎并没有什么区别。

李时珍落榜之后

我国明代著名的医药学家李时珍，年纪轻轻就考上了秀才。当再去考举人时，却接连三次落榜。失望之余，他立下壮志，悬壶济世，修撰药书。历经27年的辛勤劳动，他踏遍

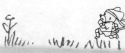
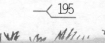

了长江、黄河流域的千山万水，边走边为穷苦百姓诊病，还采集了一万多种药用植物和矿物。亲口尝了数百种药物的酸、甜、苦、辣、麻，先后阅读钻研了800多部前人写成的医药著作，终于写成了一部我国历史上最重要的药物著作《本草纲目》，至今仍然是中医学的经典著作。迄今已被翻译成10多种外文，在世界各国广泛流传，成为药学著作中的瑰宝。

李白发奋成诗仙

公元701年（武后长安元年）李白生于西域碎叶（现俄罗斯贝加尔湖）。5岁时随父经商到四川绵州昌隆县（现江油市）的青莲镇。"五岁诵六甲，十岁观百家"（六甲即60个甲子，古人纪年月日时的方法）说明他读书很早。但他在紫云山上的学堂里并不用功，成天好玩，甚至还想不再读书了。一天他到山下的一条小溪去洗澡，看见一位白发苍苍的老太太正浇着水在石头上磨一根粗大的铁棒，他很好奇便问道："老人家，您磨这个干什么呢？"老太太头都未抬平淡地说："把它磨成绣花针。"李白更是惊奇得嘴都合不拢了。"这么粗的铁棒，哪能磨得成针呢？"老太太仍然边磨边说："只要功夫到了，自然就磨成针了。"这就是"只要功夫深，铁杵磨成绣花针"的来历。老太太磨针的小河现在名叫"磨针溪"，溪旁有"武氏岩"，据传那位老太太姓武。

李白听了武老太的话，想到曾经打算逃学，内心深感惭愧，又十分感动。于是立即上山，发奋读书。历经25年，到

30岁时，他写的诗已是"笔落惊风雨，诗成泣鬼神"。（杜甫）现在只流传下来一千多首诗，成为我国最伟大的诗人，被人们尊称为"诗仙"。

周恩来为中华崛起而读书

周恩来于1898年3月5日出生于江苏。1910年，12岁的他到东北奉天（现沈阳）投奔大伯父。一出火车站，大伯父就告诉他，这里有很多外国人的租界，千万不能到租界去玩，免得惹麻烦。周恩来心中疑惑地说："这儿不是我们中国的地方吗？"大伯父叹了一口气："中华不振啊！"

当时的周恩来并不完全懂得"中华不振啊"的含义。后来他在奉天东关模范小学读书，听到老师讲了许多国弱民穷，遭人欺负的道理；亲眼目睹了洋人的汽车撞了中国人，扬长而去；又去东郊看了日俄战争的遗迹，一位同学的祖父悲愤地给他讲了两个强盗在中国的土地上打仗，倒在血泊中的却是无辜的中国百姓，真是中国人的奇耻大辱！周恩来逐渐明白了中华衰弱的原因。所以，当那位同学的祖父出一上联"勿做列强之奴仆"要周恩来对下联时，他便脱口而出"誓当中华之主人"。

有一次模范小学的魏校长，在上课时问大家："你们为什么读书啊？"有同学回答："为了明礼而读书。"有的说："为做官而读书。""为不受欺负而读书。"还有人说："为家父而读书。"魏校长不断摇头叹气。突然，周恩来举起了手，

站起来朗声说道："为中华崛起而读书。"魏校长点头称赞道："有志者，当效周生啊！"

后来，周恩来为着一个宏伟目标振兴中华而拼命读书，一直成绩优异，先后留学日本、法国。他好学不倦，知识广博，不仅有很深的马列主义修养，而且品德高尚，是中国共产党卓越领袖之一。从1949年10月1日中华人民共和国成立起，周恩来便担任政务院总理，并以他特殊的人格魅力征服了世界，使他成为20世纪世界外交舞台上的风云人物。1976年1月，周恩来积劳成疾，患癌症不幸逝世。联合国曾降半旗志哀。这是政治家中极少有人能享受到的殊荣。

科学家入迷的小故事

我国著名数学家陈景润，曾攻克世界难题"哥德巴赫猜想"，摘取了数学王冠上的明珠。有一次他一边走路，一边聚精会神地思考计算方法，猛然一下撞到一根大树上，然后十分惊讶地问："是谁撞了我呀！"

爱因斯坦有一次外出办事，往回走时，由于边走边在想"相对论"，竟然连他家所在的街名和门牌号全都忘记了。他在街上急得团团转。好在他还记得家中的电话号码，于是立即打电话回家，在家人的指点下，东问西问，几经周折才回到家中。

著名物理学家安培的工作习惯与众不同，他衣服口袋里经常装有粉笔，实验室墙壁上都有黑板。当他在室内来回踱步不断思考时，偶有发现，便立即用粉笔在黑板上进行演算。有一次他在街上行走时，又对一个问题入了迷，于是顺手摸出粉笔，对着一张大黑板写画起来。谁知那块黑板会走路，不停地向前运动着。黑板走，他也走，到后来黑板迅速跑起来，远远地把他扔在后面。这时，大街上的行人都哈哈大笑起来。原来是安培把一辆黑色马车的车厢后壁当成了黑板。

王氏父子的书法秘诀

我们祖国的汉字十分精妙。不仅在于形、声、义，一个字有时就是一个故事，而且书写起来还是一种举世闻名的艺术，会给人一种精神上的享受。我国历史上涌现了一大批书法名家，如柳公权、颜真卿、怀素、卫夫人、张芝等，名气最大的要数东晋的王羲之，他独创了一种流利漂亮的今体书法，被人尊称为"书圣"。他的兰亭序至今仍是书法精品，价值连城。他是怎样成为书圣的呢？

王羲之7岁开始练字，到12岁时长劲还是不大。有一天他在父亲枕头下发现一本"笔说"的书。于是，偷偷进行钻研，在用笔上狠下工夫，果然，书法精进，连他的老师卫夫人都感到惊奇。

王羲之除了注重运笔方法外，更主要还是多练。相传他家门口有一水池，他每天写完字后都要在水池中去洗毛笔，天长日久，池水变黑，人们干脆改名为"墨池"。

王羲之的儿子名王献之，也是7岁开始练字。一天献之

正运气书写,他父亲悄悄来到身后,突然出手去拔他手中之笔,由于他握得很紧,居然未被拔走。王羲之满意地笑了,赞扬道:"很好,很有希望把字练好。"可是,献之练了几年,书法仍然平平、心中烦躁。一日便问父亲:"您练书法到底有什么秘诀没有?"父亲笑答:"有啊!"说罢拉着儿子到了院坝,指着盛满清水的十八口大缸说:"秘诀就在这些大缸里。只要你研墨时把这十八口缸的水用完就练成了。"王献之豁然贯通,继续苦练,终于成了书法大家。

看来,王氏父子练习书法确实是有秘诀的,这个秘诀就是勤学苦练。

王勃再也不骄傲了

我国唐代号称"初唐四杰"中最杰出的王勃,公元650年生于绛州龙门(今山西省河津县),童年聪明好学,6岁善文辞,13岁作赋,不到20岁,应举对策,取在高等。传说王勃25岁时,前往交趾省亲,大风将他乘的船吹到南昌,恰遇洪州都督阎某在滕文阁上为新州刺史宇文氏饯行,大宴宾朋,吟诗作赋。王勃写了《滕文阁序》,当念到"落霞与孤鹜齐飞,秋水共长天一色"时,满座皆惊。此后一千多年来便成为千古传诵的名句。这就是"时来风送滕王阁"的来历。

王勃26岁时去看望父亲,渡海落水,惊悸而死。据传,他死后阴魂不散,念念不忘他写的名句。几乎每天傍晚,在江边都能听到他在不停地高声朗诵:"落霞与孤鹜齐飞,秋

水共长天一色。"一天晚上，有位童颜鹤发的老人，拄着拐杖在江边漫步。忽然从空中传来王勃得意洋洋的朗诵声，老人把银须一捋，朗声大笑，对那空中的声音说道："王勃，你不要再骄傲了。其实你那两句也还显得拖泥带水，并不精练。上句去掉'与'字，下句不要'共'字，留下'落霞孤鹜齐飞，秋水长天一色'，岂不更美。"

自此，江边上再也听不见王勃的吟唱了。这个传说告诉我们：人不能骄傲，文章要锤炼。

没有结尾的故事

下面搜集了11个有头没尾的故事。有些与其说是故事，还不如说是智力测验题。5岁以后就陆续讲给孩子听，可以培养想象能力。

所谓想象，形象一点说就是用思维的特殊黏胶把头脑中的有关表象粘合在一起，组合成新事物的过程。学习与创造都离不开想象。可以说想象力是创造力的前奏曲。为此，可以这样去实施：第一天晚上讲一个故事后，因无结尾，就要让孩子去自己编，第二天晚上等孩子讲了结尾后，才继续讲新故事。请记住，无论孩子怎么编，不管合理不合理，都不要嘲笑、讽刺，而应赞许、肯定。

1. 从前，有两只小青蛙，蹦蹦跳跳地到了一个农家。农民伯伯出去干活了，它们就在屋内四处游荡。青蛙甲发现一个大肚子怪物，奋力一跳，跳了上去，高兴得唱了起来。青

蛙乙见了也跳了上去。原来那是一个坛子的上口边沿，它们就在上面嬉戏、跳舞。忽然，"咚"的一声两个小家伙都掉到坛子里去了。坛子里装着多半坛黏糊糊的黄油，它们想爬出来，壁太滑；想跳出来，油太黏。请想一想，两只小青蛙的命运如何呢？（提示：可能的结局不外乎是一死一生；两只都死，两只都生。关键是怎么会死和怎么生存下来的。）

2. 大森林里住着兔妈妈和小白兔。一天兔妈妈突然想到，小白兔的外婆生日到了，于是便叫小白兔背上5根胡萝卜、一棵大白菜作为生日礼物给外婆送去。小白兔走啊！走啊！穿过森林，走到一条小河边，一看，河水又深，水流又急，还没有桥，跳也跳不过去。怎么办？小白兔坐下来想了一个多小时，终于过了河，到了外婆家中。你知道小白兔是怎么过去的吗？

3. 一个孩子站在一只大轮船的高台上，高台距江面78米。此时，上游正在涨水，江水正以每小时上升24米的速度上涨，请你想一想，多少时间后江水可以淹到孩子的脚？（永远淹不到）

4. 一个小朋友，他想买限量发售的纪念币，于是就到卖币处。一看，正排队呢。他便接着排上去，比他后来的人也挨排着。站在侧边一数，从前面往后数，小朋友是第七位，从后面往前数也是第七位，想一想，一共有多少人在排队购票呢？

5. 幼儿园中班共24个小朋友，老师用篮子装了24个大枇杷走进教室，按顺序给每个小朋友发一个。发到最后还剩

下一个，这是怎么一回事？

6．一个穷人有一个非常聪明的女儿。他欠了财主八百个银元的债，过年时财主逼债甚急，穷人无法偿还。财主一看穷人的那位漂亮的女儿，一双贼眼顿时亮了起来。于是财主提出了解决办法："你既然还不了钱，我现就给你一个机会。我在口袋里装上一白一黑两个小石头，让你女儿去摸，若摸到白石头，就免去你的债务；摸到黑石头你女儿就必须嫁给我。"穷人无奈，只好应承下来。三人走到河边，财主便往口袋里捡石头，可是女儿明明看见他放到口袋里的两个都是黑石头。那个聪明的女孩儿打心眼里一千个不愿意嫁给又老、又黑、又丑的财主。她该怎么办？请小朋友帮忙想想办法吧！（提示：穷人采取赖账或把财主打一顿都不是好办法。最好的办法是女儿以极快的手法摸一个石头迅速扔在众多的石头中间，然后对财主说："现在只需看看口袋里石头的颜色，就知道我摸出来是白的还是黑的了。"）

8．一个小姑娘利用双休日去看外公。临走的时候，外公给了她一个竹篮，另给了一盒饼干和一瓶水以便在回家的路上吃喝。但外公提了一个要求，水不能用瓶子或杯子带走，只能用竹篮带走。小姑娘眨着一双大眼，想了几分钟，终于按外公的要求带走了水。她用的什么办法呢？

9．第一次龟兔赛跑因兔子睡大觉，乌龟得了第一。第二次比赛上山，兔子再不敢骄傲了，自然得了第一。第三次比赛下山，兔子也并没有骄傲，可是最终还是输了。乌龟是怎样获得第一的呢？（提示：乌龟抱着必胜的信念，不畏艰

难险阻，将头脚缩在壳内，下定决心往山下一滚，转眼就滚
到了山脚下，而兔子还在半山腰呢。）

10. 树上有5只鸟，猎人打了一枪，打死一只，树上还
有多少只？（提示：这是一个老掉牙的智力测验题。回答树
上一只也没有了并非最佳答案；回答树上还剩4只也绝不是
最蠢的答案，关键在于如何解释。）

11. 两个爸爸、两个儿子，分吃三个梨子，一人一个，
能做到吗？（提示：爷爷1个，爸爸1个，小朋友1个。）

"畏四知"和他的儿孙们

东汉华阴人杨震字伯起。明经博学，孙徒达千余人，有
"关西孔子"之称。杨震官至太尉，列三公之首（太尉、司
徒、司空），与丞相等身，执掌武事。杨震为官清正廉洁，从
不收礼受贿。一个名叫王密的七品县令，想依附杨震以便升
迁，深夜之时，他带着黄金，造访杨府，请求与杨震单独面
谈。杨震将他迎至书房，王密说明来意，没想到被杨震严词
拒绝。王密说："天这么晚了，只有您我二人，您收下谁也
不会知道的。"杨震十分严肃地回答道："你知、我知、天知、
地知便是四知，怎么能说谁也不知道呢？"王密只好带上金
子扫兴而归。这便是杨震的"畏四知"，也是杨氏家族"四
知堂"的来历。

杨震不仅自身廉洁奉公，而且对子女教育也特别严，子
孙数世均官至三公。他儿子杨秉学有所成，为人正直，后来

仍官至太尉。他在酒、色、财面前毫不贪恋和动心，被人誉为"三不惑"。畏四知和他的儿孙充分说明父母的表率作用对孩子的影响是何等的深远。

为了实现终身健康的目标，那就请从培养孩子锻炼的习惯开始吧！只有锻炼才能为完成繁重的学习任务打下坚实的身体基础；只有锻炼才能给孩子一个强健的体魄。

第四篇 学 会 锻 炼

> 体者，载知识之车而寓道德之舍也，无体是无德智也。
>
> ——毛泽东

在当今中国，6岁~18岁的中小学生是压力最大、脑力劳动时间最长、最劳累、最少休息的一个群体。有一首少年儿童根据流行歌曲"牵挂你的人是我"改编的"新儿歌"较为真实地反映了正在成长中的少年的无奈："书包最重的人是我，作业最多的人是我，起得最早、睡得最晚的人是我是我还是我。"就这样，许多家长还抱怨孩子不够努力，没有把分分秒秒的时间都用在学习上。他们不知道这种过度挖掘正在让孩子付出将来可持续发展的重要基础——健康。

1996年，国家教委和国家科委公布了1995年全国学生体质健康的调查结果。在充分肯定了我国中小学生身高、体重等形态指标明显增长，速度、力量等素质指标有所提高，龋齿、贫血等常见病有所下降的显著成绩的同时，还着重总结了学生体质健康状况尚存在的一些不容忽视的问题（以下数据均与1985年统计数据相比）。

——学生耐力素质呈下降趋势。50米×8往返跑、800米跑，13岁组下降3.88秒，14岁组下降3.86秒。

——柔韧性素质趋于停滞或呈下降趋势。立体前屈指标8岁组下降0.88厘米，9岁组下降0.87厘米。

——反映心肺功能的肺活量指标明显下降。男女学生的肺活量/体重指数，平均下降分别为6.46、5.49，其中8岁男女学生下降幅度分别高达7.45、7.41。

——肥胖儿童及超重儿童比率有所增加，肥胖正在逐步取代严重的营养不良，成为大中城市中学生的主要健康问题之一。7岁～18岁学生超体重及肥胖率均有所增长，男生从1985年的2.75%上升为8.65%，女生由3.38%上升为7.18%，尤其是城市男生更高达12.03%。

——城市学生近视率仍然居高不下，农村学生近视率呈上升趋势。城市学生近视率：小学生22.78%，初中55.22%，高中70.34%。农村小学、初中、高中近视率平均上升1.2%～7.0%。大学生的近视率明显上升，高达76.74%。

上面这些调查结果，以无可辩驳的事实在启示着年轻的父母们，当你们千方百计训练孩子学会做人、学会学习的同

时，万万不可忽视了体育活动，应该让他学会锻炼。因为只有身体才是道德、智慧和一切优良品质的载体。毛泽东同志就曾著文《体育之研究》一针见血地指出"体者，载知识之车而寓道德之舍也"、"无体是无德智也"。

"健康是人的第一需要"、"健康就是最大的幸福"、"健康是人生最大的一笔财富"。这些上一世纪就流行的类似格言一样的话，无疑仅仅是针对人的身体本身无病无痛而言的，这是一种狭义的健康观。人们平时说的"提高身体素质"或简称"增强体质"也仅仅包括人体的健康水平和对外界环境的适应能力，仍然是不够全面的。广义的健康观实际上应包含生理健康、心理健康、对环境的适应能力和抵抗疾病的能力，一句话，身心健康和终身健康才是真正的健康。

为了实现终身健康的目标，那就请从培养孩子锻炼的习惯开始吧！只有锻炼才能为完成繁重的学习任务打下坚实的身体基础；只有锻炼才能给孩子一个强健的体魄。有了强健的体魄才能胜任一切艰辛的工作，才能成就一番事业，才能拥有幸福的人生。请记住：一个没有运动习惯的人，生命质量一定会降低。锻炼，不仅可以强身，而且可以强心。让孩子的身体和心智伴随着岁月一起健康茁壮地成长。

阳光、空气、水和运动是生命和健康的源泉。

——希波克拉底

天天户外活动

在当今的社会形势下，孩子不仅应当知道如何努力学习，还应该知道如何聪明地学习，这样学习效果才会好一些。天天户外活动不仅使孩子们的身心有机会与大自然交融，而且能够保持旺盛的精神状态，而这是完成艰巨的学习任务所必须的。

训练目的 通过训练，让孩子知道户外活动好处甚多，从而坚定"不做笼中小鸟，要做自由雏鹰"的决心，养成每天坚持一小时户外活动的良好习惯。

训练方法

你知道如何才能健康吗？

早也练，晚也练，春夏秋冬不间断。

练筋骨，活经络，血流畅通好快活。

饭后百步走，要活九十九。

奥林匹克运动的发源地——古希腊山的岩石上刻着的几句话是："你想变得健康吗？你就跑步吧；你想变得聪明吗？你就跑步吧；你想变得美丽吗？你就跑步吧！"

父母应给孩子讲，什么是最好的运动？走路就是最好的运动。从猿进化到人花了一百多万年的时间，由四肢爬行到直立，两脚行走，整个人体结构就是为步行而设计的。所以步行、慢跑是世界上最好的运动。最新研究成果证实，走路

是使动脉硬化逐渐软化的一个最有效的方法。只要坚持步行一年以上，动脉硬化的包块就会自行消除（以上见洪昭光教授的讲话《生活方式与健康老龄化和心血管疾病》）。

户外活动有利于提高学业成绩。据一美国博士研究，每天坚持户外20分钟慢跑或健美操练习的孩子，其学习成绩优于未进行户外活动的孩子。原因是户外活动使孩子精力更加充沛，想象力更为丰富，更富有创造力。当孩子知道户外活动好处多多时，自然就会坚定天天户外活动的信心和决心。

来，让我们大家一起做户外运动。

不要成天把孩子关在屋内成为笼中小鸟。幼儿从会走路开始，每天早晨可由父母带上到户外慢步20～30分钟，既可呼吸新鲜空气，还可教他识别路边或园中的花草。5岁以后的晨练可改为慢步小跑。孩子一到户外对一切都感到新鲜，觉得有趣，一天不出去就不舒服。

如遇雨天可改为爬楼梯运动。三四岁幼儿由父母牵着爬，边爬边数1、2、3、4……与训练计数相结合。

城镇人家，即使住的是电梯公寓，建议每季度（或2个月）至少安排一次不乘电梯而爬楼梯的活动。楼层太高，可按孩子的承受能力爬8～10层即可。为使爬楼梯变得有趣，可开展爬楼梯比赛。读小学低、中年级时可让孩子约上几个同龄小伙伴、好朋友前来参赛。孩子上小学高年级后，可举行"家庭爬楼梯比赛"。赛前由孩子们制定规则，有专人计时，对优胜者应给予奖励。最好的奖品是利用双休日去短途旅行或到某公园、游乐园去玩一天，切忌奖给现金。

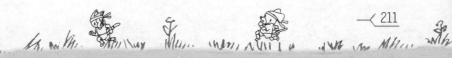

家在农村的，早晨可带上孩子到田野，到小河边，或到附近的小山冈上去漫游，去观察，去采野花，去听鸟鸣，去看日出。

孩子上幼儿园至6岁，每天午后放学均较早，至少应保证户外活动一小时。幼儿可做"托气球"运动，将彩色气球当成排球尽量往上托，边托边数数，看谁托的次数多，幼儿玩得高兴，又不会造成任何伤害。此项活动也可以在客厅内进行。大一点的孩子可玩拍皮球、跳绳、踢小足球、捉迷藏等合适的运动。

孩子上小学后，开始有了自己新的社会活动圈子，加之作业负担不重（按国家教育行政部门规定，小学一、二年级不留家庭作业；3～6年级的家庭作业不超过一小时即能完成），课余时间较多。每天下午放学后应保证在户外活动1～1.5小时。这样做可以消除一天学习的疲劳，进行积极休息，娱乐身心，促进健康；也可以培养孩子的多种兴趣和爱好；更可以扩大交往，形成良好的思想品德和作风。为此，父母有责任帮助孩子选择锻炼伙伴，让他们在一起玩得开心，玩得自在，还要玩得有意义。父母应着重了解小伙伴的年龄、就读学校、年级、品德、爱好等。当经过考查，确定放心让你的孩子与这些小伙伴同玩之后，就应帮助他们制定出星期一至星期五放学后户外活动的安排计划。要求花样要多，每天不重复，无危险性，如滚铁环、打陀螺、打乒乓、踢小足球、跳绳、跳橡皮筋、打羽毛球、踢毽子等等。然后，严格按计划执行。做父母的要经常对孩子们的户外活动明察暗访，

一旦发现你的孩子因受某些品行不良孩子的影响而沾染上了某些恶习时，应坚决、果断地采取隔离措施，停止与那些小伙伴的交往。

经常教育孩子，必须认真对待学校统一安排的体育课、课间操、眼保健操和课外活动，培养孩子的纪律观念和自控能力。

家庭经济条件许可的可让孩子参加业余体校的某些专门训练活动。

饭后百步走，活到九十九。

每天中午饭后，切忌刚放下碗筷就让孩子午睡。至少应带上孩子到户外散步15分钟。若居住的楼层较高，上下不便，可让孩子在室内自由活动（不要做剧烈活动）15～20分钟，再令其午睡。

每天晚饭后的时间较长，是全家集体散步的最佳时间。父母应尽量从繁忙中摆脱事务，与孩子进行交流，了解孩子在学校的情况，与小伙伴

玩耍的情况，彼此之间发生过哪些矛盾冲突？又是如何解决的？学习上还存在什么问题？有什么要求？这些要求是否合理等等。父母还可以把家庭的经济收入、开支及人情往来等向孩子交底，并征求他的意见，以平等的态度对待孩子，使他更加亲近和信任父母，把父母当成知心朋友。同时对孩子的家庭责任感和自信心都会起到不断增强的作用。

晚饭后的散步力求散而慢，路线可事先共同商定几条路线，然后由孩子做主选择。最好走成一个闭合的不规则圆圈，即尽量做到不原路而归。至于散步距离的远近，以40分钟至一个小时能慢慢走完全程为准。在散步过程中，切忌默默行走，要边走边说甚至边唱，不要冷场；要与训练观察能力相结合；见到新鲜事情或有新闻价值的事情，可暂停，让孩子去了解事件的始末和过程，回家后即可作为写日记的材料。此外，散步应注意控制孩子的节奏，孩子起初因特别高兴而兴致勃勃，又跑又跳，到后来就会因体力过度消耗而耍赖不想走了。

> 身体教育和知识教育之间必须保持平衡。体育应造就体格健壮的勇士，并且使健全精神寓于健全的体格。
>
> ——柏拉图

喜爱体育运动

喜爱体育运动的习惯养成不仅仅是为了强身健体，更重要的是一种体育精神的培养。一种正确看待成功与失败的精神，一种不达目的决不罢休的精神，一种团结协作的精神，一种挑战极限、奋斗不息的精神。

训练目的 通过训练，让孩子体验多种体育运动所特有的乐趣，从而爱上某几项体育运动，并付诸行动，养成终身运动的良好习惯。

训练方法

培养孩子对体育活动的兴趣：兴趣是最好的老师。

读幼儿园后，父母应鼓励孩子积极参加趣味性浓厚的体育活动。回家后让他当老师教家中的大人，会让孩子对体育活动产生更大的兴趣，而且自豪感也油然而生。

与孩子一道看电视台的体育频道节目，尤其是观看奥运会、亚运会、全国及省市运动会转播的节目，是激发孩子运动兴趣的有效方法之一。让成人的激烈竞争和火热的场面冲击孩子的运动神经，在他心中升腾起积极参与体育锻炼的欲望。让他明白，热爱体育活动，就是热爱生活、热爱生命。

带孩子现场参观少年宫组织的各种体育比赛，去感受体育带来的激情。让同龄人不太剧烈的争夺感染孩子，从而扬起"别人能做到，我也能行"的自信的风帆。

全身运动，全面健身。

○ 让孩子参加多项体育活动，达到全面锻炼身体的目的。为了让你的孩子身体形态匀称（上、下肢和躯干即体型是均匀、对称的）、内脏肌肉发育协调、身体素质全面，就应该让他参与多种体育活动，使耐力、速度、灵敏、力量协调，柔韧等均衡发展。即既要有耐力，又要有灵敏的速度；既要有速度，又要有灵敏；既要有力量，还要有协调、柔韧。为此，应培养孩子对多种体育项目发生兴趣。如田径中的短跑可训练速度，长跑训练耐力，投掷训练力量；球类中的篮球、排球训练耐力、速度和灵敏；体操训练协调柔韧；游泳训练耐力、速度。培养兴趣的主要方法仍然是多看现场表演，或从电视看国内和世界大赛，从而吸引孩子跃跃欲试，亲身参加这些项目的训练。要特别注意的是父母的心态必须端正，不要对孩子提过高的要求，更不要期望什么全国冠军、世界冠军。不要求样样精通，只要求样样参与。目的是让孩子的身体得到全面锻炼，均衡发展。

○ 在全面锻炼的基础上也要善于发现孩子的特长，结合年龄、身体条件重点选择一些项目进行定向培养，让他持久坚持训练，在某一单项上取得好的成绩。如有的孩子最喜欢做仰卧起坐，可连续做一千多次，并曾打破全国纪录。当孩子选定某一项目后可帮助他制定切实可行的短、中、长期目标，如一周内做引体向上连续5次，一个月内达到10次等。父母可监督孩子进行锻炼并经常测试。给孩子讲清楚，体育锻炼的关键在于持之以恒，切不要"三天打鱼，两天晒网"

"一暴十寒"。否则，不仅达不到预期目标，还会前功尽弃、功亏一篑。

为了让孩子对体育活动的兴趣有增无减，更不会厌烦，可经常变换锻炼的形式和内容。如为了让上肢力量得到锻炼，既可以投掷铁饼、铅球、标枪，也可以做引体向上，还可以投篮、拔河、倒立等。

○ 当孩子看到某一新的运动项目，受到运动员飒爽英姿的感染而提出打算尝试一下之时，父母切勿以"一时冲动"、"心血来潮"加以制止，应对他的勇气表示赞许，并鼓励他去尝试新项目。如跳高、跳远、打乒乓球、游泳等。读小学高年级的孩子，可让他去尝试滑雪、滑冰等体育项目。让孩子的兴趣广泛，只有好处，没有害处。

参与比赛，培养体育精神。

父母要积极鼓励孩子参与学校、年级、班级开展的各种体育竞赛。尤其是学校每年都要举办春、秋两季运动会，更应踊跃报名参加。这类大型集体活动如接力赛、拔河、中长跑、投掷、跳高、跳远乃至跳绳、踢毽等比赛，只要孩子参加，无论成败与否对塑造孩子健全的人格来说都是双赢的结

局。孩子成功了，可体验到成功的快乐，为班级争得了荣誉，培养了集体荣誉感。由于充分展示了自我，他会体验到自己存在的价值，自信心自然也会大大增强，充满自信，就拉近了与下一个目标的距离。失败了，让孩子受到一次难得的挫折和考验，只要正确引导，让他明白失败原来也是生命组成的一部分，只有多次失败才能换取一次成功。懂得这些之后，他会更加奋发向上。

父母在参赛前应给孩子讲清三点：（1）重在参与，只要有勇气就行，因为只有勇气才意味着希望与成功。牢记友谊第一，比赛第二，参与的关键是发挥出自己的水平；（2）调整好参赛的心理状态。因为心理素质的好坏直接影响到水平的发挥，过分追求完美，总想得第一或自卑都是参赛的大敌。尽自己最大努力争取好成绩，应以这种平和的心态参加比赛；（3）要做到胜不骄、败不馁。胜利了，要把成绩当成继续攀

登的阶梯，不可当成就此休息的沙发；失败了，切勿垂头丧气，心灰意冷，而是总结经验教训，加强训练，下次再战。

孩子参与各类体育竞赛，在学校获得奖励后，父母应给予同样等值的奖励。为巩固孩子积极参与体育活动的热情，在学校未得到名次和奖励时，父母也可以发给参与奖。

从小进行有特殊健康价值的体育活动。

○ 从幼儿起可以开展打乒乓球活动，目的不是为了当"国手"，而是打乒乓可以预防近视眼。体育科研证实，打乒乓球对老、中、青和少年儿童均有预防近视的功能。其奥秘在于打乒乓时眼睛自始至终以乒乓球为中心目标，目不转睛地盯着，不停地上、下、左右，远、中、近，这就调节了眼球的运动，不断改进睫状肌的放松与收缩，大大促进了眼球组织的血液供应和代谢，故行之有效地改善了睫状肌的功能。少儿以每天打20～30分钟乒乓为最好。对着墙壁拍打，同样可以达到锻炼的目的。

○ 让孩子参加健美操的锻炼。健美操是通过科学而系

统的锻炼，达到发展各部位肌肉群和肌力，增强体质，改善体型，陶冶情操的目的。现在健美操早已风靡全球，数以亿计的青少年一代正自觉投入"塑造自己身体"的锻炼行列。男孩子通过健美锻炼追求的目标是从整体看，体格壮实、体态优美、体力充沛、举止大方、热情奔放、风度潇洒、无比例失调和形态异常的感觉。女孩子通过健美锻炼所追求的目标是身段优美、丰润柔和、英姿飒爽、健康活泼。具体表现在身体发育正常、机能良好、身材匀称，挺拔而富有曲线，肌肉丰满柔和，充满青春活力，闪耀着健力美的风采。

其他适宜少年儿童的体育项目还有游泳、武术、太极拳、自行车。

〇　三浴的特殊价值。三浴可以说是不花钱的健身健心的最好项目。因为日光、空气和水是地球上的三种基本的自然因素，是万物赖以生存的基础，也是人类生存和发展过程中除食物以外的不可或缺的三大要素。利用这三要素即日光浴、空气浴、冷水浴来锻炼身体，可以有效促进新陈代谢，增强各器官系统的功能，体弱者，可以使体质增强；有小病者，可早日康复。由于三浴通过神经系统的反射作用，大大提高肌体对外界环境的适应能力和抗病能力。事实证明，坚持三浴的人，很少患感冒。

日光浴：没有太阳辐射就没有生命。万物生长靠太阳。太阳光中的紫外线有极强的杀菌消毒作用，据研究证实，在晴天自然条件下，当紫外线强度为4微瓦/平方厘米～5微瓦/平方厘米时，只需3个小时即可杀灭体外非典病

毒,可促进少年儿童的生长发育,促进维生素D的合成,预防贫血病与佝偻病;太阳光中的红外线具有渗透皮肤的加热作用,可促进血液循环,心跳有力,呼吸加深,还有消炎镇痛作用。

日光浴的地点可选择平坦、干燥、清洁、绿化好、空气清新的又避风的地方,如草坪、河岸、海滩、森林周边等地,也可在阳台上进行。至于时间:夏天上午9时,春秋季上午10时至午后1时。开始时以5分钟为好,逐渐增加到20~25分钟即可。

空气浴:空气中的负氧离子可调节心肺功能,改善神经系统和人体体温的调节功能。空气浴主要是在凉空气（14℃~20℃）和冷空气（7℃~14℃）里进行锻炼,尽量少穿衣服,使身体各部位直接与空气接触。可从春季早操做起,逐渐过渡到冬季。起初10分钟,逐渐延长到20分钟即可。

冷水浴:可使呼吸加深,血流和心跳加快,肠胃蠕动加强;冷水锻炼是提高身体体温,增强耐寒能力的重要手段;还可使皮肤富有弹性有效增强皮肤的抵抗力,不易感染皮肤病。冷水浴应在水温20℃以下进行。具体方法有冷水冲淋、冷水擦身、游泳。可鼓励孩子从夏季开始,天天坚持,风雨无阻。起初3~4分钟即可,逐渐延长。冬天以冷水冲淋为最好。冷水浴前应做准备活动如跑步、做操,并用干毛巾擦身至发热即可开始,冷水浴后再用干毛巾将身体擦干至发热为止。冷水浴以早上进行为好,不宜在睡前进行,否则会因冷水刺激使人过度兴奋而影响睡眠。

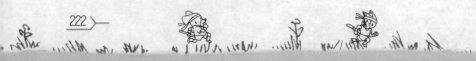

任何一个成功且具备良好品行的人，都是大自然这位导师的受益者。

——斯宾塞

郊游远足

　　大自然以其博大衍生了万物，包容了万物。在每一个人的内心都积淀着一些无法磨灭的对自然的记忆，开满野花的山坡、湛蓝如海的天空，古朴的小河、流水、人家。人是大自然的产物，亲近大自然是人的天性。

　　训练目的　通过训练，使孩子亲近大自然，拥抱大自然，更加热爱大自然，从而养成喜欢郊游远足的良好习惯。

训练方法

郊游远足需要循序渐进。

在每天坚持早晚散步的基础上，父母可引导孩子走远一点，再走远一点。利用双休日安排短途旅行。要反复给孩子讲徒步旅行的好处很多，可以开阔眼界，不是"车上观花"，而是"下车观花"；可以了解社会，看看工人、农民和普通市民他们在怎样生活；可以锻炼忍耐力，增强体魄；还可以磨炼我们的意志，树立克服困难的坚强信心。在全世界的人都在崇尚回归自然的今天，我们更应该坚定不移地向田野、向河边、向高山、向大自然走去，去充分享受大自然赐予我们的盛宴。

慎重初战，必须安排好第一次野外活动。只有如此，才能使孩子产生浓厚的兴趣，这次出去了，下次还想出去。根据由近及远的原则，首次可选在离家较近的公园，时间以春天百花盛开或秋天举办菊展时为最好。中午在园内野餐。带上孩子到超市购买大家喜欢吃的主副食品（不要购得太多，够吃就行了）。若能约上亲朋好友带上孩子，几家人共同举办则更好。让孩子们仔细观察各种花卉，做好记录，与观察力的训练相结合。

以后选择的地址应越来越远，要求也应高。如早春可以"捕捉春天的信息"为主题，夏天以"火热"为主题（去听蝉在树上因怕热的鸣叫；去看狗狗张着嘴，吐出舌头排汗；去看鱼群浮在水面吸氧；夏日中午泼一碗水在石板上或水泥地面上，再仔细观看有何反应……）；秋天以"收获"为主题；冬天以"冷峻"为主题。要以孩子活动为中心，让他自己准备应带的物品。让他自己去观察、发现、思考。让他在最自然、最自主、最自由的状态下去感悟春的妩媚，夏的热情，秋的喜悦，冬的宁静。当然，父母也不要忘记在适当的时候给予指导，应和孩子一起去认真阅读大自然这本无字之书。

远足旅行应遵循逐步增大运动量即循序渐进的原则。孩子读小学一年级后，徒步行走应以2千米～3千米为宜，3～4年级可增加到7千米～8千米，读高年级时可达10千米以上。起初可单程行走，坐公共汽车回家。

千万不要打退堂鼓，让孩子坚持走下去。

开始组织这种活动时，孩子往往是起初雄心勃勃，到后来就赖着不走了。父母可采取下列转移注意力的办法解决，切勿打退堂鼓，打道回府。

（1）速度放慢，边走边看，边唱，边摆谈；

（2）试一试倒着走；

（3）来去的路线最好不要选得一样，让孩子有新鲜感；

（4）和孩子比赛，数一数一分钟内通过了多少辆汽车；沿途有多少根电线杆；甚至可以猜一猜远处迎面开来的汽车是单号还是双号；

（5）春、秋季可带上孩子自制的风筝，走累了就放风筝。这样一来，孩子会忘掉疲劳，在愉快、欢乐的气氛中走完全程。

还有更有趣的形式。

远足郊游，举办野炊。联系情投意合的一两家人，选择大、中城市的近郊农村，中午举办野炊。出发前由孩子们具体筹划（父母参谋）列出活动计划，包括应带的物品如炊具、生的或半成熟的主、副食品、饮料等；分工合作如哪些人背什么物品、到目的地后何人搭灶、拾柴火、煮饭、炒菜及安全等均有专人负责；观察的重点及采集野菜和蘑菇（注意区

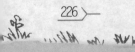

别有毒和无毒菌类）。到达目的地后，最好由孩子们动手搭灶。若是挖灶（选草地边沿有斜坡处挖灶坑安上锅）事先应带上小铁锹；另可采用垒灶（三个石头支个锅）；亦可用吊灶（用长树枝做三脚支架，将锅吊在支架下面）。燃料最好就地取材，拾一些枯枝落叶。应告诉孩子，必须要注意：（1）灶口都要迎风，因风吹火，用力不多；（2）注意防火，灶火周围的枯枝落叶要事先清除，野炊毕应用泥沙将余火全部覆盖；（3）不要在已封山育林的成片森林的附近举办野炊，否则引起山火后果不堪设想。

有条件的家庭可以开展野营活动。野营是指在荒郊野外过夜的活动。这是最具吸引力，最有意义，令所有孩子神往的体育活动。进行野营可以锻炼孩子的野外生存能力；可以增进团结友爱互助精神和集体合作能力；更可以提高孩子适应环境的能力。开展野营活动，最好联合一、两家人，自带旅游帐篷，以便搭建简易住所。应特别注意：

（1）时间以选在暑假或国庆大假为好。活动不可太长，以三天两夜为最佳；

（2）行动之前父母协助孩子们写出详细的活动计划，包括每天上午、下午及晚上的安排；

（3）营地选择以背风的阳坡、路旁、土丘、林间有落叶和易排水的地方为好。要特别注意不要选在小溪旁边或古树下面，应避开山洪、泥石流、滚石、雷击等易发生危险的地段。在突出险情时有迅速转移的出路；

（4）开展的活动除野炊、采野菜、野蘑菇外，早上可观

日出；晚上可观察星空，用望远镜识别星座。秋天晚上，可举办篝火晚会，白天拾一些枯枝落叶，晚上在开阔地点起熊熊的烈火，由大家轮流表演唱歌、跳舞、朗诵诗歌、优美散文，这是一项极富诗意的活动；

（5）每晚轮流值班，以防不测（主要是防暴风雨、洪水、泥石流等的袭击）；

（6）应特别注意防蚊虫和毒蛇的叮咬。

那些家住城镇在农村有亲朋的人家，可让孩子利用寒暑假到农村去小住7～10天，与农村小孩交朋友，并适当参加一些力所能及的劳动，体验一下农民劳作的艰辛，充分接触农村的人和事，了解农村和城市的差别。农村少年儿童的勤劳、朴实、善良、勇敢，不怕艰苦的高贵品质会使孩子的心灵受到强烈的震撼，从而逐渐改掉懒懒散散、依靠父母、唯我独尊等不良习惯。

若附近有著名的名胜古迹（县级以上保护单位），可以专门带上读小学高年级的孩子作徒步旅行考察活动，让孩子做好详细笔录（包括访问老年人的口碑材料）。

生命既是坚强的，又是脆弱的。如果不注意安全，即使是在从事强身健体的运动时，也可能让人时时感受到生命不可承受之轻。

——编者

注重运动安全

被淹死的人，通常都是会游泳的；不去爬山就会少一份从山上摔下来的危险。体育运动在带给人挑战极限的激动时，也暗藏着一份危险。

训练目的 通过训练，让孩子懂得凡进行体育锻炼都必须高度重视安全，从而养成运动前做准备活动，运动后做整理活动等良好习惯。

训练方法

安全是性命攸关的大事,安全教育从安全知识开始。

父母、老师
应像每天叮咛孩
子"注意交通安
全"一样,天天
提醒他们"注意
运动安全"。抓住
运动损伤的实例,
进行现场参观;讲
解损伤原因、危
险后果及预防方
法;让受伤者现

身说法,通过这些活动就能使孩子牢牢记住,进行体育锻炼时应时时注意安全。

父母应给孩子讲一些运动卫生方面的知识,并予以监督。如:(1)饭后只能做极轻微的活动如散步等,一小时后才能做剧烈活动,避免发生腹痛、肠胃不适乃至呕吐等不良情况;(2)剧烈活动后不能立即进餐,应隔半小时后才能进餐。这样有利于胃肠系统的消化与吸收;(3)根据不同运动项目的特点补充必要的营养。短跑、举重、体操等项目,运动后可补充蛋白质;长跑后可补充糖分;(4)水分的补给。运动时出汗多,体内易缺水,但不能一次饮水过多,否则,血液中水分过多会加重心脏肾脏的负担。运动后不能马上饮水,尤

其是冷水，要休息几分钟之后待心跳降低之时再饮水，以少量次多为好。夏天可适当饮淡盐开水。

应教会孩子各项运动中的安全保护知识。让他们掌握"自我保护"和"相互保护"的操作技巧，这是专业体育教师应尽的责任。

父母、老师应教会孩子掌握运动损伤后的简单处理方法。如受伤后的急性期，千万不可立即热敷，而应先冰敷、冷敷，48小时之后再进行热敷。伤势严重时应及时就医。"伤筋动骨100天"，说明韧带、肌腱受伤、骨折等应休息100天以上才会复原。有的孩子脚踝扭伤后休息1周～2周又开始运动，往往造成伤情加重，反复损伤，留下后遗症。运动受伤之后，通过及时就诊，充分休息复原后，还需进行康复性锻炼，才能重新开始运动量较大的体育活动。这样可以增强肌力、体力，减少复发，以利孩子健康成长。

教给孩子科学锻炼的方法。

父母应指导孩子科学锻炼的方法。

（1）在运动前必须做好准备活动，因为没有预热的运动，极易引起损伤。运动前先进行一系列身体练习，可以使人体从相对安静状态过渡到运动状态；可以提高肌肉、神经的兴奋性与灵活性；满足各部位的血流供应，确保有氧运动占主导地位；还可以调节运动情绪。准备活动包括一般练习如快走、慢跑、转颈、旋肩、弓背、扭胯、屈膝、绕踝、徒手体操、游戏、压拉韧带、跳跃等均可舒展四肢，活动躯体。另有专门练习如篮球之前的接球、传球、投篮等；跳远前的助

跑与起踏相结合的起跳练习等。准备活动的强度以身体稍微出汗，心率逐渐增加到100次/分钟～120次/分钟之间即可；

（2）运动后的整理活动。锻炼结束之后，为使身体由生理和心理的紧张状态逐渐过渡到平静状态，必须做一些轻松、柔和、活泼的练习，可以改善肌肉的血液循环，减轻肌肉酸痛，加速消除疲劳。整理活动包括步行、简易跳跃、放松性慢跑、拍击或抖动四肢、深呼吸、放松操、听轻音乐等；

（3）消除疲劳。当从事剧烈运动如短跑、球类之后，经整理活动仍不能消除疲劳时，可采用按摩、洗温水澡、静态休息（睡眠）等恢复性措施，即可达到减轻疲劳的目的。

（4）女孩子的体育卫生应引起父母的高度重视。由于女孩子的身体解剖结构与男孩子有所不同，所以在指导女孩子进行体育锻炼时必须考虑其生理特点，才能达到高效、安全健身的目的。如女子的呼吸、循环系统机能较男子弱一些，故运动量应小一些。此外，女子的肩部较窄，臂力较弱，臀部发达，身体重心较低，因此，做悬垂、摆动、两臂支撑等动作时较难，父母应特别注意帮助和保护。从高处跳下时，垫子应柔软，并注意落跳姿势，以免身体过分受震而影响盆骨的正常发育。女孩子的柔韧性较好，平衡能力较强，可选择轻松、活泼、节奏性强的如平衡木、体操、仰卧起坐等项目进行锻炼。

当代的孩子性早熟已成为不争的事实，小学高年级的女生开始月经初潮的也不在少数。因此，父母（尤其是母亲）应对女孩子加强月经期卫生和从事体育锻炼的指导和帮助。

适当减轻运动量，力量大的训练如短跑、跳高等可以暂停；运动时间不宜太长；避免冷热的强烈刺激，如不宜参加游泳、冷水浴以及强烈阳光下的曝晒等；月经紊乱者（量过多过少或经期不准及颜色不正）、有明显炎症、腰腹酸痛者都要暂停运动锻炼并及时就医。

采取切实措施防范运动风险。

○　运动前应给孩子换上专门的运动服和运动鞋。运动服要舒适、宽松且手脚紧口；钥匙、小刀、指甲刀等金属小物品均应事先取下，运动鞋应选质地柔和，不易滑倒的胶鞋。

○　孩子正处于生长发育阶段，参加任何体育锻炼都必须注意运动量的大小应当适宜。父母要教会孩子测定每分钟脉搏跳动（心跳）的次数，运动之后以心跳达到100次/分钟～160次/分钟为合适。过分剧烈的运动会引起肌肉酸痛、昏厥等严重后果。告诉孩子，锻炼的效果是可以累计的，剧烈运动与平缓运动相间进行，效果往往会更好。对儿童来说，连续从事某项运动以不超过1小时为佳。

孩子从事运动强度大的项目时，父母最好在场予以指导和保护。如短跑后不要让他"急刹车"，不可立即躺下或坐下，以免引起"重力虚脱"乃至休克（返回心脏的血液量减少引起），应让其再慢跑一段距离，缓慢减速才停下来。

○　每次郊游、远足、野炊、野营之前，对地点、路线，父母应事先进行考察，做到心中有数。每次活动都不要忘记带上家用小药箱。

○　男孩子进行骑跨性运动时如单双杠、高低杠、鞍马

等，应特别注意防止扭睾事故的发生。因为睾丸悬垂在阴囊中，骑跨运动中稍不注意就会损伤睾丸，使睾丸在原来位置上发生360°~540°的旋转，致使供应它血液的精囊发生扭结，丧失了血液的供应，若不及时通过手术使其复位，会引起睾丸坏死，丧失生育能力的严重后果。

○ 孩子到游泳池去参加游泳运动时，要谆谆嘱咐，不能到成人的深水区域去游泳，要严格听从工作人员的指挥和安排。若带孩子到自然的江河、塘堰、水库等地游泳，事先应探测水质、水的深度，并用标杆、绳索圈定范围，严禁孩子到深水区去冒险。浅水区不准孩子做跳水运动，以免损伤颈椎而导致瘫痪。

○ 孩子进行集体运动时，老师、父母都应经常教育孩子必须严格遵守运动秩序。因为严重混乱状态往往会造成损伤，如课间操时，楼上的小学生蜂拥而下，导致踩死、踩伤学生的情况，全国已发生多例。又如拔河比赛，照理是较安全的项目，可是有的孩子不听老师的教诲，偏要把绳子缠在臂上，导致上肢撕断、骨折、肝破裂者，全国也屡见不鲜。

○ 学校应定期检查安全防护设备。如弹簧护垫、沙坑是否合格；运动器械是否陈旧，螺丝是否松动，应及时修理或换新的；操场内的运动区域必须安全，如投掷类（手榴弹、标枪、铁饼、铅球等）应有防护网或与球类、跑道远距隔离。

> 人，在最完美的时候是动物中的佼佼者，但是，当他与法律和正义隔绝以后，他便是动物中最坏的东西。……他在动物中就是最不神圣的，最野蛮的。
>
> ——亚里士多德

做一个文明旅游者

清华大学的一位学生向动物园的黑熊泼硫酸的事件曾在全国上下引起讨论，人到底应该对伴随着我们的自然界的一切持一种什么态度呢？我们生活于自然之中，我们充分享受着大自然母亲带给我们的美丽景致，难道我们不应该对她多一份珍爱？爱着她们，其实就是爱着我们自己。

训练目的　通过训练，使儿童懂得不仅要在家庭、学校做一个讲文明、懂礼貌的好孩子，而且在与社会广泛接触的过程中（主要是短途、远足旅行），更要时时、事事、处处不忘记做一个文明人，养成做一个文明旅游者的好习惯。

训练方法

对要去旅游的地方知道得越多，收获也将越多。

父母应经常告诫孩子，我们去公园玩，去逛商场、逛街，这些实际上都是短途旅行。到城市近郊、远郊去，到名胜古迹，到著名的风景区，都属远足旅行。到这些公共场所去最能表现出一个人的道德情操和综合素质。如果想把自己培养成一个品德好、素质高的、人见人爱的、受人尊敬的人，就应该言行一致、表里如一，时时想到以人为本，处处尊重别人，养成做一个文明旅游者的良好习惯。

我国是旅游大国，拥有得天独厚的自然和人文资本，是旅游者的天堂。旅游资源极其丰富，无论到何处去看自然景观或人文景观都是陶冶孩子情操和培养爱国主义情感的最好教材和良好的机会。第一次决定带上孩子外出旅游之前，最好让孩子熟读一些散文，并用普通话在家庭聚会上朗诵，可激发孩子无比热爱祖国的壮丽山河。

在我们生存的星球上，沧海桑田，风云变幻，构成自然界的异景奇观。有巍巍群山，莽莽高原，浩瀚沙漠，茫茫草原；有奔腾的河流，逶迤的大山，秀丽的湖泊，坦荡的平原；有飞泻的瀑布，丁冬的流泉，绵长的海岸，壮丽的冰川。在祖国广阔的国土上，山光水色，飞瀑流泉，雪域高原，阳光沙滩，珍禽异兽，四季花鲜，奇石异景，别有洞天，鬼斧神工，令人惊叹！海洋生物，五彩缤纷；珊瑚世界，绚丽斑斑；花草树木，姹紫嫣红；鸟兽虫鱼，斑驳璀璨；矿物结晶，光怪陆离；极光海市，迷离变幻；霓虹佛光，七彩纯正；古代

建筑，色彩鲜艳；海啸潮涌，朝晖夕阳；历史文物，珍贵罕见。目不暇接，令人叹为观止，结伴同游，令人为之目眩。

我国的很多风景区是世界级的旅游胜地。如北京的故宫、长城、北京人遗址；陕西的秦始皇陵兵马俑；四川的九寨沟、黄龙；山东的孔庙、孔府、孔林；山西的平遥古城；湖北的武当山；河北的承德避暑山庄、外八庙；云南的丽江古城；西藏的布达拉宫；甘肃的敦煌石窟等。还有山东泰山、安徽黄山、江西庐山、江苏苏州古典园林、四川的峨眉山－乐山大佛和青城山－都江堰等。告诉孩子，所有宝贵的旅游资源都是不能再生的资源，我们有责任保护好环境，才能让我国的"风景出口业"的旅游产业得以持续发展，真正成为第三产业的强大支柱。总之，我们祖国很多世界级、国家级、省、市、县级风景区的每一平方米的土地都富有灵气、生气，都能吸引旅游者渴望欣赏的目光。我们只有自觉保护它的义务，而没有践踏它、破坏它的权利。

外出旅游前做好准备。

父母应积累一些国内主要旅游风景区的有关资料，尤其是在近几年大假期间计划全家出游地区（也是曾经给孩子悬赏的旅游胜地）的资料更需详尽。

在每次出游前，先给孩子介绍（或让其自己阅读），提出明确要求；出去旅游不纯粹是玩耍，而是要学到知识，提高自己的素质。

为此，应告诫孩子，凡到景区，要做一个文明的旅游者就必须做到：（1）爱护景区内外的一草一木，不要随便去摘

花折枝，践踏草坪；（2）若景区有动物（如峨眉山可常见猴子拦路乞吃；野生动物园的小动物更多）应该善待它们。千万不要用带刺激性的有毒的食物、饮料去引诱、戏弄和伤害动物；（3）保护好景区内的水域，使之不受到污染。

什么时候都需要注意个人形象。

外出旅行时要注重个人的形象。穿着打扮要便于出行，又要显得落落大方、精明、干练、整洁、简朴。其中，简朴最为重要，因为简朴距真理近而距虚荣远。孩子外出旅游可穿校服，也可以穿休闲服。应告诉孩子，必须特别注重给人的第一印象（即不相识的人第一次见面时，给别人留下的印象）。与陌生人见面时，总要不自觉地对对方的风度、相貌、着装打扮、谈吐、举止文明、表情神态等进行观察，形成一个印象，此即第一印象。这种印象往往是令人终身难忘的，其影响是根深蒂固的。人们常常仅凭第一印象就把对方进行归类，并加以推论和评价，而且会影响人们对他的继续认识，并对以后形成的总体印象产生较大的决定力和影响力。一个人若给别人的第一印象不太好，以后即使表现得再好，都不易让别人轻易改变其固有的看法。孩子外出旅行给别人的第一印象应该是"这是一个有教养的懂礼貌的文明孩子"，而不是一个"没有家教的野孩子"。还要告诉孩子，从小特别注重自己给别人的第一印象，对将来投身社会，去谋职求生存时会带来意想不到的好处。

○ 文明旅游才能带来身心放松。当代社会，经济繁荣，收入增加，信息爆炸伴随知识爆炸；生活、工作节奏日益加快，压力越来越大；人际关系日趋复杂；知识技能亟待更新，令人身心疲惫，应接不暇。人们为了解脱，于是便想到了走出去，这就是当代旅游业迅猛崛起的主要社会背景。当父母需要通过旅游使紧张的神经得到松弛的时候，自然也会带上孩子全家出游。旅游对于孩子来说当然是最有吸引力的奖赏。不仅可以到大自然中去看祖国的大好河山，领略田园风光、山川秀色，更是扩大交往的良好机会；可以培养孩子广泛的兴趣和乐观、开朗、豁达大度的个性，与周围的人保持良好的人际关系。因此，旅游中让孩子保持良好心境，争做文明人就显得特别重要。

○ 随旅行社出游让孩子注意：

（1）听从导游的安排和指挥，要和全体成员集体行动，不可独往独来；

（2）严格遵守社会公共道德秩序；

（3）住宿旅游宾馆不可高声喧哗，不乱扔垃圾，尊重服务员的劳动；

（4）不要随便到其他游客的房间去串门；

（5）上下车、用餐等随时都不可忘记尊老爱幼。一个尊老爱幼，助人为乐的孩子，一定是一个惹人喜欢人见人夸的好孩子。

（6）同一旅行团中，若有与孩子是同龄人时，应鼓励孩子大胆和他们交往。可以留下彼此的通讯地址、电话号码，今后联系，广交朋友。

对待外国友人的礼节：我国很多景区不仅吸引了国内众多的旅游者，同时也令国外的游客瞩目神往，每年有数以千万计的外国旅行者在各地游览。父母可以鼓励孩子大胆用简单的英语去与外国游客交谈（问好）。

遵守旅游景点的具体规定，应告诉孩子不能在景区严禁拍照的地方随便照相。如有名的寺庙内的佛像属国家级、省级文物保护单位，一般都不允许拍照。

告诉孩子，千万不要在名胜古迹、珍贵文物所在的墙上、树上或其他地方乱刻乱画，写上"××，××年×月×日到此一游"或乱题歪诗一首，这是极不文明的具体表现。应坚持每天写好旅游日记，结束时写一篇游记，这才是最好的永恒的留念。

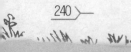

不要让孩子见菩萨就拜。朝山拜佛时，父母切不可带上孩子去烧高香和顶礼膜拜。更不要把孩子光辉灿烂的前程寄托给泥塑木雕，全押在神灵上。请牢记，塑造孩子美好的心灵和绚丽的未来，父母和老师才是最好的雕塑家。假如为了求得心态平衡或商业上的企求，确实需要去拜一拜佛、烧一烧香，那么也应避开孩子后再去祭拜并默默祈祷。否则会污染孩子纯洁的心灵。

毛泽东为革命健身

毛泽东，1893年12月26日生于湖南湘潭。先读私塾，后读小学。为了追求革命真理，又只身到湖南长沙第一师范求学。当时已是民国初年，虽然开设有体育课，但却流于形式，学生体质很差。有一年，学校里先后病死了7个同学。开追悼会时，同学们都十分悲恸，挽联特多，其中一幅最为引人注目：

为何死了七个同学？

只因不习十分钟操。

原来，此联作者正是毛泽东。他说的"十分钟操"指的是课间操。

学校虽不重视体育，可是毛泽东个人却特别重视。他深知为了革命，必须要有强健的体魄。他运用了很多方法，有的是他自己独创的方法进行健身：

坚持洗冷水澡：不分冬夏，每天清晨用井水一桶一桶地

往身上淋,然后用毛巾把全身擦得发红、发热为止。

风浴、雨浴:一年夏天的夜晚,乌云密布,狂风大作,一会儿闪电雷鸣,暴雨倾盆。毛泽东独自一人顶风冒雨,跑上岳麓山顶,然后又从山上跑回学校。

日光浴:夏天烈日当空,酷热难挡,他却光着上身,只穿着短裤,到外面去晒太阳。

遵义会议之后,毛泽东一直担任党中央主席,历经抗日战争和解放战争的磨难,终于取得了革命成功。1949年10月1日建国以后,毛泽东又担任了中华人民共和国主席。他虽然日理万机,但仍对锻炼身体念念不忘。70多岁的他还能在长江畅游,抒发满怀的豪情:"万里长江横渡"、"极目楚天舒"、"不管风吹浪打"、"胜似闲庭信步"。

柏拉图成功的"秘诀"

古希腊大哲圣苏格拉底,满腹经纶,学识渊博,弟子众多。有一天一个学生突然发问:"请问老师,要怎样才能修炼到您那样博大精深的学问呢?"苏格拉底听罢并未直接作答,而是说:"现在我们只学一件最简单也是最容易做到的事,每个人尽量把两只胳膊往前甩,然后再尽量往后甩。"他马上示范了一遍,又说:"从今天起,每天做300下,你们能做到吗?"学生们都笑了,这么简单的事,有何难哉!于是异口同声地说:"做得到。"

一个月过去了,苏格拉底问:"哪些同学坚持了?"百

分之九十的同学骄傲地举起了手。一年过去了，苏格拉底又问："最简单的甩手动作，还有哪几个同学坚持下来了？"这时整个教室里只有一个人举手，这个人就是后来成为继苏氏之后的另一位古希腊的大哲学家柏拉图。

柏拉图把体育锻炼中的持之以恒用在了做学问上，这就是他成功的唯一秘诀。

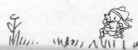

德国思想家、诗人歌德说:"外貌美只能取悦一时,内心美方能经久不衰。"中国古代思想家荀子说:"形相虽恶(不好看)而心术善,无害(不影响)为君子也。"

第五篇　学会审美、爱美、创造美

　　最能直接打动心灵的还是美。美立刻在想象里渗透一种内在的欣喜和满足。

　　　　　　　　　　　　——爱迪生

　　我们生活在一个注重美的年代,美在很多时候都是一张通行证。就美而言,自然之美要胜于粉饰之美,优雅行为之美胜于单纯仪容之美。最高的美是任何艺术家所无法直观表现的,它来自心灵的震撼。对儿童进行美育可以陶冶他们的情操,消除内心的私念,开发创造精神,提升人格品质。

　　常言道:爱美之心人皆有之。但怎样审美、爱美,并进

而创造美，却不是人人都懂、都会的。这就需要学习。这爱美之心既然不是与生俱来的，儿童自然不能不接受审美、爱美教育，从小培养起健康的审美情趣，懂得什么是真正美的事物，什么是不美的事物，学会爱美并养成爱美的习惯，进而付诸实际行动，不断地去创造美、创造美好环境、美好生活，也创造美好的心灵。

什么是美？这是一个看似平常却很难回答的世界性的难题。自古以来，许多世界级的美学大师、专家、学者众说纷纭，争论不休，尚无定论。我们无需去讨论它，但我们可以把周围的事物分成两大类：一类是美的，一类是不美的。美的又可按照它们存在的领域分为三类：一类是存在于自然界的自然景物美；一类是存在于人类现实生活中的社会美；一类是存在于文学艺术作品中的艺术美。自然景物美包括了日月星云、山水花鸟、草木鱼虫，园林田野等天地万物的美。社会美包括了人们改造自然创造物质财富的生产生活和改造社会推动历史发展的斗争生活及富有诗情画意的日常生活的美，以及同这些生活相关的思想品质和情操的美。艺术美包括了文学、音乐、舞蹈、美术、建筑等各种艺术作品中创造的美的形象和美的思想品格与内在精神。

关于人的美，一般包括两个方面：即外在美和内在美。外在美包括人的形体、仪表、服饰等；内在美包括人的气质、思想、品格等。人是外在形貌与内在精神的统一体，而人与动物的主要区别在于人是有独立的思维意识和品格的。所以判断人的美丑主要是看内在、看心灵。德国思想家、诗人歌

德说："外貌美只能取悦一时，内心美方能经久不衰。"中国古代思想家荀子说："形相虽恶（不好看）而心术善，无害（不影响）为君子也。"因而中国格言说："与其修饰面容，不如修正心灵。"

各种美好的事物充满了我们生活的方方面面，我们天天接触它，享受它，然而不少人对这些事物所表现出来的各种美却视而不见、熟视无睹。所以法国著名的美术大师、雕塑家罗丹说："生活中不是缺少美，而是缺少发现美的眼睛。"这话是很有道理的。可见学会审美、爱美，不仅是对儿童很有必要，即使是对成年人的家长来说，又未尝不需要呢？

对儿童进行审美、爱美教育，进行审美、爱美的行为习惯训练，就是要帮助他们懂得哪些事物是美的，美在哪里，我们怎样去爱护它，保护它，使它更美；哪些事物是不美的，我们应该怎样去改造它，使它变得很美，让儿童从小养成爱美的好习惯，自觉地参加改造客观环境、创造美好生活的实践活动，并在这些实践活动中，塑造自己美好的心灵。

> 美并不是事物本身的一种性质，它只存在于观赏者的心里，每一个人的心见出一种不同的美。这个人觉得丑，另一个人可能觉得美。
>
> ——休谟

热爱生活，热爱大自然

生活如同一面镜子，你对他笑，他就对你笑。那些总是对生活充满抱怨的人，并不是生活对他们有多么不公正，而是他们的内心蒙上了污垢。只有用饱满的热情、欣赏的眼光去对待周围的一切，才能发现自然之美，感受到生活的美好。

训练目的　通过训练，使儿童积极投身于大自然中，学会细心观察大自然的各种现象，感受到大自然的无限美好和无穷乐趣，养成热爱生活、热爱大自然、保护大自然的好习惯，让他们在大自然的美景中陶冶情操，净化心灵，并自觉地投身于保护自然环境、建设美好家园的行列。

训练方法

只要用心去发现，自然界中处处都是美的。

晴天的早晨带着孩子到户外，最好是站在高处眺望东方，观察日出，让孩子感受太阳初升时期朝霞满天的美景，再观察鲜红的太阳冲破层层云雾，喷薄而出、从地平线上冉冉升起，把万道金光投向大地的情景，同时再引导孩子把目光投向周围的景物，观察它们的变化，当看到"天际霞光入水中，水中天际一时红"（唐·韩偓《晓日》）时，会使孩子深深地陶醉于其中，有美不胜收之感。这时，还可让孩子进一步体会是太阳给世界带来了光明，给人类送来了温暖。对稍大一点的孩子，可以引导他思考太阳滋润着万物，会不会居功自傲？会不会觉得付出太多得到的太少？同时还可以告诉孩子：

太阳每天无私地送给地球许多的光热，人们可以利用太阳能吸收器，把这些热能聚集起来烧水、做饭，还可以发电，甚至为飞往太空的宇宙飞船补充动力。

傍晚，带着孩子到户外散步，有意识地引导孩子观察夕阳西下，落日余晖，感受在金色的晚霞映照下，屋顶、山坡、湖面和大地等一切都像披上了一件金色外衣的美景。在水边还可以启发孩子体会"一道残阳铺水中，半江瑟瑟（即碧绿色）半江红"（唐·白居易《暮江吟》）的奇妙美景。对大一些的孩子，可以引导他就夕阳的余晖展开丰富的联想和想象的翅膀，让神思自由飞翔。如：夕阳把余晖投向高山，让高山戴上了金冠；夕阳把余晖洒在湖面，湖面便泛起了圈圈光环；夕阳把余晖投向大地，大地便没有了昏暗。

晴天的夜晚可以带孩子到户外观察星空。群星闪烁的星空充满了无穷的奥秘，对孩子的吸引力非常大。我们可以指导他在繁密的星星中先找银河，找牛郎星、织女星，给他讲《牛郎织女》的民间故事。再找北斗星，并告诉孩子北斗星可以帮助我们在夜间辨明方向。接着还可找水星、火星等行星，告诉孩子有关太阳系九大行星都围绕太阳转的知识。然后再指导孩子在星空中找运行速度很快的人造地球卫星。对大一点的孩子还可以告诉他有关人造卫星的知识，人们正利用卫星探测环球气象，传输电视信号，传送通讯信号等。通过这些引导，可以大大激发起孩子从小探索宇宙奥秘的强烈欲望。

农历每月上旬的晚上带孩子观察上弦月，中旬（最好是

十五日）的夜晚带孩子观察满月，下旬的黎明带孩子观察下弦月。对大一点的孩子可以讲一些有关月亮盈圆亏缺的道理，让孩子了解一些初步的天文知识。对年龄较小的孩子可以给他讲有关《嫦娥奔月》、《吴刚伐桂》的神话故事。相传后羿的妻子嫦娥因偷吃了丈夫的不死仙丹而怀抱玉兔飞到了月宫，故有"嫦娥应悔偷灵药，碧海青天夜夜心"之说。又传汉代西河地方有个学仙修道的人吴刚，得道升天后，因犯天规而被罚在月宫伐桂，桂树高五百尺，斧斫之痕随砍随合，于是他只得无休止地砍下去，迄今不止。也可以讲李白小时候不识月的故事，进而教孩子背诵李白的诗："小时不识月，呼作白玉盘。又疑瑶台镜，飞在青云端。"

在不同的人眼里，春夏秋冬各有各的美。

春天，利用假日带孩子到郊外踏青，观察最先开放的各种花和它们的不同颜色。如黄色的迎春花、红色的桃花，白色的李花，粉红色的杏花、淡紫色的玉兰花等等。有条件的家庭还可以带孩子到附近的花园或公园欣赏百花怒放、群芳争奇斗妍、万紫千红的美丽景象。有意识地引导孩子细心体察在和煦的春风吹拂下，万物复苏的情景，岸边的柳树枝吐出了新绿，随风轻摆，土地上小草冲破阻力，从地下悄悄探出头来，表现了"离离原上草"那种"春风吹又生"的顽强生命力。还要指导孩子观察从遥远的南方归来的燕子含泥筑巢的欢乐情景。当然，在郊外还不要忘了有意识地指引孩子参观农民伯伯整田育秧，种瓜种豆的忙碌情景和大棚的蔬菜，大片麦田、金黄的菜花。尤其要让孩子细心观察穿梭于菜花

从中采蜜的小蜜蜂，告诉孩子一只蜜蜂要酿制一千克蜜糖，就需要采集二百多万朵花上的花蜜，飞行一万到一万五千次，行程五十万千米，相当于绕地球赤道十二圈。每次花粉囊中可带五万颗花粉粒。让孩子从这些知识中获得多种教益。

夏天，可利用假日带孩子到附近的大河边，观看滚滚滔滔、奔流不息、一泻千里的河水，感受河水的壮美。在山区的可带孩子到小溪边参观潺潺流水，看流水的清澈明洁，听水声淙淙、欣赏它的纯洁美、无暇美。到山涧边去感受"飞流直下三千尺，疑是银河落九天"。到森林里听林涛，闻鸟语，感受森林幽深静谧的美。还可以到山坡草地欣赏烂漫的山花，看彩蝶的自由飞舞；也可以到池边、湖边体会"接天莲叶无穷碧，映日荷花别样红"情景，大一点的孩子引导他感知荷花"出淤泥而一尘不染"的高尚品格。傍晚带着孩子听水边（或田间）欢乐的蛙鼓声，同时告诉孩子青蛙的习性及青蛙每天吃害虫，让孩子懂得保护青蛙的道理。初夏时节还可带孩子到乡下的农村亲戚家去参观农民抢种抢收的情景，体会盘中之餐"粒粒皆辛苦"的道理。在活动中，父母一定要告诫孩子，没有大人带领，万万不可到崖边、水边、森林里玩耍，以防意外发生。

夏日，雨后初晴，可带孩子到户外观看美丽的彩虹，那是一种多彩的美、成熟的美。对大一点的孩子可告诉他"不经风雨，难见彩虹"的深刻含义。让孩子在户外充分感受暴风雨后空气的清新，天气的凉爽，到处都被雨水冲刷得干干净净，使人神清气爽，心情舒畅。

秋天利用假日带孩子到野外郊游，可参观农村的丰收美景：沉甸甸的稻穗，金黄的稻浪，白皑皑的棉田，火红的高粱，红灯笼似的辣椒、玛瑙似的葡萄……告诉孩子：没有春天耕耘下种、夏天施肥锄草的艰辛，就没有秋天丰收的喜悦。中秋以后，还可以带孩子登高赏景，观满山的红叶、黄花，看柑橘满枝、柿子橙黄，闻丹桂飘香，感受秋高气爽的舒畅。对大一点的孩子还可告诉他，秋天的菊花因其不与百花争春，花期较长，凌霜不凋而历来为人们喜爱，目前世界上人工培育的菊花已达三千多个品种。菊花不仅有很高的观赏价值，而且有很好的药用价值。

冬天，可利用假日带孩子去登山，让孩子亲身体会"无限风光在险峰"，只有不畏艰险、努力攀登，才能达到"险峰"领略到"无限风光"，品尝到胜利者的快乐。（登山中父母一定要注意做好孩子的安全保护工作。）在野外可以引导孩子观察高山上郁郁葱葱的松树和柏树、看青青翠竹凌寒不凋，观腊梅花傲雪凌霜，不畏严寒。对大一点的孩子可以告诉他，人们把松竹梅称为"岁寒三友"，历来诗人和画家都爱以之为题材吟诗作画，赞颂它们不怕艰难困苦、不怕恶劣环境的高贵品格。同时还可以告诉孩子"温室里培养不出耐寒的松柏"的道理。雪天还可以带孩子到雪地上堆雪人，让他与小伙伴打雪仗、做游戏，尽情玩乐。

外边的世界很精彩，带孩子出行吧。

利用假日带孩子到附近的植物园参观、观察各类植物的生长特点，了解绿色植物与我们的关系。孩子大一点的可以

告诉他：绿色植物在阳光下吸收空气中的二氧化碳和从根系吸收的水，进行光合作用，制造有机物并释放大量氧气，不仅净化了空气，而且为人类和所有的动物提供了充足的食品，人和动物离开了绿色植物便不能生存。绿色植物还能保持水土，防止水土流失，调节气候。必要时还可给孩子介绍一些有关保护野生植物（包括濒临灭绝的珍稀植物）的知识。

假日带孩子参观动物园，欣赏大象的温厚、狮子的雄健、老虎的威武、黑熊的憨态、熊猫的温顺、猴子的机敏、孔雀的美丽、八哥的舌巧……同时让他了解一些各种动物的生活习性和与人类的密切关系。特别是告知一些有关保护野生动物（包括濒危动物）的知识，让孩子认识到动物是我们人类的朋友，我们每个人都有保护动物的义务。对大一点的孩子，还可让他懂得每一种生物（包括植物、动物和微生物）在自然界的生物链中都有它的重要作用，一旦绝灭，会使生物链遭到破坏，会打破自然生态的平衡，对人类的生存是不利的。

有条件的家庭，可以利用假期带孩子外出旅游。古人说"读万卷书，行万里路"是很有道理的。外出旅游既可以扩大孩子的眼界，增长知识，又可以在欣赏大自然美丽风光中陶冶情操，在身心愉悦中，快乐地健康成长。无论到什么地方，都要让孩子充分亲近大自然，使他感受到大自然的无穷魅力。此外，对大一些的孩子还应特别提醒，千万不要忘了留心各个旅游景点的人文景观，包括风土人情、文物古迹，使孩子受到多方面的教益。

对小学高年级或初中的孩子，在外出旅游时，爱画画的

可以随时用速写的方式把途中所见美景勾勒下来,作为以后绘画的素材;爱好写作的可以把途中所见所感用日记形式记录下来,以便回去写成游记散文;爱摄影的不妨带上相机,把自己认为好的镜头拍摄下来,回去建立个人摄影册。

到大自然中去寻找快乐。

有位哲人说过:"人最大的幸福是什么?是快乐!他的快乐是建立在爱的基础上,爱生活、爱他人、爱自己。"一个人如果什么都不喜欢,都不热爱,他就失去了心灵美好的东西,也就失去了快乐,失去了幸福。

人是大自然的产物,亲近大自然是人的天性。大自然中蕴藏着无穷的奥秘,探索大自然无穷的奥秘会给人带来无限的快乐。天真无邪的儿童有极强烈的好奇心,他们在亲近大自然、探索大自然奥秘的过程中,将会获得比成年人更多更大的快乐。

常带孩子到大自然中去寻找快乐。让美丽的大自然陶冶孩子的情操,培养孩子多方面的兴趣,广泛的兴趣和爱好能为活泼开朗的性格提供一种精神动力,使孩子长期保持饱满的精神和充沛的精力,对人对事都乐观、积极、热情永远向上。

许多事实证明:只有用饱满的热情、乐观的态度、欣赏的眼光去对待周围的一切,才能积极地投身自然、投身社会,去创造生活、享受生活、享受生活的每一天,才能充分地感受到生活的快乐、美好和幸福。

常言说:你能得到幸福,是因为你有了自己最喜欢的东

西，而不是你有了别人认为好的东西。因此，年轻的父母不能把自己的意志强加给孩子，不要把自己认为好的东西强加给孩子。有句格言说得好：与其使外界事物适应自己，不如使自己去适应外界事物。人最应该而且必须去适应的便是大自然。

在亲近大自然中，我们尝到了前人酿造的甜，也要为后人带去蜜。我们在前人种的树下乘凉，千万不要忘了为后人种下乘凉的树。我们享受了前人创造的美好生活，我们也要为后代人创造更加美好的生活。事实上，为他人创造了幸福，自己也会感到幸福。

保护大自然，保护环境，是全世界每一个人的责任。保护地球母亲，也就是保护我们自己。地球上所有的生物（包括动物、植物和微生物）都是我们的朋友，要是这些朋友都从地球上灭绝了，我们人类也无法生存了，那时还有什么幸福可言呢？

> 音乐可以称作是
> 人类的万能语言,人
> 类的感情用这种语言
> 能够向任何心灵说话
> 和被一切人理解。
> ——李斯特

爱音乐,常唱歌

音乐中蕴藏着丰富的情感,是对世界的一种特殊注解。很多人发现,听听音乐可以使大脑处于轻松状态,甚至可以导致头脑里已有信息的特殊组合。所以音乐经常被用来开启人的智慧和开发人的创造性。

训练目的 通过训练,使儿童爱音乐、爱唱歌,养成天天听音乐、天天唱歌的好习惯,培养和发展儿童对音乐的注意力、记忆力、想象力和感受、理解音乐的能力。

训练方法

在音乐中感受音乐。

用一些谚语、名言煽起孩子爱音乐的热情。如"边做活边唱歌，活儿干得快又多"、"有了音乐，心灵就不会寂寞"等。

讲一些有趣的有关音乐的故事。如四面楚歌项羽败垓下、空城计孔明退敌兵等。

不仅人类喜欢唱歌，连动植物也喜欢音乐。如"对牛弹琴"——据试验，每天弹琴或放轻音乐3～4小时，奶牛产的牛奶比未听音乐的要多得多。据法国农业科学家试验，每天让一株番茄欣赏美妙的轻音乐3小时，其中一个番茄长到2千克重。

在吃饭的时候，选择优美抒情、节奏平缓的音乐播放，让孩子边吃饭，边听音乐，在家庭中，营造一种在高级餐厅进餐时那样一种轻松愉悦的气氛。

在和孩子玩耍时，选放一些轻快活泼、节奏跳跃的乐曲，让孩子自然地把音乐中所表达的情绪和自己当时的心情联系在一起，让这种音乐感受自然地进入孩子的记忆，渐渐提高孩子对音乐旋律的感受力。

在引导孩子入睡前的温馨时光，给孩子选放一段安静柔和、节奏舒缓的音乐，配合乐声再讲一个温馨的故事，必要时父母还可以随着音乐哼首儿歌，将孩子带入甜蜜的梦乡，这样不仅有助孩子睡眠，还能刺激孩子对音乐的感受。

理解音乐的感情。

在孩子情绪较好的时候，父母有意识地选两种旋律对比性较强的乐曲让孩子听，比如节奏舒缓的摇篮曲和节奏鲜明、旋律铿锵的进行曲，听后让孩子说出自己的不同感受，加深对旋律的记忆和理解。

在同孩子散步时，有意识地引导孩子听取和模仿周围生活环境中具有音高和音调的声音，如街上小贩的叫卖声，工地上的号子声，各种车辆的鸣笛声，鸟叫声，蛙声，有节奏的不同音色的敲击声等等，鼓励孩子用自己的嗓音通过模仿，把这些声音再现出来。

在陪孩子看电影电视时，有意识地引导孩子欣赏其中表现不同场景、不同情绪的背景音乐，不要只顾看影片的故事情节，让孩子逐渐养成随时欣赏音乐的习惯。这不仅能让孩子感受到音乐的无穷魅力，还能不断提高孩子的音乐审美能力。

不同的孩子不同的教育。

对喜欢唱歌的孩子，可以进行听唱练习，要求孩子用嗓音把听到的音调旋律哼出来。久而久之，孩子对音准的把握能力就会慢慢提高。这种练习，越早进行，收效越好。

对喜欢活动的孩子，让他听二拍子的进行曲时，随节拍

学着军人的样子有力地踏步走；听舒缓的摇篮曲时，学妈妈抱娃娃的动作，边哼边轻轻摇晃；听三拍子的圆舞曲时，先在父母的带领下拍手，待能合着音乐节奏后，还可以加大难度，让孩子随着音乐节奏做划船的动作，或采茶的动作，或打榔头的动作等，待手臂的动作合上音乐节拍后，还可再加上脚步动作。这样慢慢形成孩子的音乐节奏感。

在孩子过生日时，买一盒歌碟或音乐录音带作为礼品送给孩子，在学期末买一张歌碟或一盒录音带作为奖品给孩子，以资鼓励，提高他学习音乐的积极性。要特别提醒的是给孩子买的音乐制品一定要正版的，质量才有保障。内容要健康，情绪积极向上，符合孩子身心特点。

对大一点的孩子，有条件的家长，可适当地带孩子去观看一些有较高水平的文艺表演，包括歌舞晚会和音乐演唱会或戏剧晚会，可以大大提高孩子对音乐的爱好和兴趣。

对乐器有兴趣的孩子，有条件的家庭，应该请专业教师进行专门的培养和训练。注意孩子学音乐，必须根据孩子自身的具体

情况(包括基础、条件、特性、倾向等)和潜质来合理安排、正确培养。

对于好动的孩子,父母可让他把唱歌和跳舞结合起来,到合适的年龄(比如5岁左右)就可以请专业老师进行舞蹈方面的专门培养和训练。当然这要视孩子的爱好兴趣和自身条件、家庭条件而定,切不可贸然从事。

有条件的家庭除买一些声乐音像制品(歌碟、歌带)让孩子欣赏外,还应适当买些器乐音像制品让孩子欣赏。如:中国民乐合奏《金蛇狂舞》、《花好月圆》、《春节序曲》等,钢琴协奏曲《黄河》;二胡独奏曲《江河水》、《二泉映月》等,笛子独奏曲《苗岭的早晨》、《喜相逢》、《梅花三弄》等;琵琶独奏曲《十面埋伏》等。还有外国的如巴赫、肖邦、柴可夫斯基、贝多芬等人的作品也可买来供孩子欣赏。

通过音乐培养孩子表现自己的能力。

大多数父母培养孩子的音乐才能都不是希望孩子将来成为音乐方面的专业人才,而是培养一些基本的修养和一般的能力。

 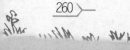

利用各种机会让孩子在众人面前唱歌，让孩子有获得他人赞赏、享受成功的快乐机会。孩子过生日，爸爸妈妈、爷爷奶奶、外公外婆的生日、小伙伴的生日、各种家庭聚会等都是孩子一展歌喉的好机会。开始时可以在小范围内举行，逐步扩大范围，由家庭扩大到在幼儿园或学校班级里向小朋友唱歌。

　　孩子唱歌或表演时，父母一定要当好他的忠实观众，认真地听他唱，孩子唱完了，一定要拍手鼓励，及时赞扬。注意：孩子演唱过程中即使有缺点，也千万不要打断他的演唱，一定要让他唱完，停下来后用恰当的方法（比如到一旁去）引导他改正。

　　要不断培养和提高孩子的表现欲，通过对乐曲或歌词的思想内容、情绪、艺术特点的分析讲解、让孩子对歌曲有一定的理解，必要时可用比喻、示范、启发等方式引导和鼓励孩子，让他自动地产生一种要求表现、跃跃欲试的迫切心愿，使孩子表演时更动情，这种表现欲增强反过来又使孩子对乐曲的感受能力和理解能力得以深化。

音乐随想录

　　中国自古以来就被世人称为礼仪之邦，中国人民历来就有热爱音乐的优良传统。早在周代就设有专门主管音乐的官员"太师"，办理礼乐，在朝会、外交、宴飨、祭祀、游猎、出兵等重大聚会、庆典时要用音乐伴舞礼神、娱乐欣赏。春

秋时期伟大的教育家、思想家孔子把音乐列为重要的教学课程，放在"礼、乐、射、御、书、数"六气的第二位，孔子与齐国太师谈论音乐，"闻韶乐，学之，三月不知肉味"，可见对美好音乐的深爱。历代文人都以"琴、棋、书、画"作为读书人必备的四大技艺，其中"琴"被排在首位。大家知道古之秦青善歌，"抚节悲歌，声振林木，响遏行云"。"俞伯牙善鼓琴"，或"志在高山"或"志在流水"，"钟子期善听"，听而知之"峨峨兮若泰山""洋洋兮若江河"。东汉杰出的科学家、文学家张衡"通五经，贯六艺"。创"开元盛世"的唐玄宗能谱曲，相传《霓裳羽衣曲》便是他的代表作。宋代科学家沈括"博学能文，通天文、历算、方志、音乐和医药"等。在建设社会主义精神文明的新时代，我们青少年应该继承和发扬这一优良传统。

学音乐能使人的头脑变得更聪明。德国神经科学家研究证明，早期（7岁以前）的音乐训练，对儿童大脑结构的形成起重要作用，使大脑左右半球之间神经纤维束更粗，不仅加强了两个脑半球的神经联系，而且还能建立起新的连接点，使信息传输更快捷，因而能使儿童的动作行为更敏捷、更准确、更协调。

古今中外许多著名的政治家、军事家、科学家和文学家都在音乐方面有很高的造诣。革命导师马克思和恩格斯都在音乐方面发表过很重要的见解。已故总理周恩来在南开中学读书时就爱唱歌、演剧，晚年还先后亲自指导过《长征组歌》和《农民运动讲习新颂歌》的创作。前任中央军委主席江泽民不仅爱唱歌唱京剧，还弹得一手好钢琴、拉得一手好二胡。三国时足智多谋的军事家诸葛亮在大军压境、兵临城下的情况下，还能镇定自若，弹琴退敌；法国著名军事家拿破仑戎马倥偬，骑在马背上还高唱《马赛曲》。世界著名的物理学家、量子论的创始人普朗克是钢琴演奏高手，相对论的创始人爱因斯坦是小提琴演奏行家，二人经常同台演出，奏出扣人心弦的和声。特别是爱因斯坦，他在荷兰莱顿大学任教时，已是中年，在紧张的教学和科研之余，常常和他的同事埃伦菲斯特一起演奏巴赫、莫扎特、贝多芬等的名曲，用音乐来洗刷疲劳。被世界誉为"当代神农"、"杂交水稻之父"、国家科学最高奖获得者的中国农业科学家袁隆平在音乐方面也有很深的造诣。

其实，真正追求科学美的人往往也会极力推崇艺术美。音乐美是重要艺术美。爱因斯坦认为，科学和艺术是互相补充的。在提高人的精神境界方面，大艺术家的作用往往胜过科学。他认为科学和艺术体现了一种绝对的和谐美。他说，一道科学的命题所具有的高超的逻辑美，在人们心中激起的美感同贝多芬的《田园交响曲》在人们心中激起的美感是相通的、等价的。科学和艺术之所以是相通的，是因为二者都需要丰富的想象力。因而爱因斯坦一再强调说："想象力比知识更重要。"事实证明：想象力丰富的人其创造力更强，而音乐正是可以大大提高人的想象力的艺术。

音乐的作用还很多，它可以提高人的精神境界，可以振奋人的精神，鼓舞人战胜困难的信心和勇气，可以愉悦人的

身心,增进健康,帮助人们解除疲劳、忘却苦痛,提高人的生活质量,音乐可以治病,音乐可以鼓舞士气,也可以涣散军心,西楚霸王项羽兵败垓下,"四面楚歌"也是原因之一……总之,学音乐,益处多多。

音乐对我们今天的世俗生活,也许并不会直接带来什么好处,但是音乐却可以给我们一份心灵的财富,一种与这个世界交流的独语,一种情感秘密的倾诉,它会使很多人真的感受到幸福和快乐。所以,学音乐,让孩子天天唱歌或弹琴,并不是为了成功,为了把每一个孩子都培养成音乐家、歌唱家,而是为了让他多一种生活,多一种快乐的感受,多一份对这个五彩缤纷的世界热爱的信心。

让歌声伴着孩子成长。让音乐永远流淌在我们的生活中。音乐,它单纯而美丽,你不需要求它更多。让美丽的音乐永远和我们在一起。让音乐为孩子的未来增加一种美好的生活,一份精神的财富。

> 　　如果说音乐是一门听觉的艺术，那么美术就是一门视觉的艺术。
>
> 　　　　　　——编者

爱美术，常画画

　　美术是一门视觉艺术，它借助线条、色彩等来反映自然和生活。而要很好地反映生活，首先需要很好地观察，然后再借助想象来提升对生活的反映。所以，孩子从小动笔画画，不仅有利于培养他们的观察力和想象力，还可以借助画画宣泄他们的情感，愉悦他们的身心。

　　训练目的　通过训练，使儿童养成爱好美术，勤画画的习惯，从而培养和发展儿童的观察力、记忆力、想象力和创造性思维能力，让儿童在画画中体验美、欣赏美、创造美。

训练方法

天才的画家也是从随意的涂鸦开始的。

○ 儿童都喜欢画画，涂涂画画是孩子们的天性，也是一种很好的益智娱乐活动。在涂画的时候，儿童要用眼睛观察，用脑子思考，用手去表现。这种动脑、动眼、动手的活动，能开发儿童的智力，提高儿童的审美能力，陶冶儿童的美好情操。

父母都希望自己的孩子能画出好看的画。但是一定要明白，儿童画画是一种自我表现，是他的思想、认识、经验和情感的表达。因而不要用成人的标准去要求他，不要用成人的思想去代替孩子的思想，不要把自己的某些意志强加给孩子。否则会使孩子思想受到"压抑"，想象力和创造性都得不到充分发挥。如果我们不是一定要把每个孩子都培养成小画家的话，那么上述问题恐怕是可以避免的。

○ 随意涂鸦过程中的指导：经常陪着1岁～3岁的孩子画图画，帮助孩子认识各种物体的不同形状，如长短、大小、高低、宽窄、厚薄、方圆等；认识各种物体的不同颜色，如黑、白、红、黄、蓝、绿、橙、紫等。再把图画中这些物体与生活中的实物对照起来观察，让孩子对物体的形状颜色比较敏感、有兴趣。

当孩子3岁以上有了涂涂画画的欲望时，鼓励他大胆地涂画，父母给他准备必要的画画工具，如铅笔、水彩笔、蜡笔、橡皮擦、纸（或图画本），并且告诉他各种工具的用途和使用方法，如铅笔用三个手指执着，要执得长一些，以免

手把画出的线条挡住；橡皮擦不要乱用，一般不用。即使画错了最好暂时不擦，等画完了再把多余和画错的线条擦去，以免边画边擦、很快就把纸擦坏了。还要告诉孩子铅笔的线条不要画得太重，否则画面不平整，不便着色。画错了也不易修改。用蜡笔和水彩笔画的橡皮擦是擦不掉的。

保护涂鸦积极性。2岁～3岁的孩子爱涂鸦，不一定能画出什么"好看"的作品，但父母要鼓励他大胆的画，千万不要制止他。孩子喜欢在地上、墙壁上画，可在家里某个墙边贴上一张大纸让他天天在那里画，画满了又换一张纸。这个年龄段的孩子小脑发育还不健全（小脑是支配人的动作行为的）小手的肌肉也还不发达，因而动作不准确，观察力也有限，所以很难画出所谓"好看"的画。但这个过程即使是天

才也是不可避免的。

不同年龄需要相应的指导。

因势利导地诱导3岁～4岁孩子自己画出不同的物体画，如：水果、植物、动物、汽车、房屋等。比如孩子画一个瓜子状的图形，圆头处画一条不弯不直的线，家长可引导他在尖的一头添画眼睛和耳朵，使之成为一只有着尖尖的头、圆圆的屁股、长长的尾巴的小老鼠，如果在它的嘴边点上几个小点作米粒，一幅《小老鼠偷米吃》的儿童画就完成了。在这个过程中父母重点是巧妙地诱导，只在他力不能及的地方帮助他一下，比如给画写上标题、姓名、作画的年月日等。同时还要告诉孩子自己画的画，可贴在墙上或夹在画夹里保存起来。

指导4岁～5岁的孩子画出两个物体，并且表现出这两种事物之间的关系或联系。比如《小老鼠偷油吃》、《我的气球飞不了》、《我家小树不怕风》等。小孩根据儿歌"小老鼠，上灯台，偷油吃，下不来"，画一只老鼠，头向上屁股向下，再靠近老鼠画两条竖线，在竖线上端画个圆圈，在下边画一个大一点的椭圆圈，这样的画面不是很有创意吗？小孩根据自己玩耍气球的经验画一个正面的小朋友，在头的上方画一个椭圆圈，表示气球，再画一条线把气球和小朋友的纽扣连起来，在纽扣的周围画几个圈，表示气球的长线在纽扣上拴得很牢，这幅画就很好地表达了孩子的思想。小孩根据自己已有的知识，画一座房子，在旁边画一棵树，在树旁画一个木桩，然后用线条把三者连起来，表示刚栽的树不让风吹倒，就用绳把它拉在房子和木桩上，这复杂的画面中有他自己的知识、经验、爱好和愿望。这些充满童趣的画应得到充分的肯定。

对5岁～6岁的孩子的画进行指导，除了在画法上给予一定的帮助指导外，还要从观察、想象力和创新的引导上多下些功夫，引导孩子把已有的知识、经验重新组织，尽可能地创造新的形象。比如有个孩子画了一组连环画《老虎照相》：第一幅画了一只大老虎，背着相机去照相。第二幅画了老虎给小猫照，小猫吓得上了树。第三幅老虎要给小兔照，小兔吓得钻了洞。第四幅老虎要给小鹅照，小鹅吓得跳了河。第五幅老虎要给小鸟照，小鸟吓得上了天。第六幅老虎提着相机，很失望地往大山里走去。这组画把老虎和各种小动物间的关系用拟人的手法生动地表现出来了。再比如，一个6岁的孩子，画了一幅《别想吃》的画：画面中间是一个小男孩双手端着一个装有金鱼的缸，高高地举向右边，头转向左边撅着嘴；画面的左右下角各有一只猫，瞪着圆圆的大眼睛，望着小男孩鱼缸中的金鱼。这幅画不仅生动地反映了猫和金鱼的关系，也反映了猫、鱼、人三者的复杂关系，创意非常好。

艺术源于生活，孩子需要丰富的生活感受。

节假日多带孩子到户外去玩耍、去参观，观察体验大自然的美好景色，观察体验丰富多彩的社会生活。这不仅能增加孩子的各种知识，还能提高孩子的观察力、记忆力。与此同时，可让孩子画些写生画，也可以回家去画些记忆画或想

象画。这可以大大丰富孩子绘画的内容。

对大一些的孩子（比如小学二年级以上的孩子），家长可以指导他记美术日记。只要我们肯做生活的有心人，勤于观察，善于观察，就会发现每天生活中都有许多可以入画的人、物、景、事，如学校生活、课余活动、家庭劳动、好人好事、电视、新闻、动画等；听到的故事、笑话、好消息等，还有自己想象的，甚至还可以给学过的课文，读过的童话、小说等画插图……有了这些素材，就可以构思画面了。先在脑子里重新浮现事情的动作、场面、情景，捕捉最有意义、印象最深、感受最强烈的画面下笔，做到构图饱满，画面充实（注意这里所说的"饱满"和"充实"并非指把纸画得满满的，而是指画面的意境）。然后写上题目，配以简洁的文字，或说明，或叙事，或抒情，或议论，也可以是儿歌或小幽默等。最后写上姓名、年月日和星期、天气等。这种美术日记（或周记）可以促使孩子主动地去观察生活、搜集素材，养成观察习惯，提高观察力、记忆力、想象力和创造性的形象思维能力。

指导孩子编辑画册。孩子平时画的画不能随画随丢，要指导他保管好，定期（半年或一年）编辑一册，可以按时间，也可以按内容或画种（如铅笔画、水彩画、蜡笔画等）分类编辑成册，用纸夹夹好。利用周末或其他闲暇时陪孩子翻看欣赏。

利用节假日带孩子到附近的少年宫、文化宫或美术馆去参观书画展，特别是儿童书画展。参观时家长要尽可能地当

好孩子的导游，给孩
子作必要的解说，让
孩子既学到绘画知识，
又提高欣赏水平。参
观书画展时，要告诉
孩子，每一件作品都
是创作者的智慧和辛
勤劳动的结晶，因而
我们一家要爱护展品，
只能认真看，不能用
手去触摸，以免弄脏
或损坏展品。

　　帮助孩子办家庭
儿童画展。孩子过生日，爷爷奶奶、爸爸妈妈的生日或春节、
儿童节、国庆节等节日和各种家庭聚会期间，协助孩子举办
家庭儿童画展，选出孩子最满意的作品展出，全家都来参观
欣赏，并给予适当的奖励（包括精神的物质的），使孩子享
受到成功的快乐，进一步增强画画的自信心。

　　有独特兴趣的孩子需要特殊教育。

　　对于部分喜欢动手、爱好手工美术制作的孩子、父母首
先是要尊重孩子的爱好，支持、鼓励并尽量帮助他发展自己
的爱好。比如：折纸、剪纸、剪贴、镂刻、雕塑、撕纸等都
是很好的美术手工制作活动。孩子用纸折飞机、飞船；用彩
色纸剪花边、剪窗花；用蜡光纸剪贴花篮，用吹塑纸或麦草、

树叶、塑料薄片剪贴各种装饰画;用塑料片、硬纸板等镂刻各种图案、印花;用黄泥、胶泥、面团或石膏雕塑各种动物、人像;用篾片或铁丝扎架,用纸或布糊面做各种动物面具,做玩具或童话剧的道具,自做风筝⋯⋯这些都是很好的美术创作。孩子在这些创作过程中既动脑又动手,学会了制作,学会了创造,受到了美的熏陶,得到了美的享受,逐步体会到美无处不在,不仅可以用眼睛去发现美,用心灵去感受美,还可以用双手去创造美。

对于爱好书法艺术的孩子,父母除了在条件许可的情况下,请专门的老师辅导外,更多的是鼓励和支持。书法的早期学习阶段,一点一画地学习练习显得枯燥乏味,儿童的自控力不像成人那样强,兴趣爱好也不够稳定,理性认识能力不高,一旦受挫,很容易灰心丧气,这时父母的积极诱导和扶植激励尤为关键。帮助孩子读帖、临帖,和指导老师一起帮助孩子总结成绩,找出不足,制定正确的训练方法。对大一些的孩子,应该帮助他逐渐懂得书法是一门心灵的艺术。中国书法不仅是记录汉语的文字,而且是借助汉字的书写来表现作者精神美的艺术,是中华民族可以炫耀于全人类的国家珍宝,是民族传统文化的精华,它与中医药、京剧、中华武术并称为中国四大"国粹"。优秀的书法艺术作品如晋代王羲之的《兰亭序》等价值连城。懂得了学好书法的意义,孩子练习书法的积极性、自觉性自会提高。

对于绘画、雕塑、书法有特殊爱好的孩子,有条件的家庭可请专门的教师进行辅导培养,根据孩子的基础、条件、

个性特征、艺术倾向和潜质等具体情况，合理安排，科学地进行培训。

在儿童的艺术教育中，如果说孩子是茫茫艺海中的航行者，教师是领航者，那么父母则是护航者，父母在这三者之中起着举足轻重的作用，除了物质上的支持，精神上的鼓励以外，有时还得付出许多时间和精力，作适当的陪护和帮助，比如：看电视中有关辅导、讲座节目，了解或掌握有关基础知识，以便解决儿童初学阶段的一些具体的（如技术上、知识上）困难问题。

美术知识点滴

如果说音乐是一门听觉的艺术，那么美术就是一门视觉的艺术。优秀的美术作品既是国家、民族的瑰宝，也是历史上人民的文化和智慧的集中表现。它包括雕塑、建筑、工艺美术和绘画等。

绘画是画家运用平面、线条、明暗、色彩、形体等手段构成的画面形象，让人通过生活经验体会，产生相应的联想，造成视觉上的空间感、立体感、光感和质地感等，最后在脑际映出一幅"真实"的画面来。

艺术来源于生活，又是生活升华后的结晶。艺术所以能够升华生活，把生活现象与本质统一在形象之中，除了熟悉生活、剖析生活之外，关键在于作者具有创造性的想象力。创造性的想象是在自己已有的知识、生活经验的基础上由此

及彼，构出未经历过的事物的新形象。通过创造性的想象活动来升华生活是艺术创作的生命线。

美术作品具有生动感人、启人深思、陶冶性情等特点。因而它既可以帮助我们认识世界，可以为我们提供对美的欣赏，还可以装饰和美化我们的生活。比如，新春之际，每家都张贴五彩缤纷的年画，火红喜庆的节日气氛会更浓；如果书案旁边挂上一幅笔画淋漓、诗意洋溢的山水、花卉画轴，一定能使斗室生辉，体现主人的高雅气质。至于工艺美术则更直接关系到每个人的衣食住行的物质生活和精神气质。它可以使人们生活在优美和谐的环境之中，充分地满足人们美的享受，使生活更为丰富多彩。同时，它也体现了人们的文化艺术素养和欣赏水平。

阅读使人充实；会谈使人敏捷；写作与笔记使人精确。

——培根

爱名著，勤习作

优秀的文学作品是形象化的教科书。读名著如同人们的心灵和古今一切民族的伟大智者谈话，而且从中可以学习他们表达世界的方式。现在许多家长和老师都发现，学生的写作能力不是一两天就能提高的，文学表达的能力尤其需要长期的积累。所以，要使孩子将来写作文不犯难，就应该早早为他作好铺垫。

训练目的　通过训练，使儿童养成爱名著，勤习作的好习惯，让儿童在文学名著的艺术殿堂里陶冶情操，提高精神境界；获得多方面的知识，增长才干；培养创造性思维能力，发展想象力，提高审美力。

训练方法

万丈高楼平地起：文学才能从学习说话开始。

父母应明白婴儿时期语言学习的重要性：有位儿童教育专家说："语言文辞的力量在人生任何时候怎样强调也不算过分。"是的，艺术家，任何为人类的利益作出贡献的人总要利用语言文辞的力量向世界学习，发现自己，调整自己，发展自己，修正自己，创造出自身更高的价值。任何人的科学成果、艺术成果总要借助语言去证实、去论述、去诉说。要想大幅度改善人的素质，终究离不开利用语言，沟通语言和游戏语言。人的童年（特别是3岁以前）是语言敏感期，这时开始对儿童进行发展语言词汇的教育和训练最容易，也最有效。

具体操作方法是：（1）教孩子说话。注意教孩子说话时，语音要清晰，语调高低要适度，语速宜慢，重音要鲜明突出，所教的内容（语言）要由简到繁。（2）与孩子对话。父母要有尽可能多的机会和孩子说话，且说话时一定要满含感情，有表情，有动作。（3）给孩子讲简短生动的童话故事。（4）教孩子背诵儿歌，最好边背边拍手，增强节奏感和音韵感。（5）指导孩子看儿童画报，给孩子朗读图书。（6）少用叠音词，如"狗狗"、"椅椅"之类。

书面语言刺激越早越好。

教孩子早期识字，为以后的阅读创造必要条件。中国的汉字繁多，中小学识字教学任务繁重。儿童早期识字不仅能减轻入学后的负担，还能使孩子提前进入阅读领域。幼儿时

期，孩子的机械记忆力很强，充分利用孩子这个时期的无识记忆，教他识字不仅是应该的而且是完全可能的。

具体操作可采用下列方法：

（1）看图识字法。利用图片、书籍，教孩子看图画识字。

（2）看物识字法。把家中各种器物贴上名称卡片，教孩子看物认读识字。

（3）游戏识字法。把汉字的偏旁部首和一些独体字写成卡片，让孩子组合成另外一个字。如：山山出，此木柴；火因烟，夕夕多；山石岩，木古枯；女子好，巾长帐；木子李，弓长张……

（4）韵语识字法。把常用字编成韵语当儿歌，让孩子边认边背，如：个十百千万，上下日月天。牛羊来去走，左右多少山。刀工毛车电，大小水火关。太阳花开好，南北东西田……

（5）标牌识字法。带孩子在大街上散步时，看见各种广告牌、标语牌，指导孩子认读上边的字。

（6）拼音识字法。先教孩子认会21个声母，再教孩子认会35个韵母，然后教拼法。注意最好教孩子一拼法，即先做出发声母的口形，然后迅速而响亮地念出韵母来，发出的音就是要拼出音，这种方法简便易学，且不会拼错。最后教孩子认声调符号和四声。孩子会认拼音后，凡不认识的字都可以查字典借助拼音认读。

利用儿童机械记忆力强的特点，从3岁起即可教孩子背诵古诗。我国是一个诗歌王国，千百年来，我国人民创作了

大量优秀的诗歌。这些诗歌意境深远，绚丽多彩，音韵铿锵，朗朗上口，令人百读不厌。它们有如一曲曲美妙神奇的乐声，激励着人们的心灵：又如一串串璀璨的明珠，在世界文学艺术宝库中永远放射出独特的光辉。少年儿童背诵古诗将终身受益。常言说："熟读唐诗三百首，不会作诗也会吟。"有些诗，孩子小时候虽然不能完全理解，但随着年龄的增长，阅历的加深，会逐步理解的。如果等到长大了才去读背，那时要学习、要读背、要记忆的东西太多，精力是分配不过来的。据试验2～3岁的儿童背诵70～80首五言、七言诗是完全可能的。

教孩子学习古诗的具体操作方法是：

（1）先选简短浅显押韵的诗歌，如骆宾王的《咏鹅》、李白的《静夜思》、孟浩然的《春晓》一类的五言四句诗，利用和孩子玩耍时当儿歌教他背诵。

（2）再选五言八句的，如孟浩然的《过故人庄》、白居易的《古原草》、杜甫的《春夜喜雨》等诗歌利用每天饭前饭后和晚上陪孩子睡觉前教他背诵。

（3）然后选较难的七言绝句或律诗，如李白的《望庐山瀑布》、白居易的《钱塘湖春行》、杜甫的《客至》、毛泽东的部分诗词等，必要时可用小黑板或八开的大纸抄出来教孩子随时认读背诵。

（4）随着孩子年龄增长，识字量增加，可教孩子读背一些再长的诗，如白居易的《观刈麦》、《村居苦寒》等，根据孩子的具体情况，还可适当选些乐府诗和唐宋词或元曲。

（5）孩子背诗一定要先背出题目和作者姓名，再背诗歌

内容。孩子背得快，遗忘也快，因此要坚持天天背，随时巩固。须知：儿童时期的学习几乎都是在自觉的重复中形成惯性的。如果把孩子重复的快感利用起来，让他在快感中重复，会使他得到巨大的自助认知力量，因此一定要坚持天天背，不断重复。

为了提高孩子对诗歌的兴趣，同时也获得一些有关诗歌的知识，可给孩子讲一些古人作诗的故事。如《曹植七步为诗》、《贾岛苦吟"推敲"》、《白居易"居之亦易"》、《王安石炼字》、《郑板桥小时改诗》、《纪晓岚作诗祝寿》等。

如何指导不同年龄的孩子阅读。

对有一定识字量，初步具备阅读能力的孩子，父母可指导他阅读一些童话故事，如《安徒生童话》、《格林童话》、《中国民间故事选》、《阿拉伯民间故事选》、《中国古代寓言》、《伊索寓言》等。这些作品语言通俗易懂，故事生动有趣，篇幅一般都不太长，作者爱憎分明，想象力丰富，很适合孩子们阅读，孩子可从中受到多方面的教益。

对稍大一些的孩子（比如小学4～6年级）可以指导他阅读中国古代的长篇小说。中国传统小说故事性很强，没有外国小说中的民族、社会、文化的差异，也没有冗长而拗口的人名、地名及难读、难记、难懂的语言障碍，很适合初进入长篇小说领域的孩子阅读。最好先选吴承恩的《西游记》，让孩子从那神奇绚丽的神话世界，看孙悟空天上地下、龙宫冥府、无拘无束地充分施展其超人的本领；观孙悟空克服困难，战胜妖魔的坚强决心和高超的斗争艺术；学习孙悟空那种不

畏艰险、勇往直前、积极乐观的斗争精神和美好品德，特别是让孩子在曲折离奇的故事中发展孩子的想象力。还可选施耐庵的《水浒传》，从中孩子不仅可以看到一个个栩栩如生、性格迥异的人物，如：疏财仗义的领袖人物宋江、神机妙算的吴用、仗义忠勇的鲁智深、神威武勇的武松、骁勇善战的林冲、孤胆英雄石秀、粗鲁莽撞的李逵、机灵伶俐的燕青等，而且还可以读到一个个相对独立、情节生动曲折、妙趣横生的故事。

对阅读长篇小说已有兴趣的孩子可逐步指导他阅读一些现代小说。当然还是先选故事性很强的，如曲波的《林海雪原》、姚雪垠的《李自成》等。《林海雪原》可以给生长在和平年代、没有经历过沙场血战的孩子提供足够充分和瑰丽的关于战争的想象。其中有险象环生的山野密林；有年轻战士敏捷不凡的身手；有惊心动魄、灵巧机变的攻守进退；也有细腻如织的爱恨仇怨，曲折激荡的情节，复现了那些久远的人和事，他们是那样的触手可及，呼之欲出，必使孩子禁不住与之一起悲欢、焦灼和愉悦。从《李自成》中，孩子可以看到一位大智大勇、永远乐观，对胜利充满信心的农民革命英雄李自成。他是一位一切从大局出发、心胸开朗、知人善任、具有民主思想的农民领袖的艺术形象。他能身先士卒、以身作则、执法如山；他能争取一切可以团结的力量，对敌分化瓦解，各个击破；他不感情用事，他有政治家的头脑和高度的敏感，他能体察民情、因势利导。这一切对孩子知识的增长、智力的开发、才干的提高都会产生很好的影响作用。

对上初中的孩子应继续指导他阅读中国古典诗词和现代诗词（如毛泽东等人的诗词），继续指导他阅读中国古典小说（如吴敬梓的《儒林外史》、罗贯中的《三国演义》等）和现代小说（如巴金的《家》，鲁迅的《呐喊》、《彷徨》，茅盾的《子夜》，杨沫的《青春之歌》和钱钟书的《围城》等），同时还应进一步扩大阅读范围，指导他阅读一些优秀的现代散文，如：冰心的《三寄小读者》，梁实秋的《雅舍小品》，鲁迅的《野草》、《朝花夕拾》等。还应读一些现代优秀的戏剧作品，如：曹禺的《雷雨》、夏衍的《上海屋檐下》、老舍的《茶馆》等。

　　对初中生而言，视野还应扩大，阅读面还应加宽。此时应指导他有选择地阅读外国名著，如：《鲁滨孙漂流记》、《巴黎圣母院》、《钢铁是怎样炼成的》、《母亲》、《老人与海》、《沉船》等。指导孩子读外国名著时要注意：（1）不能脱离作品产生的时代背景和历史条件，一定要把它放在一定的历史范围内来欣赏。（2）注意作品中塑造的人物形象。世界名著之所以具有永久的艺术魅力，关键因素之一便是非常成功地塑造了一些典型环境中的典型人物。特别是欧美的作品，大多以塑造人物为中心，以构造情节为辅助。如：《鲁滨孙漂流记》中鲁滨孙是个与恶劣的自然环境作斗争的百折不挠、凭双手实干以求生存与发展的新兴资产阶级代表；《巴黎圣母院》中克罗德是个外表美而内心丑恶的典型；加西莫多是外表丑而内心美好善良的典型；爱斯梅哈尔达是一个不仅外表美丽动人而且内心纯洁、善良的典型；《钢铁是怎样炼成

的》中保尔是个同敌人斗、同困难斗、同病魔斗锻炼出来的坚强的共产主义战士的典型；《母亲》中尼洛夫娜是个普通劳苦妇女走上革命道路成为无产阶级革命战士的典型；《老人与海》中老渔夫桑地亚哥是个"硬汉式"人物，面对个体生命的孤独、失败和死亡，不屈不挠地抗争，显示出了人的生命的美丽与辉煌；《沉船》中罗梅西是个善良正直、宽厚仁爱的人，卡玛娜是个温柔、善良、忠诚、坚强，敢于在险恶的世界里追求属于自己幸福的人。(3) 注意外国小说刻画人物内心世界精妙、细微、独到之处，需要细心品味。(4) 世界名著语言风格各异，各具特色，成就极高，阅读时切忌心浮气躁，要细细咀嚼，才能渐入佳境，获得足够的美的熏陶和感染。

只往孩子头脑里输入还不行，还得让孩子具有输出能力。

○ 指导孩子读名著一定要养成写读书笔记的习惯。许多大学者都有一个非常好的习惯，即不动笔墨不看书。就是说要一面看书一面记笔记。常言说："好记性不如烂笔头。"又说："谨记不如淡墨。"作读书笔记的方法多种多样，因时、因地、因人而异。小学阶段低年级主要采用摘录优美词语、句子的办法记，中年级可摘录精彩的语段或写故事大意，高年级可以写些读后的感想，初中阶段除了可以继续采用小学阶段的方法外，还应学着写些评论。重点是写读后感和评论。此外还可以学着做读书卡片、卡片上写上书名、作者、主要内容、精彩语言，自己的读后感或简评等。

指导孩子随时翻看和整理读书笔记及读书卡片。翻看的

目的是为了加深印象、帮助记忆，自然也有提高认识的作用。整理是为了系统化、条理化和理性化。有些读书笔记（如读后感和评论）是可以整理加工成文的，有的甚至不妨寄出去，争取发表。

○ 帮助孩子养成记日记的好习惯。写日记的习惯一定要从小养成，最好从小学二年级开始，长期坚持，一天也不要间断。每天所见的人、事、景、物、新闻的各种信息、所想的各种东西（包括奇思妙想）都可以写入日记。令自己高兴的人和事可以写，自己讨厌的人和事也可以写，爱的恨的什么都可以写。日记内容应该是百无禁忌的。有话则长，无话则短。看书看报、看电影电视的各种收获及见解都可以写。孩子小的时候，父母最好天天检查督促，并及时给以指导。孩子大了，特别是进入青春期以后，有些日记是不能让人看的，父母要尊重孩子的隐私权，未得到孩子的同意，不要去翻看孩子的日记。

勤读写，常交流。坏习惯养成易纠正难，而一种好习惯养成不易且长期坚持也不易。孩子爱读书、勤习作的习惯养成后还必须使他坚持下去。这办法就是常交流，交流读书心得，读书经验，交流写作心得和经验。可以组织家庭读书会，与爷爷、奶奶、爸爸、妈妈交流，也可以组织小伙伴到家里来开读书交流会。在学校、班级和老师、同学经常交流，都是很好的交流方式。交流中各抒己见，谁也不能把自己的意见（包括父母和老师）强加给谁，平等商讨、互相切磋、互相促进、共同提高，读书和写作的兴趣会越来越浓，水平也

会不断提高。

○ 在写读书笔记、记日记的基础上，鼓励孩子敢于写作、勤于写作。父母应告诉孩子勤写的重要性，让他知道，写作是一种高智力活动，是一个人思想意识、思维能力、知识水平、生活经验和表达能力的综合表现。在充满竞争的社会里，任何选拔性的考试，几乎都要考查竞争者的写作能力。因而，可以毫不夸张地说，写作能力的高低，常常直接或间接影响人的一生，有时甚至决定人的命运和前程。而写作能力的形成必然有一个漫长的历练过程，这个过程始终与阅读相伴。记住：读写不分家。因此，从小学起就应养成勤写的好习惯。

勇于参与竞争，大胆发表。孩子多读勤写，总会有写得好的或较好的文章，父母或老师要鼓励孩子勇于参与各种写作竞赛，包括班级的、学校的、县区的乃至省市及全国的。让孩子的习作在班级的壁报、校刊、广播等传媒上与大众交流，使他们享受成功的快乐。有确实好的文章应大胆地向有关刊物寄去，争取发表。不要怕失败，须知世界著名的科学幻想小说高产作家凡尔纳开始写作投稿时连续遭受了十五次退稿的厄运。可是后来终于成为写了一百多部小说的世界第一流的多产作家。

○ 指导孩子学会自己改文章。好文章都是改出来的。列夫·托尔斯泰写《复活》时，女主人公玛丝洛娃的外貌描写就修改了二十次，终于把一个饱经忧患受尽折磨的妇女的形象准确生动地写了出来。因此初学写作的人不必急于下笔成文，

一次成功。一篇习作写成后，要反复修改。有的文章不妨放一段时间再进行修改，几经修改，自会比原文好得多，写作水平也会得到提高。

文学名著的魅力

优秀的文学作品是人类文明的宝贵财富，是在几千年人类社会发展的历史长河中，世界各国人民创造的民族瑰宝。优秀的文学作品也是形象化的生活教科书，它源于生活，但又高于生活。一个国家、一个民族、一种社会的政治体制、经济状况、阶级关系、时代风云、社会风貌、风土人情、众生心态等等，一切的一切，它都予以了综合而全面的反映。

阅读优秀的文学作品，犹如置身于异彩纷呈的历史画廊，进入了奇情轶闻的异域他乡，那种超群出众的大智大勇、至死不渝的忠诚、那种热情似火的浪漫、披肝沥胆的友情，那些大起大落的历史事件，兴衰荣辱的政权演变，各个血肉丰满的风云人物，跌宕起伏、曲折离奇、扣人心弦的精彩情节，引人遐思、给人启迪、令人受益。读这样的书，确实是一种生命的体验，精神的愉悦、心灵的涤荡。

文学艺术的殿堂是壮丽辉煌的。先贤哲人们对人生、对社会、对历史、对生命、对爱情深刻而生动的演绎和诠释，对真善美，对假恶丑进行了深沉而执著的思索和总结，经历了岁月的积淀，在今天依然意味深长，馨香无比。

爱因斯坦说："个人的生命只有当他用来使一切有生命

的东西都生活得更高尚、更优美时才有意义。"而文学艺术的最大价值就在于它能够提高人们的精神境界,在这方面的作用它往往超过科学。因而,古今中外许多政治家、军事家和科学家都非常推崇和热爱文学艺术,都喜欢阅读优秀的文学作品。马克思读了大量欧洲文学作品,他称赞古希腊的《荷马史诗》是"高不可及的范本","显示出永久的魅力"。恩格斯说,他从法国小说家巴尔扎克《人间喜剧》中学到的东西"比从当时所有的历史学家、经济学家和统计学家那儿学到的全部东西还要多"。列宁非常喜欢文学,不仅读了大量文学名著,而且还和作家高尔基、诗人马雅可夫斯基结下深厚的友谊,他称赞列夫·托尔斯泰的小说是"俄罗斯封建社会的一面镜子";称赞马雅可夫斯基是苏联"最有才华的诗人";称赞车尔尼雪夫斯基是"真正伟大的作家"。人们熟知的毛泽东一生不但喜欢读唐诗宋词,自己也写了许多风华绝代的诗词,而且爱读小说。他读了《红楼梦》和《聊斋志异》,还写下了大量精辟的评论。我国的老元帅朱德、陈毅、叶剑英、刘伯承等不仅喜爱阅读古诗文,而且还写了大量诗词,早已是有口皆碑。中国著名的数学家苏步青、华罗庚、赵九章,物理学家钱学森、钱三强等都有深厚的古诗文功底。世界著名的物理学家、相对论的创始人爱因斯坦从小就喜欢阅读莎士比亚、歌德、海涅、萧伯纳和陀思妥耶夫斯基的作品,甚至说:"陀思妥耶夫斯基给予我的东西比任何科学家给予我的都要多,比高斯(德国数学家、物理学家和天文学家)还要多!"

文学名著中一首首脍炙人口、意味隽永的诗歌等着你去诵读；一篇篇情文并茂，文采飞扬的散文等着你去品味；一幕幕令人捧腹、荡气回肠的戏剧等着你去观赏；一部部卷帙浩繁、撼人心魄的小说等着你去阅读。小说中那栩栩如生的人物，那波澜壮阔的段段历史，那惊心动魄的桩桩事件等着你去认识、去理解、去发掘其中深刻而美丽的内涵，去领略其中隽永而含蓄的无穷魅力。

　　文学名著虽然不会直接教你如何去解微分方程，但是它能拓展你的文化背景，丰富你的想象力，提高你的审美感和精神境界，从而有助于你成为政治家，军事家，科学家和艺术家等。

美,就是性格和表现。

——罗丹

赞美他人

美到底在哪里?罗丹做了回答:美是到处都有的,对于我们的眼睛,不是缺少美,而是缺少发现。如果再继续询问下去世间什么东西最美,罗丹又做了回答:人最美,因为美就是性格和表现。只要我们对他人少一份苛求和挑剔,用欣赏的眼光去看待人,我们会发现每一个人身上都具有一些优美之处。

训练目的 通过训练,使儿童学会用欣赏的眼光去看待他人,养成赞美他人的良好习惯,保持积极乐观的健康心态,在快乐中健康成长。

训练方法

只要心中有爱。

现代教育学告诉我们，爱就是教育。爱包括尊重、理解、宽容、信任、关心、付出……爱构建生命群体，爱也使我们的教育生机勃勃。

辩证唯物主义的认识论告诉我们，事物都是一分为二的，人也一样，有优点，也有缺点。在现实生活中，我们在严于律己的同时，应该宽以待人。用宽容的态度对待别人，而不用挑剔的眼光去看待他人，会使我们的生活环境（主要是人际关系）更和谐，与周围的人相处更融洽。这样才有利于我们的身心健康，精神愉快。

既然每一个人都有自己的优点，我们就应该用欣赏的眼光去看待他人，学习他人的优点。事实上，每一个人都有得

到别人认可和赞扬的心理需求，包括我们自己，所以我们不应该吝惜对别人的赞扬，只要实事求是而不是违心地阿谀逢迎。

不爱别人的人是因为他不爱自己，挑剔别人的人是因为他对自己也不包容。

父母要为孩子做

好榜样，时时赞扬别人。

（1）父母之间不要老是横挑鼻子竖挑眼儿，互相指责，更不能当着孩子的面吵吵嚷嚷，须知"家庭集体的完整和团结一致，是良好教育的一个基本条件"。

（2）不要当着孩子的面背地里指责他人，包括自己的同事、邻里，别人家的孩子，学校的老师。

（3）不要苛求自己的孩子，硬要把他与某个孩子相比，整天唠叨，没完没了地指责他的错误和缺点，包括过去的错误和已经改了的缺点。

（4）尤其不要当着客人的面或孩子的小伙伴、老师的面训斥孩子，数落他的某些过失，须知这会严重损伤孩子的自尊心。应谨记：大人、小人都是爱面子的。

（5）要用欣赏的眼光，尽力地发现孩子身上的闪光点，并及时地适度地给以肯定和赞扬。千万记住：好孩子是夸出来的。"黄金条子出好人"的教育时代早已不复存在了，那些只习惯于挑毛病，特别是惯于挑孩子毛病和不足的家长，是培养不出自信的孩子来的。

（6）家长在孩子面前要多赞扬他人，让孩子也学会赞美他人，我们一定要明白，只有学会了用欣赏的眼光看待周围的人和事，才能保持积极向上的乐观的生活态度。只有学会了赞赏别人，自己也才能得到别人的赞赏，经常保持愉悦的心情，在快乐中健康成长。

快来参与寻找优点、赞美他人的大行动。

赞美爷爷、奶奶热爱劳动，不怕困难，生活艰苦朴素，

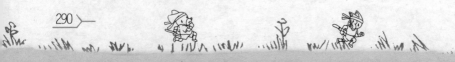

勤俭节约，不浪费，关心集体（包括家庭）、关心他人（包括关心儿孙）。经常给孩子讲长辈艰难的创业史。

赞扬爸爸爱岗敬业，忠于职守，工作不怕困难，责任心强，身体结实，性格刚强等；赞扬妈妈吃苦耐劳，任劳任怨，孝敬老人，关心孩子，爱清洁、讲卫生，对人热情，体贴丈夫等。（一定要实事求是，因人而异。）

赞美邻居叔叔、阿姨对人热情大方，关心别人，家庭和睦，勤俭持家，勤劳致富……（应根据具体情况而定。）

赞扬别人家的孩子懂礼貌，会讲话，爱清洁、身体棒，活泼大方，爱学习，尊敬老师……（注意不要因此而批评自己的孩子这不是，那也不是）。赞扬别人孩子的同时，不忘赞扬自己的孩子。

赞美学校的老师修养好（包括学识和品德），工作认真负责，关心学生，管理学生教育学生有方，工作不怕苦，不怕麻烦，所从事的教育事业意义重大等等。（具体情况具体分析处理）这项工作做好了，会收到意想不到的好效果。

原来他们都是那么可爱。

大街上坚持晨练的老爷爷、老奶奶起得早，爱锻炼，身体好。老有所乐、老有所为，人到暮年，壮志不已，积极乐观，越活越年轻等等。

街上的警察叔叔、阿姨，他们忠于职守，爱岗敬业，警风严谨，关心群众，乐于助人，是他为我们的生活带来了安宁。

街道上的环卫工人，他们不怕脏、不怕苦，不怕困难，

是他们用自己辛勤的汗水，为我们创造了一个干干净净的优美环境。他们的工作平凡，但意义很重大。

建筑工地上的工人叔叔，他们勤劳、勇敢，不怕艰难困苦，是他们用勤劳的双手为我们建造了高楼大厦，建筑了宽阔的公路和桥梁。

农民伯伯，是他们风里来，雨里去，不辞艰辛和劳苦，为我们生产出了充足的粮食和棉花，不仅使我们有穿有吃温饱有保证，而且支援了国家建设。

赞美解放军叔叔，他们爱祖国，爱人民，守边防，保和平，苦了他自己，幸福全国人。

赞美工程师、科学家、发明家，是他们用自己的聪明和智慧研制出了这许多高科技的产品，为我们的生活、工作和学习带来了方便，同时也为国家的经济发展作出了巨大的贡献。

赞美各种文艺工作者、文学艺术家，是他们辛勤的汗滴浇开了文艺百花，是他们用自己的天才和智慧为我们创造出许多可贵的精神财富，为我们的精神文明建设和人类优秀文化的传承作出了卓越的贡献。

赞美体育工作者和运动健儿，他们用科学的训练方法，刻苦训练，练就了一身硬功夫，好本领，为自己、为父母、更为祖国赢得了荣誉。

赞美社会上从事服务工作的人，赞美他们的工作平凡而伟大，赞美他们礼貌待人，服务热情周到，为我们大家的生活带来了方便。

赞美残疾人身残志坚，在逆境中奋斗成长的可贵精神。

人应当尊重他自己，并应自视配得上最高尚的东西。

——黑格尔

完善自我

世界上找不出一片相同的树叶，世界上也找不出完全相同的两个人。那么，谁是世间最美丽的人呢？答案是自己最美。但是，这并不能成为一个人孤芳自赏的理由，更不能只是一个空洞的对自己的承诺。我们还得用行动来完善自身。

训练目的　通过训练，使儿童逐渐懂得改正不良习惯的重要性和必要性，自觉积极改掉以往的不良习惯，逐步实现完善自我的目的。

训练方法

要想帮助孩子进步，必须先沟通和了解。

沟通从心开始：父母再忙也得抽点时间和孩子说说话，或者听孩子说说话。

作为父母，你了解孩子这些方面吗？

他最希望自己做个什么样的人？

他对自己的现状满意吗？

他现在快乐吗？

他不快乐的原因是什么？

哪些事情他自认为做得比较好？

哪些事情他自认为很失败？

哪些方面需要改进？哪些毛病必须克服？

针对下面这些孩子们经常出现的不良习惯，找找你的孩子的问题：

他有没有不讲卫生、不爱清洁的习惯？

他有没有挑嘴、偏食的习惯？

他有没有不按时睡觉、不按时起床的习惯？

他有没有站立、行走、打坐、睡卧的不良姿势，做到站如松，行如风，坐如钟，卧如弓（侧睡），以保持良好的体态？

他有没有争吃东西，只顾自己，不顾别人的自私自利的习惯？

他有没有任性耍赖，不尊重别人，不听劝告、固执己见的习惯？

他有没有不讲礼貌，不讲文明、说粗话、野话、脏话的

习惯？

他有没有不按时上学、不按时完成作业，做事拖拉、不守时的习惯？

他有没有偷懒、不爱做事、事事喜欢支使别人甚至依赖别人的习惯？

他有没有东西乱丢乱放，衣物和学习用品随用随甩的习惯？

他有没有做事盲目，无目的、无计划的习惯？

他有没有做事有头无尾、有始无终或者虎头蛇尾、时冷时热的习惯？

他有没有观察事物走马观花，不仔细、不深入，做事马马虎虎，不认真、不细致、粗心大意、敷衍交差、不负责任的习惯？

他有没有怕吃苦、怕困难、贪便宜、怕麻烦的习惯？

他有没有浅尝辄止，满足一知半解、做事不专注、三心二意或安于现状、不求进取的习惯？

他有没有说谎话、不诚实、不讲信用的习惯？

他有没有不爱惜劳动成果、铺张浪费、花钱大手大脚的习惯？

如果你对上面问题的回答有一半的答案是"有"，那么你确实得赶紧行动了，否则一切将悔之晚矣！

完善自我的一般步骤。

○ 给孩子讲"三只钟"的故事，让他不要被目标离现在的距离困住。

每秒摆一下

一只新组装好的小钟放在两只旧钟中间。两只旧钟"滴答滴答"一分一秒地走着。其中一只旧钟对小钟说："来吧，你也该工作了。可是我有点担心，你走完三千二百万次后，恐怕就吃不消了。"

"天啊！三千二百万次。"小钟吃惊不已，"要我做这么大的事，办不到，办不到。"

另一只旧钟说："别听他胡说八道。不用害怕，你只要每秒钟滴答摆一下就行了。"

"天下哪有这么简单的事。"小钟将信将疑，"如果是这样，我就试试吧。"

小钟很轻松地每秒钟"滴答"摆一下，不知不觉中，一年过去了，它摆了三千二百万次。

每个人都渴望梦想成真。而成功似乎远在天边遥不可及，倦怠和不自信让我们怀疑自己的能力，放弃努力。其实，我们有时不必想那么多、那么远，只要想着今天我要做什么，明天我该做什么，然后去努力就行了。

○ 完善自我的步骤：

(1) 先确定目标，用笔写下来；

(2) 将目标分解成许多小步子；

(3) 从孩子最容易做到的最近的一步开始；

（4）坚持下去；这一步是最关键的，最考验大人和孩子。

（5）允许有退步，但是之后必须比退步前走得更远。

正视缺点才能完善自我。

○　常言道：金无足赤，人无完人。古人说：人非圣贤，孰能无过。其实，即便是圣贤，也不可能无过。古语说：过而能改，善莫大焉。人都是在不断地改正错误，克服缺点的过程中逐渐完善自我的。伟人之所以成为伟人，圣人之所以成为圣人，并不是因为他们没有缺点，没有犯过错误，而是由于他们敢于正视自己的缺点错误，并且勇于大胆承认并努力地及时改正，不断完善自己的缘故。

事实上古今中外，许多为国、为民、为人类作出过杰出贡献的伟人们都是在克服缺点、改正错误的过程中逐步成长、不断完善自我的。晋代的周处少年时代横行乡里，当地人把他与南山虎、长桥蛟并称三害，后来他改过自新，杀虎斩蛟，拜师学艺，官至御史中丞，在御敌战斗中为国捐躯，成为有名的英雄。三国时足智多谋的大军事家诸葛亮进军祁山，误用马谡，痛失街亭，前功尽弃，他主动认错，自己贬官三级，受人敬仰。共和国开国元老林伯渠有次批评陕西户县的群众工作做得不好，后来发现自己批评错了，主动到户县去郑重地作自我检讨。共和国元帅陈毅同志一次听到批评发了火，事后感到错了，主动上门道歉，并作诗道："一喜得帮助，周围是友情。难得是诤友，当面敢批评。有时难忍耐，猝然发雷霆。继思不大妥，道歉亲上门。"并在行动上为我们做出了改正错误的榜样。革命导师恩格斯曾闹笑话，认为鸭嘴兽

既然为哺乳动物就不会生蛋。这件事使他深以为教训,直到
50年后还不忘现身说法,提醒他的朋友别犯类似错误。西班
牙医学家、诺贝尔医学奖获得者拉孟伊卡哈小时候曾沾了许
多恶习,多门功课不及格,被学校开除而气死了父亲。后来
他认识错误,痛改恶习,勤奋学习,以优异成绩考入大学医
科,25岁担任了大学首席医学教授。1960年荣获诺贝尔医学
奖。所以德国伟大思想家、诗人歌德说:"最大的幸福在于
我们的缺点得到改正,错误得到补救。"

○ 人的思想、行为和习惯是可以改变的,青少年时期
的可塑性比较大(幼儿时期可塑性最大)。在世界范围内,
"优等生"不能成才者屡见不鲜,浪子回头成才有为者大有
人在。初露头角、智力超常的青少年应继续努力,不可重蹈
王安石笔下方仲永的覆辙。一时迷路、误入歧途者也不要自
暴自弃,厌世绝望。鲜花迟开、明星后启,同样能为人类作
出重大贡献,为人们所欢迎、喜爱、甚至爱戴和敬佩。

其实许多儿童本来天资不错,只是有些小毛病、小缺点
或者不良习惯,只要改了,将来就是一个了不起的人才。有
位伟大的雕塑家在完成了一座非常完美的雕像以后,有人问
他:"请问你是怎样雕出如此完美的雕像的?"他说:"其实,
这座雕像本来就在那里,我只是把它多余的边边角角去掉了
而已。"是的,在人生中,我们每一个人都是一座雕像,只
要去掉那些不该有的边边角角、不良习惯,就能获得完美的
自我。那位出色的雕塑家不是别人,就是我们自己。

当然幼小的孩子不懂得这些道理,也缺乏必要的自控力,

这就需要老师和父母帮助他们去掉那些小毛病，改掉那些不良习惯，使他们日臻完美。对大一点的孩子，要帮助他们提高自觉意识，逐步实现自我完善。

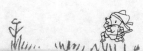

> 外貌美只能取悦一时，内心美方能经久不衰。
>
> ——歌德

分清美丑

爱美之心，人皆有之。青少年学生是最爱美的，但他们常常不理解美的内涵。

训练目的 通过训练，使儿童从小树立起正确的健康的审美观，在日常生活和学习中，养成善于辨别美丑的好习惯，自觉地学习和欣赏各种美好的事物，自觉地抵制各种不良事物对自己的影响和侵蚀，并且能在实际行动中，坚决摒弃各种不良的习气。

训练方法

注重仪态美，给人良好的第一印象。

追求美总是一件好事情：人的一切，面貌、衣裳、心灵和思想都应该是美好的。

教育孩子懂得什么是真正的仪态美。仪态美是属于外形美，给人的第一印象往往很深刻，因而应该加以重视。

容貌端庄、干净整洁就美。一个人五官端正，比例匀称固然美好，一般来说，这是先天形成，不能尽如人意，但是干净整洁这是谁都可以做到的。如果一个小孩成天蓬头垢面，头发又长又乱，满脸污垢，指甲长长、两手肮脏，一双脚又黑又臭，这肯定是不美的。

身体健康、健全、结实就美。一个人如果歪脖子扭膀子、弯腰屈膝、面黄肌瘦，形同骷髅，终日精神萎靡，一副病态，这样的人肯定不美。人类的审美观是随社会的发展进步而变化的。中国古人那种病态美应该摒弃。在今天看来，西施、楚女、林黛玉是入不了选美之列的。据说西施有胸痛的病（大概是胃病吧），故常蹙眉捧心。楚王好细腰，楚女多节食束腰，往往骨瘦如柴。林黛玉常年服药，弱不禁风。大约是元、明、清三代都以小脚为美，故摧残妇女缠脚致畸形。这种以病残为美的观念十分落后，早已被人们抛弃在历史的垃圾堆里去了。今天，千万不能拾起那陈腐的东西，而以牺牲健康为代价搞什么节食减肥束腰之类的玩意儿了。

肤色正常、红光满面就美。肤色白皙是美，肤色黝黑也是美。常言说，"黑是黑，带饱色"，铁面无私，何尝不美。

如果为了片面追求肤色"好看",而经常浓妆艳抹,对小孩子只有百害而无一利。因为许多化妆品中都含有或多或少对人体不利的化学物质,据说有的化妆品中含有激素。有位年轻的妈妈经常浓妆艳抹,又常常亲吻孩子,结果造成孩子性早熟而后悔不已。美容化妆本来是中国妇女的传统美德,古代妇女"四德"便有一德是"容德",古人说:"女为悦己者容"。"容"就是收拾打扮,画点淡妆,增加几许美感,增添一些自信,这是好事。但不分时间、不分场合一概浓妆,甚至厚抹,连生病看医生也不例外,恐怕就不当了。给人以假象,非但不令人生爱,反而令人生厌。

精神饱满、举止热情大方就美。一个人成天精神萎靡不振、颓唐不安,遇事待人冷漠,对凡事都不感兴趣,终日郁郁寡欢,看什么似乎都不顺眼,老气横秋,别人与他(或她)交谈,都爱理不理的。这种人无论如何都不会使人产生美的感觉。

佛要金装,人靠衣装。

教孩子正确认识衣着美。衣着美,也属于人的外在美,在给人的第一印象中也很重要,不可不注意。

衣着大方、朴素就美。人们穿衣服的作用是御寒、蔽体和装饰美化生活。所谓大方,就是符合大众的审美观,看着顺眼、自然,与周围环境协调和谐。所谓朴素就是不过分追求华丽,尽量保持自然和本色。生活朴素是中华民族的传统美德,常言说得好:"好看不过素打扮。"刻意追求华丽,甚至奇装异服,反而给人不自然的感觉,反而不美。

穿着舒适、得体就美。舒适不用解释，所谓得体，就是衣着符合着衣者的身材、年龄、性别、职业、身份等特点。比如：身材魁梧高大而肥胖的人穿一身又短又小的衣裤在大街上走，肯定是既不舒适又不得体；一个年轻的瘦小伙儿穿一套又长又大的深蓝色中山服上运动场肯定也不得体；一位年轻的女教师穿着一身"薄、露、透"的衣裙走上讲台也不得体；女护士穿一身火红的服装走进病房上班也不得体；一位国有大企业的老总与外商洽谈一笔大生意穿着很休闲也不得体。

　　色泽配搭得当就美。一般说来过于肥胖者不宜穿浅色的衣服，反之，过于干瘦的人也不宜穿太深色的服装。黑色和白色衣裤与任何颜色的衣裤搭配都可以。

　　洗得干净，穿得整洁就美。衣服无论新旧，也无论是否名牌都要干净、整洁才有美感。如果穿一身脏兮兮、皱巴巴的衣服，或扣子拉错，或衣领内卷，怎么看怎么都不美。其实普通人的服装不一定要价格昂贵的名牌，面料不必一定要那么高级华贵，普通面料、色泽搭配好，大小样式合身，穿着舒适得体，干净、整洁就是好的美的。旧一点洗干净，破了一点补平整，穿着还有朴素之美。比如小孩的裤子膝盖处磨破了，用一块花色合适的布剪成某种小动物的图案缝在那里，不仅补了洞，而且增添了许多美感。

　　让我们把话说得别人愿意听。

　　教孩子懂得语言美。语言不仅能反映出一个人的身份、教养、思想、性格，而且能够反映出一个人的心灵美丑。人

都能说话，但不一定都能把话说得很好、很美。

文明礼貌的语言是美的。有些人爱说脏话、粗野的话，这是没有修养的表现。有些人说话不讲礼貌，这是不文明的表现。比如：有个小青年骑着自行车进城，眼看傍晚了，不知还有多远路程，心里很急，忽然看见路边田里有一锄禾的老农，便向老农一挥手，高喊："喂！老头儿，到城里还有多远？"老农抬起头说："还有1500多丈！"小伙子听了觉得奇怪，又问："你们这儿怎么讲丈呢？"老农问："那你说讲什么？"小伙子说："我说讲里呗！"老农说："讲礼，你该怎么称呼我？"小伙子顿悟，脸红了，立即下车来说："对不起，老爷爷，我刚才失礼了，请原谅！请问到城里还有多少里路？"老爷爷笑了，说："这就对了，到城里还有10里路。"小伙子赶紧向老人致谢："谢谢您，老爷爷，再见！"父母应经常提醒孩子做到礼貌用语不离口。

诚恳、谦虚的语言是美的。有些人说话流里流气、吊儿郎当、油腔滑调、阴阳怪气，或者狂妄自大，大吹大擂，这是道德品质不好的表现。有些人虚情假意、阿谀逢迎、溜须拍马，这是心怀叵测、居心不良的表现。

准确严密、能正确表达思想感情的语言是美的。有些人并不是思想品质不好，而是缺少必要的语言训练，所以有时说话不能正确表达自己的思想感情，让人听了很难受。比如：一位先生早晨去自行车棚推车，准备上班，发现车带扁了，向看车棚的大妈借打气筒。大妈说："怎么你也没得气了，刚才是你爱人没得气，昨天下午是你爸没得气，怎么你们一家

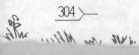

都没得气呢？才怪哩！"你想，这位大妈的话听了能让人舒服吗？再比如：一个小孩在爷爷过生日这天，给爷爷亲手做了一张贺卡，上面画了一只钟表，写有祝福的话，可是他把自己心爱的礼品送到爷爷手上时说："爷爷，今天是你的生日，我给你送钟，你看好不好？"听了小孙子这句话，爷爷啼笑皆非，心里好受吗？

人只有一种方式让自己美丽，但可以通过十万种方式使自己变得可爱。

教孩子辨别行为的美丑。人的行为是受思想支配的，一个人的行为往往能反映人的心灵美丑，不可不重视。

遵守国家法律法规、遵章守纪的行为是美的。有的人目无国家法纪，违法犯罪，给国家和人民也给自己和家人造成损失甚至带来灾难，其行为是非常丑恶的。有的人不守纪律，给集体利益（包括荣誉）造成不良影响或损失，其行为也是不美的。

符合社会公德的行为是美的。有的人随地吐痰、随处大小便，乱丢纸屑、乱扔果皮、乱倒垃圾、不讲公共卫生，是不美的；有的人在公共场所大声喧哗，在电影场、在阅览室、在会场等地高谈阔论、嬉笑或争吵是不美的；有的人在公共汽车上不为老人或孕妇和残疾人让座，有的人在旅游风景区、文物古迹上乱写乱画，在公园里随手攀摘花、果，在公路上或其他公共区域随意翻越栏杆……凡此种种，不一而足，都是有违社会公德的行为，是不美的。

爱国爱家的行为是美的。一个人如果连自己的家庭、家

园、家乡都不热爱,很难相信他能热爱自己的祖国。有些人不仅不要自己的人格尊严,而且失国格,丧国德,这是很丑恶的。

有利于环境保护的行为是美的。有的人践踏花草、破坏绿化或乱砍滥伐,破坏植被、破坏水土保持;有的人任意捕猎野生动物、捉青蛙,掏鸟窝,捕长虫(即蛇)等破坏生态平衡;有的人乱倒脏水和垃圾,乱排污水,乱放黑烟和有毒气体,严重污染环境;有的人制造城镇"牛皮癣",如乱画乱写,随意张贴小广告,散布封建迷信或反动淫秽宣传品;有的人在人们聚居处制造噪音,干扰人们正常生活……这些都是破坏环境保护的行为,是丑恶的。

有利于社会安定、人民团结的行为是美的。有的人喜欢听马路新闻、小道消息,有的人喜欢打听别人的隐私,且乐于做"义务宣传员",到处扩散,造谣生事,严重影响社会安定,也破坏了家庭、邻里、同事、朋友的和睦和团结,这是很不美的,甚至是很丑恶的。小朋友一定要学会团结友爱,打架斗殴是有损团结有害健康的行为,是不美的。

有利于自己和他人健康安全的行为是美的。有的人不爱惜自己的身体,不注重健康,经常做一些有害健康、影响安全的事,比如:玩放鞭炮、爬高树捉鸟、背着家长和老师私自下河下堰玩水,玩火药枪,玩火,这都是极危险的;有的人不分白天黑夜,甚至通宵达旦玩电脑游戏,有的人甚至登录色情、暴力网站,严重影响自己的身心健康,这些行为都是不美的。

尊重他人和他人劳动成果的行为是美的。有的人顽皮任性，不听劝告，乱发脾气，不尊重别人意见；有的人不尊重他人的人格，对父母、师长直呼其名甚至喝三吆四；有的孩子还特别爱耍"人来疯"，家里有客人的时候，格外任性，耍泼放野。这些都是不尊重人的行为，是很不美的。有的人任意倒饭倒菜，不管什么东西稍有不如意就扔了，或者甩坏，这些都是不爱惜劳动成果的行为，是很丑陋的。

要是人没有内心的美，我们常常会厌恶他那漂亮的外表。

教育孩子辨别心灵的美丑。人的仪态、衣着、语言和行为都是外在的，看得见的，易于辨别，而心灵都是内在的，似乎看不见，好像难于辨识。其实也不难，因为心灵的美丑总是要通过具体的言行表现出来的。因此我们辨识一个人的心灵美丑，只要听其言观其行就可以了。

办事认真、待人真诚是心灵美的表现。做事情认真细致、不马虎、不敷衍、脚踏实地、不弄虚作假、说话诚恳、讲信用、待人坦诚，这种人的心灵就是美好的，值得学习。虚伪则是心灵不美的表现。

心地善良，富于同情心也是心灵美的表现。在家、在校、在社会，能主动关心别人，帮助别人，尊敬老年人，爱护幼小的人，同情弱小和遭到不幸的人，在别人需要援救时，能自觉献爱心，为他人做力所能及的事，这种人是心灵美的人，是令人尊敬，值得学习的人。一切凶恶残暴的人心灵都是丑恶的。

大公无私、关心集体的人是心灵美的人。现代社会，人

们都是生活在集体之中的,无论是大集体还是小集体,都需要我们大家主动去关心她,自觉去爱护她(包括爱护她的荣誉)。因此,凡是奉公克己,为集体的生存和发展,为集体利益作出自己应有的贡献的人都是令人敬重,值得学习的。自私自利、爱贪占公家和他人便宜,则是心灵不美的表现。

富有自信心、自尊心,意志坚强的人是心灵美的人。这种人有远大的理想,有宏伟的抱负,对前途充满信心,乐观进取,不甘落后,不怕困难,有战胜困难的勇气和决心,有百折不挠的意志和毅力,即使遭受了失败和挫折,也不灰心气馁,能总结经验教训,继续前进,这种人心灵美好,值得赞扬,值得学习。

谦虚谨慎,戒骄戒躁的人心灵是美好的。这种人爱学习,求进取,不图虚名,做了好事不声张,取得了成绩和胜利不自我夸耀,不会满足已有的成绩,不会躺在荣誉簿上睡大觉,会更加努力,谨慎认真,争取更大的进步和胜利。这种人心灵美好,值得学习。

音乐奇才莫扎特

奥地利伟大的作曲家、维也纳古典乐派主要代表莫扎特是世界音乐史上少见的奇才。他五六岁时就能演奏各种乐器,八岁就开始创作内容和形式都比较复杂的交响曲,十二岁开始创作歌剧,十五岁时就被意大利波伦亚音乐学院授予作曲家的称号。他的这种超凡绝俗的音乐才能,在当时不仅使一般人惊诧，就是一些音乐专家、教授也赞叹不已。

在莫扎特短短的一生中，他一共创作了六百多部作品：歌剧二十部、交响乐四十部、室内乐七十六部、钢琴、小提琴、长笛等乐器协奏曲四十部、教堂音乐二十多部，还有数以百计的歌曲和合唱曲。

莫扎特的作品不仅数量惊人，而且其中大部分后来成为世界名曲，数百年来，一直为世界上很多国家作为典范性的作品学习、演奏和演唱。

郑板桥改诗

清代著名的画家、诗人郑板桥十岁时在扬州兴化镇读私塾。一天和老师到河边散步，走到桥上，发现桥下有一女尸在水中漂转。女尸上身着粉红色衣裳，下系嫩绿色裙子，黑色的头发散乱随波流动，看样子是个年轻女子。老师见是一姑娘年纪轻轻就遭此不幸，很是同情，便作诗一首：

二八女多娇，风吹落小桥。

三魂随浪转，七魄泛波涛。

郑板桥听了一想，马上说："老师，这诗不对。你怎么知道她是二八一十六岁的女子？你又没看见她落水，怎么知道她是被风吹倒掉入桥下水中的？况且这三魂和七魄你怎么能看得见呢？"老师点了点头，说他问得好，叫他改一改。于是郑板桥思考了一下改成了：

谁家女多娇，何故落小桥？

青丝随浪转，粉面泣波涛。

老师听了连称："改得好！改得好！用'谁家'代替'二八'用'何故'代替'风吹'，显得真实而含蓄，表现了初见女尸时必然疑虑的心理。'青丝'和'粉面'既实在又具体，且抓住了少女的主要特点。这说明你善于观察，又善于思考。这于写诗作文大有好处。"

这故事告诉我们：写诗作文决不能凭主观代替客观真实，只有认真观察事物善于独立思考，才能如实地反映生活的真实。

曹植七步成诗

三国时曹操死后，他的儿子曹丕继承魏王，接着废了汉献帝做了皇帝，君临天下。曹丕很怕弟弟曹彰和曹植同他争夺天下，因为曹植才学超群，不同凡响。一天他派人把两个弟弟招入京城，并将他们软禁。几天后，曹丕就借口请曹彰尝新枣，毒死了曹彰。不久后的一天曹丕宴请曹植。席间，他先恭维曹植文情诗才，接着又话锋一转说："先王在世时曾疑弟之诗文是请人代笔不知可有此事？"曹植觉得话中带刺，就说："陛下不信，不妨面试。"曹丕说："既如此，朕限你在七步之内为诗一首，倘若不成，则以欺君罪论处。"曹植知道这是故意设下的圈套。于是决定振作精神，运用自己的诗才，击破曹丕这种不容兄弟的阴谋，况且这种罪恶行径正可作为入诗的材料。他便缓步慢行酝酿诗句，刚好走了七步，一首诗便作成了。他念道：

　　　　煮豆燃豆萁，豆在釜中泣；

　　　　本是同根生，相煎何太急？

　　曹植在诗中巧妙地运用比喻手法，讽刺曹丕丧尽天良、不顾骨肉情谊的悖理行为。曹丕听了脸色绯红，羞恼交加，正想发作，不想母后赶来，只好改怒为笑说自己"别无他意，只想试试弟弟的诗才"。曹植凭借自己的诗才躲过了一场杀身之祸。

有此诗才，居之亦易

　　唐朝大诗人白居易早年家境贫寒，小时刻苦攻读，白天作辞赋，晚上练书法，以至"口舌成疮，手肘成胝"。

　　为了参加进士考试，他到长安。当时考试盛行一种风气，就是一定要有名人为考生举荐。但白居易孑然一身，在长安举目无亲。后来他听说诗人、著作郎（官名）顾况很爱奖掖后进，决定去恳请他帮助。

　　顾况听白居易说明来意，并看了他的诗卷，当看到：

　　　　离离原上草，一岁一枯荣。

　　　　野火烧不尽，春风吹又生。

　　顾况觉得语言通俗浅显，不仅写出了野草的青葱、芳香，展现了一片茫茫的青绿色的草原，而且写出了野草的顽强生命力，很富有哲理性。他认为这位青年是个出类拔萃的后起之秀，于是说："长安米贵，白居本不易。有此好诗才，走

遍天下，居之亦易啊！"

在顾况的大力帮助下，白居易考中进士，声名远扬。

贾岛苦吟"推敲"

唐代著名诗人贾岛少时家贫，出家当了和尚。一天，他去拜访隐居长安城外幽静僻远处的朋友李凝，到李家已是月挂中天，夜阑人静了。在小住几天后告辞还城，临别时写了首诗，开头四句是：

闲居少邻并，草径入荒园。

鸟宿池边树，僧推月下门。

前两句写李家的位置幽静冷落，后两句写自己夜访时的情景。贾岛对后两句很满意：月色如水，树影婆娑，倦鸟归巢，万籁俱寂。这时一个和尚绕过池塘，穿过小径，来到一户人家，推门欲入。诗的语言浅显，意境优美。在回家的路上他反复吟咏，仔细斟酌，总觉"推"字不甚确切，改为"敲"似乎更好。于是边走，边吟，边用手反复作"推"、"敲"两种姿势，他完全沉浸在诗思之中，不想这时长安京兆尹韩愈的仪仗队到来，被他撞了个正着。当他被带到韩愈面前时才知自己闯了大祸。韩问他"何故犯仪仗？"他赶紧如实禀告，恳请韩愈开恩恕罪。

韩愈听了，认为他的苦吟精神可嘉，还告诉他："敲"字佳。能寓静于动，敲门声在夜空回响，显衬出和谐、幽静的美的意境，且夜访友人，即使友人家门虚掩，亦应敲门而入，

方合常理。贾岛听后省悟，非常感谢。贾岛后来在韩愈的劝说下，蓄发还俗，还考中了进士。

王安石炼字

相传北宋政治家、诗人王安石的《泊船瓜洲》中的"春风又绿江南岸"一句经过了十多次的修改。原诗是：

京口瓜洲一水间，钟山只隔数重山。

春风又绿江南岸，明月何时照我还？

王安石写这首诗时，最初第三句第四字是"到"，后来又觉不好，改为"过"，以后又改为"入"，再改为"满"、"拂"、"回"、"吹"……都觉得不好，最后才改定为"绿"。

这个"绿"不但把春天江南的秀丽景色点染出来了，而且把令人陶醉的习习春风也画活了！这样的锦绣山水，怎不令人神往和怀念呢？同时，这个"绿"字还能唤起人们许多的联想。

纪晓岚作诗祝寿

清代大学者纪晓岚一次去为一位翰林学士的太夫人做寿。那位翰林见大名鼎鼎的纪晓岚来了，一定要请他作首祝寿诗。纪晓岚一口允诺，略一思索便挥毫写了："这个婆娘不是人"。众宾客大惊失色。他接着写出下句："九天神女下凡尘。"大家把紧绷的脸放松了，露出笑容。纪晓岚见大家正高兴，立

即又写了一句"生下儿子去做贼"。大家觉得刚骂了太夫人，怎么又骂到翰林头上了？都惊得目瞪口呆。纪晓岚解释道："不要误会，这个贼不是凡贼，到天宫偷蟠桃的，蟠桃三千年结一只，吃了可以长生不老。"说着他又写出了最后一句："偷得蟠桃寿母亲！"大家禁不住哈哈大笑起来。

　　这首诗充分地运用了作诗中的"逆挽"手法。

劳动离不开双手。手上有大量神经末梢直接通向大脑，从而促进脑神经元发育更加完善。劳动过程可以为孩子提供触觉、视觉、嗅觉、味觉等多种感觉刺激，训练运动器官。

第六篇　学会劳动

在我们的时代，物质福利源源不断地涌进童年、少年和青年早期的世界，以至出现了这样一种危险：儿童和青少年可能丧失关于这类福利是劳动创造的观念，甚至完全不知道它们是从哪儿得来的。

　　　　　　　　　　　　——苏霍姆林斯基

知识和财富的源泉是什么？是劳动。劳动创造了人类本身，所以，人类要发展自己，首先就要学会劳动。由于任何劳动都是脑力和体力的有机结合，所以进行劳动教育，实质上就是进行生存教育。著名教育家苏霍姆林斯基说："儿童的智慧在手指尖上。"千千万万的父母、老师都极力想成功地开发儿童的智力,虽然开发智力的方式很多,但我们认为,学会劳动是其中最廉价、最有现实意义的智力开发方式。特别是对城镇儿童,成长环境的特殊性更要求我们一定要教会孩子学会劳动并热爱劳动。

从小多做事,益德又益智。美国哈佛大学威特伦教授的试验充分说明让孩子及早参加劳动的重要性。他用40年时间追踪观察256名波士顿少年的表现,得出的结论是,从小爱劳动、能干事的学生成年后,与各种人保持良好关系的比不爱劳动的学生多2倍,收入多5倍,失业少16倍。健康状况也好得多,生活美满充实。其主要原因在于劳动能使孩子获得动手能力、创造能力和想象能力,感到自己为社会作了贡献,增强了自信心,从生物学角度来看,人的个体成长更离不开劳动。劳动离不开双手,手上有大量神经末梢直接通向大脑,从而促进脑神经元发育更加完善;劳动过程可以为孩子提供触觉、视觉、嗅觉、味觉等多种感觉刺激,训练运动器官,促进大脑对各系统和肢体的调控能力。加之,在劳动和制作过程中,始终伴随着思维和想象,必然促进智力的发展,所以自古以来都把"心灵"(古人以为"心之官则思"是一种误解,其实是"脑灵")与"手巧"连在一起,说明大脑和"双手"是紧密相依,互相促进的。

德国有一项要求儿童做家务的法规:6岁~10岁的儿童要帮助父母洗碗、扫地和买东西;10岁~14岁的儿童要参加整理草坪之类的劳动;14岁~16岁的孩子,每月要做家庭大扫除一次。中国人向来以勤劳勇敢著称于世,中国人的孩子

更有必要从小学习和认识劳动的各种形式，能分辨脑力劳动和体力劳动、简单劳动和复杂劳动、个体劳动和协作劳动、私人劳动和社会劳动、生产劳动和服务劳动等，学会在劳动中认识世界、理解知识、开发观察、思维、动手能力，提高劳动技巧，学会爱护和维修劳动工具的常识，有劳动安全保护的常识，树立劳动光荣，劳动平等的观念，进而做一个热爱劳动，尊重劳动者、珍惜劳动成果的好孩子。

> 良好的方法使我们更好地发挥运用天赋的能力，而拙劣的方法则可能阻碍才能的发挥。
>
> ——贝尔纳

学会劳动，注重操作程序

训练目的　通过训练，激发儿童浓厚的劳动兴趣，培养儿童有一定的日常劳动技能，熟悉完成某项劳动的几个必要程序，能熟练完成一些日常劳动并从中体味乐趣，为加深对日常劳动的认识和理解打下坚实的基础。

训练方法

父母和孩子都该知道:现代社会一部分人的价值观扭曲,以财富的多少、生活轻松作为人生的价值趋向,殊不知,节制和劳动才是真正有益人类的发展。

经常说一些谚语、格言、名言,久而久之,内心就会发生无形的变化。

劳动使人建立起对自己的理智力量的信心。

完善的新人应该是在劳动之中和为了劳动而培养起来的。

人生两件宝,双手和大脑。

动手和动脑是相互促进的。

灵感是由于顽强的劳动而获得的奖赏。

勤劳一日可得一夜安眠,勤劳一生可得幸福长眠。

学习和认识日常生活中摆在我们眼前的事物,就是大智慧。

没有什么面包比靠自己劳力所得的更香甜的了。

一个人最好的朋友,就是他的十个手指头。

即使一个圣者走过去,一个劳动着的人也不必站立起来。

节制和劳动是人类的两个真正的医生。

○ 燕妮问她的父亲马克思:"世界上什么最光荣?"马克思坚定地回答:"劳动最光荣!"

热爱劳动吧!没有一种力量能像劳动那样使人成为聪明人。

父母应充分认识到过分的关爱是变了味的爱,是溺爱,而不是真爱。重智(育)轻劳(育),"一肥遮百丑(只要学

习好，不管体、美、劳），在家中包办一切，只能使"小皇帝"或"小公主"弱不禁风，很难自立。因此，培养孩子热爱劳动要与培养独立精神紧密结合，按照循序渐进的原则，从儿童自己能做的小事抓起，做到常抓不懈。

劳动习惯的训练怎么早也不过分。

2岁时，尽量让孩子自己拿勺子或筷子吃饭（最好左右手轮流使用）。切不可由大人喂饭，更不可任由孩子四处走动，撵着孩子去喂饭。2岁半以后，要进一步让孩子自己护着或端着碗吃饭。不要怕他做不好，而是要给他反复试做的机会，有一点进步立即肯定和表扬。

3岁儿童，起床后尽量让他自己穿衣裤、鞋袜，整理床铺和衣物。睡觉前做到自己脱掉并把衣物放在固定的地方。还要学会解纽扣、扣纽扣，大人尽量多示范和讲清要领，不必帮忙，在旁边看着，只动嘴就行了。时间允许的话，不妨让孩子帮父母解、扣纽扣，可以增加练习的机会。

让孩子自己漱口、刷牙、洗手、洗脸。刚开始大人一定要多示范规范性的动作，不能马虎草率，讲清要领后才让孩子自己去做，大人在一旁用心观察，一旦发现他马虎从事应立即纠正，不能等下一次。这样做还可以培养孩子做事有条有理、认真专一、有始有终等优良品质。

3岁以后让孩子自己到厕所去大小便，学会冲厕所的方法。大人要言传身教，讲明注意事项。孩子刚独立大小便时要在旁边观注，发现问题及时教导正确的方法，切忌简单粗暴。

训练孩子做家务劳动的方法。

孩子3岁以后要尽量让他帮助父母做一些力所能及的家务劳动。在幼儿的心目中，做家务活是很好玩的事情，大人切勿怕"小孩做事添麻烦"或认为"越帮越忙"而加以拒绝。应该大胆让孩子去做，给他锻炼的机会。如饭后用抹布擦饭桌；装垃圾、倒垃圾；擦家具的灰尘；学会使用扫帚，帮大人粗略清扫地面，并有效的收集地面垃圾；扎一个小拖帕，让他学会拖地等。让孩子做家务时，不要用命令式，最好采用请求式，不要让他有任何强制性要求的感觉。比如可以这样对孩子说："今天妈妈上班太累了，请你去把牛奶和报纸拿过来好吗？"孩子一定会非常乐意去做。

训练儿童做家务劳动时，父母必须要有耐心。因为大人花5分钟就能完成的工作，孩子刚开始时可能要用20分钟或更多的时间，但从长远来看，你付出的耐心一定会有丰厚的回报。孩子的能力有限，不可能把事情做得尽善尽美，即使做错了也不要嘲笑或呵斥。每个孩子都希望自己的劳动得到大人的承认和肯定，因此，每当孩子完成某一项劳动后，应及时毫不吝啬地给予表扬。让孩子做家务还必须把握适龄、适量的原则。做到一不紧张，二不疲劳，三不厌烦，并引导他进行有益的探索与创造，那么孩子就会在浓厚的兴趣中激发智慧的火花。

将劳动与游戏相结合，增强劳动的趣味性。如教孩子学洗手时教唱儿歌，边洗边唱，"洗小手，洗小手，冲冲水，淋淋手"；"抹肥皂，搓搓手；搓手心，搓手背，再用毛巾擦擦

手。"孩子觉得有趣极了。在家中可开展理床铺比赛,看谁理得又快又好。幼儿园可开展洗手巾比赛,并请"小记者"用录像机录像,孩子更是高兴。还可以人为制造一些无效劳动去"折腾"孩子。如让孩子做小动物搬家的游戏,让孩子四肢着地,背上放一只兔子或熊猫等不易破损的玩具(也可以放几本厚书),让他爬着(不准掉下来)运到屋子的另一角落去,然后又运回来。这既是无效劳动,又是室内运动。父母不要心疼孩子而怕折腾孩子,因为孩子的精力是非常充沛的,根本就不怕折腾。有时孩子晚上久久不能安静入睡,究其原因正是旺盛的精力未得释放之故,若让其做"搬家"游戏之后,自然就会安然入睡了。

根据孩子的心理特点因材施教。幼儿自控能力差,易遗忘,但好奇心、上进心都很强,关键在于大人的引导。如让孩子收捡整理自己的玩具时,往往会专门去拆卸玩具,尤其是电动玩具。发现后,千万不要高声斥责,要知道即使拆坏了也算锻炼了他的动手能力。正确的做法是干脆让他拆了装,装了又拆,损坏后可教他简单的维修方法。

幼儿做简单劳动时,一定要教给他正确的方法。如让幼儿搬小椅子时,如果不告诉方法,他要么会一只手提,要么会把椅背放在下颌,要么会顶在头上,这些方法既不雅观,又具有危险性。正确的方法是使用两只小手,右手扶着椅背,左手握住椅身。大人先示范再让幼儿练习。

4岁以后的孩子,可以让他做一些程序性较强的劳动。如(1)理菜。先告诉他为什么要理,然后边操作边教他理菜的

程序。先观察，再去腐存鲜或去黄留青，或去老存嫩；（2）擦皮鞋。要让孩子明白，皮鞋擦得光亮不仅美观，而且可以保护皮革，经久耐穿。大人要边示范边讲操作程序：有鞋带的皮鞋，应先取下鞋带；用湿布擦去泥土，用干布擦去灰尘；上鞋油要注意颜色与皮鞋相同，挤少量在刷子上，一手拿刷子一手伸进鞋内，在鞋面上均匀涂擦（有皱褶处可多擦一些）；抛光，用丝绸或金丝绒布反复擦至光亮；工具放入箱内，系好鞋带；最后用肥皂将手洗干净。要注意事先准备小袖套和围裙，否则会弄脏衣裤。具体实施时，可让孩子先擦自己的小皮鞋，再帮大人擦，可给予适当的现金或物质奖励。

让孩子学习煮饭，这是一生都能用的能力。

孩子5岁以后应学会煮饭。用钢精锅煮米饭时，应先根据人数和煮稀饭还是干饭的计量来称米；淘尽；将锅洗尽后再据人数和稀饭或干饭加水（用量具量）；将米加入后加热，待烧开后要注意米汤外溢。用电饭煲煮时，要告诉孩子，前面的程序相同，当加水加米后再插上插头，接通电源并将开关按到煮饭一档即可。

让孩子学会煮面条。事先可给他讲一个真实的笑话。上个世纪50年代初，一个女大学生分到一个小县城工作。由于天天下乡回来较晚，赶不上食堂吃饭，于是买了一个煤气炉、一口小锅，以便自己煮面条吃。这个女大学生原本是富家千金小姐（解放前只有富人的女儿才上得起大学），从未做过家务劳动，根本不知道面条是如何煮的。第一次煮面她便发

挥想象,以为煮面和煮大米饭差不多,于是在锅里盛上水后便把面条放下去,然后点火加热,到水开后揭开锅盖一看,一锅糨糊。告诉孩子,煮面条的正确方法是,先将水烧开,再丢下面条(吃多少下多少),并用筷子不停地搅拌,待面条煮过心后即可捞出,加上油、盐、酱、醋、香葱等即可食用。

让孩子学会包饺子、抄手和汤圆。大人事先把馅准备好,然后让孩子把手洗干净后照着大人的方法去包。

劳动不会影响孩子的学习。

6岁以后孩子上小学了,有的父母认为劳动会影响学习成绩,于是又开始包揽一切。劳动真的会影响孩子的学习吗?回答是否定的。美国培养了众多的世界顶尖的科技人才,据国际儿童机构的权威统计,世界各国儿童干家务活的,恰恰以美国最多,时间也最长。因此,上学以后不仅要让孩子继续做家务劳动,还要做一些较复杂的劳动,让他充分体验劳动带来的乐趣。如:

(1)让孩子学会家种花草的养护、浇水、翻土、整枝等技能,让他专门负责某几盆花草的管理工作,培养强烈的责任心。

(2)用破洗脸盆盛营养土(或菜园里的肥土)让孩子栽葱子(或韭菜、大蒜、番茄、辣椒、小白菜等均可)。并要求孩子按下列表格进行观察、记载,写好观察日记。

辣椒　生长发育记载表　　　管理人_____

播种日期	出苗日期	开花期	结果期	采摘日期	管理措施	病虫害情况及防治方法

大蒜　生长发育记载表　　　管理人_____

日期	主要活动及管理	主要变化
9月10日	松土、施肥、播种、浇水	无变化

（3）充分利用废旧物品，让孩子自栽植物盆景。根据废物的颜色、形状、质感与植物搭配，物盆相互衬托，起到美化、装饰环境的作用。如将饮料瓶上部剪掉，然后剪成花瓣并压平，装上土可栽上花草。将可口可乐瓶横放，中间取下一块长方形，将瓶装饰成小船或鳄鱼状，瓶中放土，种上花草。把雪碧瓶剪成花篮，装土种上吊兰，挂在窗上。易拉罐色彩鲜艳，可种上大蒜、香葱、兰草、七星花等，像风铃一样高低各异地挂在窗口。利用孩子摔破的有小兔、小鸭等动物图案及红、黄、绿颜色各异的杯子，装上土栽上花草，制作成小盆景。利用外形漂亮、形态优美的玻璃杯（瓶）栽培水仙，可观察根的生长，更可以饲养小金鱼、小蝌蚪、小虾等小动物。此外，包装纸盒（皮鞋盒、饼干盒等）均可巧妙利用，制作成赏心悦目的小盆景。

6岁孩子应学会家用小电器的正确使用和养护方法。8岁以后学会炒几个家人和自己喜欢吃的时令家常菜如炒鸡蛋、番茄鸡蛋汤、醋熘白菜等。此外，每周进行的一次家庭大扫

除，要求孩子必须参加。

父母必须牢记，当孩子做错事、"犯错误"之后，切不可用劳动作为处罚手段，那样会使他对劳动产生误解。

为使孩子参加家务劳动经常化、制度化，不妨在家庭公示栏贴一张表格进行考核和监督。（可用○表示做得好；△表示偶尔做了；×表示未做。）

×××　劳动记载表　　__年__月__日~__日（一周一张）

	家务劳动				自我服务劳动			
	扫地	倒垃圾	抹灰尘	洗碗	理菜	洗自己的衣物	整理生活学习用品	打扫自己的房间	擦洗自行车
自己评价								
父母评价								

孩子不仅仅在经验中学习，从错误中学得更多。

读一读这个船王与儿子的故事。

船王与儿子

一位船长有着一流的驾驶技术，他曾驾着一艘简陋的帆船在台风肆虐的大海中漂泊了半个月，最终死里逃生。后来，他有了一艘机动轮船，他又多次驾驶着它行程几千里到过海洋的纵深。渔民们都称他为"船王"。

船王有一个儿子，是他唯一的继承人。船王对儿子的期

望很高，希望儿子能掌握驾驶技术，开好他置下的这条船。船王的儿子对驾驶技术学得也很用心，到了成年，他驾驶机动轮船的技术已十分丰富。船王便放心让他一个人驾驶出海。

他的儿子死于一次台风，一次对渔民来说十分微不足道的台风。

船王十分伤心：我真不明白，我的驾驶技术这么好，我的儿子怎么就这么差劲？我从他懂事起就教他如何驾船，从最基本的教起，告诉他如何对付海中的暗流，如何识别台风前兆，又如何采取应急措施。凡是我多年积累下来的经验，我都毫不保留地传授给他了。可是，他却在一个很浅的海域里丧了生。

渔民们纷纷安慰他。可是，有位老人却问："你一直手把手地教他吗？"

"是的，为了让他掌握技术，我教得很仔细。"

"他一直跟着你吗？"

"是的，我儿子从来没有离开过我。"

老人说："这样说来，你也有过错啊。"船王不解，老人说："你的过错已经很明显了。你只传授他技术，却不能传授他教训。对于知识来说，没有教训作为根基，知识只能是纸上谈兵。"

为了提高孩子的劳动技能，孩子需要受挫训练。有一些劳动可以不先讲程序，让孩子自己去做，让其失败受挫后再自行总结出最好的方式方法。如给新书包封皮，可先用旧报

纸让孩子自己去包，待找到好方法后再用牛皮纸包。准备长足、短途旅行都需要必要的物品时，某种必需品由于孩子疏忽大意而遗忘，即使父母看见了，最好不要告诉他，让他在后来的实践中发现并受到强烈刺激之后，使之终身难忘。例如暑假举行远足郊游，中午野炊，必须带上火柴或打火机，可是孩子却忘记了。这时父母可以自己悄悄带一个打火机（或一个凸透镜），到该生火煮饭而孩子急得团团转时，父母再出面解围。若是阴天，就用变戏法的方法变出打火机来；若是大好晴天，父（母）就说："现在我们只好请太阳公公帮忙了！"拿出凸透镜对着太阳聚焦，对准一把干燥的野草、树叶照射，一会儿就由星星之火燃成了熊熊的火焰。孩子会在愉快的欢笑声中永生不忘。

假舆马者，非利
足也，而至千里；假
舟楫者，非能水也，
而绝江河。君子生非
异也，善假于物也。
——荀子

会用劳动工具，注意劳动安全

工具是科学技术的具体体现，是人类多年积累的知识经验的凝结，但是世间没有一件工具是绝对安全的。火可以烤熟东西、带来温暖，也可以带来火灾；电可以代替人做功，也可以让人触电身亡。因此，安全是劳动过程中一个不可小视的问题。

训练目的 通过训练，使孩子在认识家庭常用的各种劳动工具的基础上，掌握其正确的使用方法，避免事故的发生，养成注重安全的好习惯。

训练方法

不同年龄学会使用不同的工具。

3岁以后，多让孩子熟悉厨房常用的用具。如钢精锅、铁炒锅、高压锅、菜刀、砧板（菜板）、瓢、盆、碗盘、筷子、小勺等（农村还有火钳）。详细介绍它们的用途和使用方法。

让孩子知道家用主要炉灶具，如城镇多为煤气灶、电炉、蜂窝煤炉，农村有柴灶、沼气灶等。要让孩子知道其操作方法及注意事项。

让孩子知道家用主要电器如洗衣机、电风扇、电视机、DVD、VCD、微波炉、冰箱、抽油烟机、电饭煲等的用途及操作方法。

让孩子掌握几种家庭必备的搞小修理的常用工具的使用

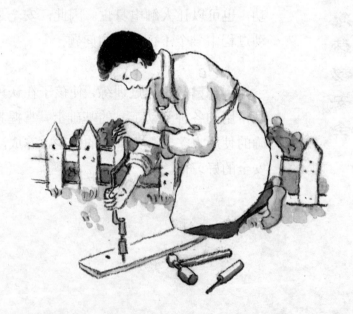

方法。如钉锤、电工钳、小刀、手锯、剪子、小铲（盆栽花草、蔬菜松土、翻盆用）。

从7岁起可训练孩子的刀工。刀工又称刀法，是根据菜品属性和烹调需要，结合原料的构造特点，进行形体分解的一种物理方法。刀法是厨师的基本功之一。虽然不必把每个孩子都培养成厨师，但要让孩子学会煮饭，就必须掌握用刀的技能。首先会因料选刀，如切割片、条、丝、丁、块、粒等，可用切刀即片刀；宰鸡、鸭、鹅、兔等用砍刀。其次要根据原料的组织结构考虑下刀的角度，要用料制宜。如切瘦肉时要仔细观察肌肉纤维的走向，无论切肉丝还是肉片都不能顺着纤维切，而要横切（刀的刃口与纤维垂直），否则炒出来的肉不易嚼烂。再次，用刀恰当均匀，轻重适度，快慢灵活，不论是急速加压，巧用猛劲，还是摩擦平推，均匀跳刀，都应使原料成型整齐、均匀、规范，做到好烹、好吃、好嚼、好看。

训练时可先用白萝卜作原材料让孩子先切块，熟练后再切片、切丝。先行示范，特别交代左手握萝卜，右手执刀的注意事项，严防切着孩子的小手。待萝卜切得很好后再练习切肉。

在劳动中学习劳动工具的使用。

在孩子炒家常菜时，必须告诫孩子要掌握好火的大小和油的温度。应防止油在锅内燃烧（若造成这种情况不必惊慌失措，立即用锅盖盖上，并切断火源。应防止沸腾的油飞溅伤害孩子的眼睛）。

要经常告诉孩子，在厨房劳动时还应特别注意的安全事项：（1）保证厨房空气流通。使用蜂窝煤灶的家庭尤应特别注意，严防煤气中毒。炒菜时应打开抽油烟机。（2）使用天然气的家庭，应经常检查管道、开关是否漏气。（3）每餐结束之后，作厨房清洁卫生工作时不要忘记切断三源（电源、水源、气源），即必须检查是否切断了电源，是否关紧了水龙头，是否关闭了煤气开关。（4）防火。农村的柴灶更应注意，不要在灶前堆放过多的柴草，不要烧长柴草。（5）厨房设备出现故障时切勿勉强使用，应立即请专业技术人员维修。（6）冬季理菜、洗菜时，应戴上橡皮手套或用热水，防止冻伤孩子的小手。（7）教孩子用高压锅煮饭时，一定要经常检查垫圈和易熔片。饭煮好后内部的气未放完时，不能打开盖

子。（8）让孩子端稀饭菜汤时，最好用托盘，以防烫伤；让孩子给来客倒开水泡茶时，也要注意防止烫伤。

让孩子做清洁家用电器时，切记切断电源。外部清洗不要用水冲洗，先用湿抹布擦洗，后用干抹布擦干。移动家电或进

行小修理时都应首先切断电源。

告诉孩子，雷阵雨天气不要使用家用电器，应将电视机、空调、冰箱等的电源插头拔下，以免雷电沿电源线侵入电器内部，损伤绝缘，击毁电器，使人触电。

经常检查电器插板、开关、闸刀、灯具、携带式电器等的绝缘外壳是否有破损，一旦发现立即更换。否则会因失去防护作用而发生触电事故。

教孩子做其他家务劳动时，还应特别注意的安全事项：(1)教孩子用水果刀削苹果、梨子时，要注意握刀和果子转动方向，以免伤到小手。万一发生刀伤可用家庭药箱预备的创可贴包扎。(2)教孩子使用电工钳时，千万不要钳到小手。(3)教孩子用小锤修理家具时，不要敲到手上。(4)让孩子拖瓷砖地板时，要防滑倒摔伤。应穿防滑的胶鞋。(5)搞家庭卫生让孩子擦窗户时应特别注意防摔伤。

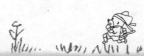

> 我每天上百次地提醒自己:我的精神生活和物质生活都依靠别人的劳动,我必须尽力以同样的分量来报偿我所领受了的和至今还在领受着的东西。
>
> ——爱因斯坦

珍惜劳动成果

对于现在的孩子来说,他们的生活条件已经比他们父母一辈好得多了,但是他们并没有获得相应的幸福感。原因在于幸福是相对而言的,没有艰苦的感受作为背景,便不会有什么幸福的感觉。

训练目的 通过介绍常用物品的生产过程和现场参观以及正反两方面的训练,让孩子明白劳动成果都是来之不易的,都是艰苦劳动才得到的。我们享用时理应有感恩之心。从而激发孩子热爱劳动的情感,养成珍惜劳动成果的好习惯。

训练方法

父母意识不到的，孩子也不会意识到；父母做不到的，孩子也做不到。

当前孩子的特点你都了解吗？当代独生子女，在幸福里诞生，在蜜罐里成长，一直过着养尊处优的生活。得到过多的关爱、保护和享受，从而产生了过多的依赖。在他们看来，生活中的一切都能轻而易举得到，米面可以到储粮柜里去取，没有了自然有人送来，蔬菜水果打开冰箱就拿，衣裤、鞋、玩具到商店里去买……他们根本不懂得什么叫劳动，更不知人世间还有"艰辛"二字，至于什么是"苦"，什么是"难"更无体验。他们没有"劳动是一种美德"的最朴素的理解。这一问题应当引起年轻父母们的高度重视，千万不要让节俭这个中华民族的优良传统和美德，在我们下一代的手中丧失！

为此，从孩子刚刚知晓世事开始，父母就有责任进行灌输，告诉孩子：（1）我们吃的粮食、穿的衣服、住的房子、用的物品以及由此发展起来的科学、文化、艺术等，都是工人、农民、知识分子和其他劳动者经过辛勤的体力和脑力劳动创造出来的。一分劳动，一分收获。我们应该倍加珍惜，不能浪费，应该养成勤俭节约的好习惯。（2）必须平等对待一切劳动成果，因为不管什么成果都凝聚着劳动者的心血。切勿因劳动成果的大小改变对劳动成果的态度。如认为一粒米太少而加以浪费，一个布娃娃太小而加以糟蹋。（3）不要因劳动者不同而改变对待劳动成果的态度。如认为自家窗台上的花草是父母和自己精心培育的而倍加珍爱，公园和街心

花园的花木是工人种植的就可以随心所欲地采摘。(4) 不要因劳动成果的时间、地点的变换而改变对待劳动成果的态度。如走在大街上是口痰装袋,果皮入箱,而走在行人稀少的小街陌巷就唾沫横飞,垃圾遍地。

父母应率先示范,以身作则。家庭教育是"人之初"教育。要让孩子珍惜劳动成果,父母首先应该做到:(1) 对家中的一切私人物品倍加爱惜。(2) 在公共场所带头遵守社会公德,爱惜公共设施。(3) 不浪费粮食、水、电、气,做到随手关灯、拧紧水龙头。(4) 爱护书籍,不乱写、乱画、乱扔、乱放。(5) 父母更要珍惜自己的劳动成果。绝不能辛苦挣钱,胡乱花钱。告诉孩子,不需要、不必要的东西买得太多,最后会变成垃圾。

珍惜孩子的劳动成果。比如妥善收藏孩子每学期的成绩通知书、奖状、幼儿园得的小红花乃至涂鸦式的绘画和作业等。告诉孩子,这是他劳动的结晶,父母珍惜它们,所以才保存起来。这样做既使孩子有一种成就感,又使他体味到劳动成果的可贵,将来他会做得更好。

"劣性刺激"对现在的孩子不可少:

孩子往往会把整齐、干净的客厅或卧室弄得乱七八糟,纸屑遍地,此时父母不要责备他,而是让他自己通过辛勤劳动,重建"美好家园"。从而让孩子懂得,保持和遵守良好的生活秩序是珍惜劳动成果的一个重要方式,如果不加以珍惜就一定会付出代价。

当孩子把正面教育视为耳边风的时候,不妨试一试适当

的"劣性刺激"：

（1）适当的饥饿教育。当代孩子，由于父母的宠爱，成天被喂得太饱。其实，顿顿吃得过饱对孩子有百害而无一利。最大的害处就是孩子不知道许多东西来之不易，感受不到生活的艰辛，更主要的是饱食终日，无所用心。此恶习一旦养成后患无穷。请到小学、中学、大学食堂去看一看吧！哪里没有整块的馒头、包子？哪只潲水桶里没有肉片和时鲜蔬菜？

当孩子不好好吃饭时，当孩子乱扔饭菜或将饭菜打翻在地时，干脆直接扣减一顿饭菜，而且在下一顿吃饭之前不得中途加餐和发给任何零食。让他直接感受到不珍惜饭菜就会带来饥饿。现在的孩子什么都不缺，缺的恰恰是饥饿感。一个人只有在失去某种东西的时候，才能感觉到那种东西的弥足珍贵。孩子有了饥饿感，就会增加对外部世界的感受性。同时也会大大刺激孩子的食欲。事实证明，只有饥饿才是比"娃哈哈"和"健胃消食片"好百倍的让孩子好好吃饭的灵丹妙药。当然，饥饿教育必须掌握好分寸。饥饿教育不是要把孩子饿得皮包骨头只剩筋，也不是饿到营养不良。适当的饥饿教育要以不影响孩子身体发育为前提，在保证身体生长发育所需营养的情况下，让孩子吃得七分饱而不是营养过度。古谕："养儿常带七分饥寒"是很有道理的。饥饿教育应灵活掌握，除了刻意扣减一顿饭而外，还可以让孩子加大运动量、远足旅行时推迟中午饭时间等。

（2）适当的寒冷教育。秋末冬初之时，父母不必过分操心，不要天天督促孩子加衣服，应该让他自己觉得冷时主动

穿上毛衣。到高寒山区旅游时,让孩子自己准备用品,当父母眼睁睁看到他带的衣服太少时,不必提醒他,只有当孩子感到刺骨的寒冷时,印象才会深刻到永生不忘。从而让他知道,原来衣服档次的高低和新旧并不重要,只要整洁保暖就好。

(3)对平时用水大手大脚浪费严重的孩子,可进行适当的饥渴教育。利用暑期组织一次远足旅行,有意不带足饮水,而选择的地方又是偏僻的农村,不到目的地既无喝的,又无吃的。让孩子充分体验又累、又渴、又饿且酷热难熬的长途跋涉的辛劳,从而认识到水的宝贵,今后就会自觉节约用水。

(4)学习用具需什么,买什么,需多少,买多少,家中不要留有库存。当孩子不爱惜书本、铅笔、钢笔,故意造成损坏时,要推迟重新购买的时间。让他深切体会到损毁带来不方便之后,才会对劳动成果倍加珍惜。

在汗水中孩子才知一切产品来之不易。

带上孩子参观劳动现场或亲身实践,让他知道劳动成果来之不易。

(1)春天来了,布谷鸟叫了。利用郊游带孩子去看农民伯伯播种培育秧苗(温室育秧、小苗移栽);暮春时节,去看插秧;夏天,去看田间管理(薅秧、防病治虫、施肥、晒田等);秋天,去看农民们挥汗如雨收割谷子,去看打谷机里吐出金黄色的谷粒。再到打米厂去看看工人叔叔如何把金子般的谷粒变成白玉一样的米粒。每天,再仔细观看妈妈怎样淘米、加水、加热,米粒变成了白生生、香喷喷的米饭。秋

天，还可以让孩子去看农民伯伯怎样耕地、施肥、播种小麦；春天，去看麦苗的田间管理；初夏，去看农民们不惧骄阳割麦、打麦；还可以让孩子到地里去帮忙拾散落的麦穗；到面粉厂去参观工人叔叔如何经过十多道工序把一颗颗麦粒磨成又白又细的面粉；到食品厂去参观如何将面粉制成馒头、面包和饼干。当孩子亲身经历了大米饭、馒头、面包来历的全过程之后，吃饭才会津津有味，才会对"锄禾日当午，汗滴禾下土，谁知盘中餐，粒粒皆辛苦。"有更深切的体会，也会为随便倒饭、馒头剥皮，吃不完扔掉而感到汗颜可惜。

（2）带孩子参观缝纫厂，去看制衣的全过程，让他明白，原来我们穿的衣服并非拿上钱"到商场里去买回来就穿"那么简单。从而知道爱惜自己的衣物。

（3）带孩子参观建筑工地，去看工人叔叔修高楼大厦；去看装饰装修房屋。让他知道，我们的住房更是来之不易，从而懂得在雪白的墙上胡乱涂写太不应该了。

（4）带孩子参观印刷厂，让他知道原来一本书要经过那么复杂的工序才能印制成功，从而爱惜自己的书本。

自己劳动获得劳动果实。农村孩子可在房屋周围自己开辟一个小小种植园,亲手种植蔬菜瓜果。还可以让他养几只小鸡或家鸽、小兔。城镇孩子可充分利用阳台、窗台搞盆栽蔬菜花卉,也可养几只小金鱼或小蝌蚪。当孩子懂得种植植物需要浇水、施肥、除草,否则它们就会干枯;养殖小动物需要天天喂水、喂食,否则它们就会死亡。他就会像一个开始对生命负责的人一样,变得有警惕性,变得更加尊重生命。

当孩子经过长时间耐心地给孵蛋的母鸡天天送水、送食之后,看到一只又一只小鸡啄壳而出之时;当孩子发现喂养的小金鱼一天天长大,在鱼缸里上上下下自由游泳之时;当孩子亲手播种的小白菜、葱、蒜长得青翠欲滴并被妈妈烹调成芳香扑鼻的菜肴之时,他就会深深地感到,谁为大自然付出了劳动,付出了汗水、心血,谁就会得到沉甸甸的丰硕果实。劳动产品会给孩子带来欢乐和强烈的成就感,使他亲自感受劳动的辛苦和劳动成果的来之不易。同时,丰收的喜悦又会促使他更加热爱劳动。古今中外的儿童教育专家一致认为,没有什么活动比农业劳动(种植与养殖)更让人们感到生命的价值和力量了。

　　城市的孩子为了不至于四体不勤、五谷不分，可以利用寒暑假去农村亲朋家中参加适当的劳作，哪怕是去小住一个星期也会有不小的收获。既可以让孩子体会一下农村的生活，又不会闹"麦苗当韭菜"、"花生是结在树枝上的果果"等大笑话。城镇孩子还可以利用双休日去打一份小工如卖报纸或冰棍，尝试一下打工的滋味，体验一下通过劳动获得报酬带来的喜悦。

> 一样的生命、一样的汗水，应当一样地无条件地被尊重，这是普遍地对人自身的敬重。
>
> ——编者

不轻视劳动人民

据一些调查表明：现在中国的父母没有人希望自己的孩子将来当农民，很少人允许自己的孩子将来当工人，即使他们自己大多是工人和农民。为什么为一个社会的正常运转提供必要物质财富的人群没有受到应该有的尊重呢？

训练目的 通过讲解道理、参观现场、调查访问等多种形式，让孩子认识成人劳动的艰辛和价值，认识到体力劳动和脑力劳动的区别和联系，从而培养对劳动人民的深切感情，养成尊重劳动者，不轻视劳动人民的习惯。

训练方法

所有人的内心都必须有一个信念：尊重别人就是尊重自己。

○ 让孩子知道社会的存在需要各种各样的人：

让孩子去接触大自然中的花草、树木、青山、绿水、日月、星辰，以及社会中的农、工、商、三教九流。自由地对宇宙发问，与万物为友，并且向中外古今三百六十行学习。

劳动不分高低贵贱，只有社会分工不同。

○ 父母应更新观念，让孩子不轻视劳动人民，父母自己应做到在言行上不轻视一切劳动者。当今社会很多人瞧不起体力劳动者，认为只有那些没本领的人才去干体力劳动。几乎个个学生的志向都是将来成为大老板、大学者、大科学家，做"人上人"。要认真告诉孩子，人人都去干脑力劳动是永远不可能的。劳动无贵贱，分工不相同。社会的发展进步确实需要搞教育、管理、科研和卫生等方面的脑力劳动者，但这些始终是少数，社会更需要大批的体力劳动者去把脑力劳动者的成果加以实践，去把蓝图变成现实，从而才能创造出社会需求的众多的物质财富。至于一个人究竟将来能干什么，主要取决于自己的主观努力和机遇。即使当了"白领"，也没有任何理由去轻视干重体力劳动的人。

○ 父母不管是干什么的，都要自己瞧得起自己，以自己的职业为荣。有的父母是农民，于是鼓励孩子"尽量读书，考上大学，跳出农门"；有的是工人，对孩子说"尽量读书，考上大学，将来好当白领"；有的教师、职员也对孩子说：

"尽量读书，考上好大学，不要当待遇低工作苦的老师和职员，当科学家才有前途。"由于父母看不起自己的职业，寄希望于孩子将来能改变命运，当"人上人"，并为此包揽一切，变态地为孩子付出。这样做的结果，不仅让孩子轻视普通劳动者，而且无意之间也把孩子逼上了一条十分狭窄的人生之路，许多教育悲剧都发生在父母认定孩子将来只有"考上大学"一条路可走的不合理信念上。许多孩子由于被频繁地强化和耳濡目染，便原封不动地接受了父母关于自己将来成长的偏见。孩子一旦学习成绩下滑，或者没有考上名牌大

学，不堪家庭和心理上的重负，就自认为一切都完了，意志薄弱者就会上演自暴自弃以自杀来结束年轻生命的悲剧。所以，作为父母，为了孩子的健康成长，在当前教育普遍偏离正确方向的情况下，要勇敢地抛弃职业偏见。告诉孩子，不管将来做什么，是当工人或农民，是打扫街道或掏下水道，是小商小贩或是修理皮鞋，抑或是到别人家去当保姆伺候别人，都要以自己付出劳动，谋取生存为荣。流自己的汗，吃自己的饭，自己的事情自己干，没有什么可耻或丢人现眼的。只要父母自己能抬起头，挺起胸做人，孩子自然会知道，重要的不在于你在干什么，而在于干得怎么样，怎么干才会干得更好。如此，即可消除孩子内心的自卑心理和对将来的偏执观念，从而为他个人的成长铺上一条宽广的充满着多种选择的人生大道。

需要采用一些特殊办法来认识一些人和物的价值。

许多人和许多劳动的价值不容易被认识到，是因为太常见了，如同阳光和空气一样。在一个商品化的社会里，所有的商品都给标上了价格，人们根据价格来评判东西的贵贱，殊不知，有许多东西无法标价，因而无法根据价格来判断其真正的价值。

学习并朗诵诗歌：《献给尊敬的农民伯伯》

　　太阳还没有从东方露出笑脸

　　林中的小鸟还在梦酣

　　农民伯伯却早已起床

　　成群结队来到田间

努力劳动,汗流满面
全身水滞,浑身泥土
可他们的歌声依然嘹亮
歌颂生活的幸福和美满

骄阳似火,大雨滂沱
雪花纷飞,霜刀风剑
辛勤的农民伯伯
一点也没有偷懒

啊!他们是多么辛苦而又快乐
他们是多么快乐而又勇敢
只要到了收获的季节
大地会偿还他们的血汗

让孩子认识劳动人民的精神美和心灵美。有的人看见挑粪水的农民,会拿出手巾捂着鼻子绕道而走;看见满身泥浆和灰尘的建筑工人会避而远之,总害怕他们会把臭味和肮脏传染给自己。大粪确实臭了我们的鼻子,尘土泥浆也确实脏了我们的衣服,但,告诉孩子,我们应该想一想,劳动人民也是人,他们以闻着臭味和变得肮脏为代价,用自己的辛勤劳动为我们提供大米、面粉和蔬菜水果;为我们建造出美观、宽敞、舒适的住房。是的,他们虽然没有衣冠楚楚的外表,更不可能走过之后留下扑鼻的幽香。但是,人的美并不仅限于外貌、衣着和发式（外在美），更主要的还在于他的本身和他的心灵（内在美）。劳动人民辛勤劳作体现出来的美，会让那些矫揉造作的美貌显得单调空乏，会让昙花一现的阑珊光彩如水中之月、镜中之花。他们的实在和凝重会令人既汗颜又肃然起敬。做父母的，如果希望自己的孩子将来做个精神富有的高尚的人，就要从孩子小时候开始，把孩子们质朴的喜欢鲜艳色彩、新奇形状的审美意识，有目的地引导到对精神美、心灵美的欣赏上来。

先让孩子用积木搭建楼房，然后带他去现场参观工人怎样将摇摇欲坠的旧房拆掉，又怎样在一片废墟上用砖块砌成令人耳目一新的高楼大厦。孩子自然就会明白"万丈高楼平地起"的哲理，同时还会对人所拥有的改变自然、改变自身的神奇力量感到惊异，从而会对劳动的人和改造自然的力量油然而生敬意。他不仅再也不会轻视建筑工人，说不定还可能暗自下定决心，将来长大了当一个高明的建筑师或建筑工人。

让孩子学会换位思考。带孩子去民工搞城建的工地参观。告诉他，千万不要轻视和看不起这些民工，是他们在干着最脏、最苦、最累的重活，是他们用血汗换来了城市的靓丽。他们是真正的弱势群体。我们应该同情他们，尊重他们，向他们致敬。读小学高年级的孩子，父母应鼓励他以"小记者"的身份去对民工进行深入的采访，去了解他们的日常生活、工作，去探寻他们内心的苦恼与欢乐，让孩子从中受到深刻的教育。还可以"假如我是民工"为题，要求孩子写一篇作

文，学会换位思考，从而摒弃对民工的偏见。

带孩子上街看到清洁工们在扫大街和擦洗护栏的时候，告诉孩子是他们的辛勤劳动才换来街道的整洁，我们没有任何理由轻视他们，也应该向他们致敬。

请了保姆的家庭应经常教育孩子，保姆的操劳换来了饭热菜香，窗明几净，换来了父母放心搞好工作。他们绝非"下人"，在人格上和我们是完全平等的。我们要尊重保姆的劳动，还要帮助保姆干一些家务活。

让我们和孩子一起带着感激之心生活。

为什么我们普遍缺少幸福感？我们正处在一个历史上物质从来没有如此丰富的，不缺吃穿的时代，然而很多青少年却普遍没有幸福感。他们这也看不惯，那也不如意，牢骚满腹，怨气冲天，总觉得生活欠他们的太多。原因何在？原因在于"身在福中不知福。"

给孩子讲一个传说故事：

有个大寺庙的住持（当家和尚）给寺院立下一个特别的规矩，每到年底，寺院的和尚都要对住持说两个字。头年年

底，住持问新和尚：心里最想说什么？新和尚说："床硬。"第二年年底，住持又问，新和尚说："食次。"第三年年底，住持还没有发问，新和尚就说："告辞。"住持望着新和尚的背影自言自语地说："心中有魔，难成正果，可惜！可惜！"

其实，当今的孩子，内心也有一个魔，这个魔就是只考虑自己要什么，从不考虑别人给过自己什么，更不想对别人回报什么，因而许多人陷入了苦恼之中。为了消除这个魔，应该使孩子感受到生活的幸福和它们的来之不易。

我们必须具有感恩的情怀，这是滋润生命的营养素。要让孩子知道，世界上所有的人和物都是相互依赖、相互联系、相互制约才能存在。我们脆弱的生命之所以能够茁壮成长，需要感激的东西实在太多了。大自然的慷慨赠予，父母的精心哺育，师长的无私教诲，他人的热情服务等等。遗憾的是，人生来并不天生具备这种感恩情怀，这粒将会带给孩子终身幸福的种子，需要父母去播种和培育。其实这也不难，当孩子刚学会说话时，就应教会他对一切提供服务的人说一声"谢谢"；当孩子刚刚明白事理时，就应让他明白别人为他提供服务和物品的无比珍贵并让他心存感激。当一个人对他人的感激成了一种习惯的思维定式时，他就会由衷地感恩食之香甜，感恩衣之温暖，感恩花草虫鱼，感恩苦难逆境，感恩所有那些为了我们付出艰辛的劳动人民。因为没有广大劳动人民的辛勤劳动，我们就没有饭吃，没有衣穿，没有房住，更没有幸福生活。劳动是光荣的，不劳而获，剥削别人的劳动是一种可耻的行为。

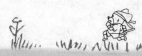

学习并背诵诗歌：《假如》

假如

在这地球的东方
一艘巨轮已经出港
开足马力，飞速前进
驶向既定目标—小康

我们生活在这只巨轮上
沐浴着党的雨露阳光
吸吮着大地母亲的乳汁
在祖国的怀抱里茁壮成长

让我们抬起头来看一看
神州面貌一天一个模样
让我们低下头来想一想
是谁创造了这么美好的时光

假如没有农民伯伯的辛勤劳作
哪有繁荣的农贸市场
没有大粪的无比奇臭
哪有五谷的诱人芳香

假如没有农民伯伯的精心养殖
鸡鸭鱼肉哪会出现在餐桌上

假如没有植树人的培育
荒山秃岭哪会披上绿色时装

假如没有工人叔叔阿姨的付出
商场里哪会呈现出满目琳琅
衣服哪里会五光十色
皮鞋哪里会美观锃亮

假如没有民工叔叔昼夜忙碌
高楼怎会拔地而起，青云直上
下水道怎会畅通无阻
街道怎会如此宽敞

假如没有清洁工人的百倍努力
城市会垃圾遍地，丑陋肮脏
假如没有电力工人的日夜操劳
万家灯火就斗不过天上星光

假如没有辛勤园丁的呕心沥血
我们怎能好好学习，天天向上
假如没有白衣天使的无私奉献
非典病毒就会肆虐、猖狂

假如没有解放军叔叔守卫边疆

和平鸽就不会在蓝天翱翔
假如没有警察叔叔在烈日下站岗
城市的车流就会阻塞，不会通畅

平凡的人干出了不平凡的业绩
平凡的人创造出不平凡的辉煌
让我们永远对平凡的人心存感激
感谢他们给我们带来阳光

踊跃参加集体劳动

在今天的科学中，只有集体的努力才会有真正的成就。如果你一个人工作，即使你有非凡的能力，你也不能在科学上有巨大的发现，而你的同事将始终是你的思想的扩音器和放大器，正如你自己——集体中的一员——也是别人的思想的扩音器和放大器一样。

——化学家泽林斯基

人是社会的动物，只有在人群中，人才能感受到自己的力量。所以，每个人从小就应该学习如何与他人合作。社会愈是现代化，人与人之间的合作共事就越来越必要。

训练目的 通过训练，培养儿童乐于参加集体劳动的习惯，并能在集体劳动中分工合作，各展所长，体味集体与个人的关系，不断享受为集体作出贡献后的成就感。

训练方法

用格言、谚语、名言让孩子知道团结起来力量大。

每一只鸟儿都知道向群里飞。

即使是在天堂上，孤独无友也是不好的。

灵巧的双手离不开彼此团结的十个指头。

没有集体就没有勇气。

只有两只手相互洗才能洗得干净。

微风聚在一起，就有台风的力量。

一大群蚊子如果一齐冲锋，大象、老虎也会被征服。

脱离集体便是末路的开始。

独臂难举石，人多可移山。

当一个人受到公众信任时，他就应当把自己看做公众的财产。

为了了解大自然的智慧，必须联合大家的知识。

如果家家户户都能打扫自家门前，那么整条街道就很干净了。

首先在家里参加家庭集体劳动。

全家人一齐动手，分工合作做家务劳动，既可锻炼孩子热爱集体劳动，又可增强家庭成员之间的情感，共享天伦之乐。如：（1）清洗衣被和床上用品。一是按先大人后小人的顺序清理该洗的衣物；二是按机洗、手洗，脱色、不脱色等分类处理；三是学会用洗衣机洗衣被的一泡（掌握加洗衣粉的数量）、二洗、三清、四甩干、五晾晒、六收藏的几个程序，并能在大人不在家时妥善处理好其中的任何一个环节。

（2）定期进行分工合作清洗自行车（或汽车）的劳动。（3）每周双休日搞一次改善家人生活（或招待客人）的聚餐会，从采购到理菜、炒菜和摆席等各环节都必须让孩子参与。可规定每人炒1～2个菜。

　　每个月或五一、国庆、元旦、春节等重大节日之前，举行一次全家总动员彻底清扫的大扫除活动。由于这是一个除"四害"、清扫居家大环境立体空间的大动作，所以，从上到下，从里到外需要人人动手，齐心协力，精诚合作才能完成。有条件的家庭可以先请保洁公司来清扫一次，让孩子作为旁观者和参与者（帮忙打杂）认真学习观察，父母在一旁讲清要领，并让他理解记忆好清洁顺序和要点（尤其是卫生死角更要仔细看看是如何清扫的）。上小学中年级的孩子，要求以此为题材写日记。以后再做类似清洁时，可让孩子领头，进行合理分工，打一个总动员的卫生立体仗，共享整洁和协作配合完成工作后的乐趣。

　　在充分累积家庭大扫除的足够经验的基础上，父母应利用双休日带孩子到爷爷、奶奶（或外公、外婆）家中进行实践演练。整个过程仍由孩子全权指挥。孩子参与的兴致会特

别的高,这样做既锻炼了参与协作劳动的能力,又可培养孩子的组织才干。

社会是个大家庭,需要大家齐携手。

教育孩子,要积极参加学校规定的公益劳动。一是班级教室每日的清扫和周末大扫除;二是学校范围内的日常劳动,如美化校园、分配到班的公共区域的清扫;三是劳动课规定的应完成的劳动任务,如保养、修理桌椅、讲台和门窗等服务性劳动,校办农场、工厂的劳动等。在参与这些劳动的过程中,父母切忌让孩子拿钱去请同学代劳,更不要亲自去学校代替孩子完成劳动任务。

鼓励孩子自觉投身于为人民服务、为国家、集体的精神文明和物质文明建设而进行的义务劳动与社会公益劳动。如每年植树节(3月12日)的全民植树造林活动;自愿者组织的环保日活动;居住地的绿化及街道、社区组织的劳动;街头巷尾的义务宣传活动等。

联系一户烈军属、贫困老人,定期上门为他们做一些力所能及的服务性劳动。如帮忙购买油、盐、米、面,取报纸、拿牛奶、打扫卫生等。

当班级每年组织春秋郊游、野餐等大型课外活动时,父母除了全力支持而外,更要教育孩子,不忘主动参加搭灶、拾柴、烧火、洗菜、做饭、炒菜、洗碗等协作劳动。

伢子学艺

鲁班有个儿子叫伢子。伢子从小聪明伶俐，父母十分喜爱。儿子一天天长大，父母十分关心他长大了干什么的问题。伢子15岁时，鲁班问他："你已经不小了，想做什么营生？"伢子说："我想去种地。"父亲说："种地好啊！不种地就没有饭吃。"于是鲁班送他到农家去学种地。

一年过去了，伢子回来了，对父亲说："种地太累，我干不了。"鲁班问他："你想干什么？""我想去织布。"父亲说："织布好啊！没有布就没有衣服穿。"于是鲁班便把他送到一个织匠那里去学织布。

又过了一年，儿子回来了，对父亲说："织布忙死了，我干不了。"鲁班问儿子："那你想干什么呢？"儿子很干脆："我想当木匠。"父亲说："当木匠也好，没有木匠就没有房子住！"于是鲁班又把儿子交给他的大徒弟张班，让他专门教儿子练上三年斧子。

谁知刚刚干了一年，儿子又回来了，对父亲说："木匠活我也不想干了。"

"为什么呢？"

"师傅要求太严，心太狠，活也太苦了。"

"怎么个严法、狠法、苦法？"

儿子说："师傅专拣带节巴的木头让我砍，要我砍得平如镜面，光得发亮，上边要圆下边要方。师傅一天到晚不让

我闲着,让我晚砍带灯,早砍见星,刮风下雨不停工,还让我斧子把磨出凹,斧刃磨平牙,手上老茧要开花!你看多严、多狠、多苦啊!"

父亲听完后说:"好吧!从今天起,你就别吃饭了,因为你不爱种田;你也别穿衣了,因为你不愿意去织布;你赶快搬出屋去吧!因为你不爱当木匠!"儿子呆住了,站在那里一声不吭。最后只好提着斧子又到张班那里去学木匠手艺了。

从清洁工到部长的秀华布

秀华布出生在一个乡村,少年时代几乎与任何的优良条件毫无缘分。贫穷的家庭,只能供养他读到中学二年级,在他本来该继续读书的年龄,他已经坐在父亲的马车上当了一名车夫,然后又到一家饮食店里当伙计。从外表上看,秀华布同任何一位店小二并无区别,然而在他的心中却始终隐藏着一个愿望,一种期盼。工作之余,秀华布总是呆望着饮食店对面高耸入云的大烟囱,那正是举世闻名的钢铁大王卡内基的工厂。

秀华布日思夜想能进入工厂当工人,但他并没有把这份愿望显露在脸上,更没有因此耽误在食堂当伙计的事。饮食店里的活又苦又累,但他从不抱怨,而是尽心尽力地干活,认真接待每一位从对面厂里出来吃东西的顾客。渐渐地,他对这家工厂的人员构成情况已有几分熟悉了。功夫不负有心

人。一天，钢铁厂的厂长走来了，正当这位老板买好东西转身欲走的时候，他的身后响起一个发颤的声音——是秀华布，一个毫不引人注目的小伙计在叫他，小伙计红着脸向他表示了自己想进工厂的愿望。

老板苦笑了一下，本想拒绝，但又被秀华布诚心诚意的样子给打动了，于是随口说："你能够做打扫清洁的工作吗？""行！"秀华布立即作了肯定的回答。就这样，从第二天起，秀华布便成了卡内基钢铁厂的清洁工了，日薪仅2美元。然而6年之后，他却成为这个厂的厂长，奥妙究竟何在呢？

原来，秀华布虽然在谁也瞧不起的清洁工位置上，虽然他也不愿意一辈子当清洁工人，但他却把眼前的清扫工作做得十分出色，就像在饮食店里当小伙计一样。这正是他的高明之处——利用仔仔细细打扫清洁之便，他的眼睛不放过这里的每一处地方，每一种人和每一件事。几年下来，从生产到作业现场，到经营服务窗口；从后勤物资供应到各种生活福利与人事关系，都被他研究了。这个小小的清洁工，已经成为最熟悉最了解工厂的权威人物了。此后，他便以勤勉、踏实、愉快、热心的态度，为工厂出谋献策了。一计既出，句句切中要害，厂长大为惊异，称赞他是"能通晓到工厂中每一根钉子的专家"，立即将他推荐给工厂的大老板卡内基。原来的厂长不久调到了公司总部，而接替厂长职位的竟然就是谁都猜想不到的清洁工秀华布。

由于担任厂长后工作出色，一年之后，24岁的秀华布又被提拔为公司技术部部长。他没有金钱和时间进大学、得学

位，不曾受过任何专门的教育，却成了技术性最强的部门首脑，他那双执过马鞭、端茶递水、清扫过工厂的手，却开始熟练地操纵着成千上万的员工了。

为什么要杀猪过年

从前，有一个老头养了一只羊、一只鹅、一只猫、一只鸭、一只鸡、一只兔、一条狗、一匹马、一头牛和一口猪。新年快到了，家里来了许多客人，他准备杀掉其中一只来款待客人。于是就手拿一把尖刀来到羊圈，说："羊啊！羊啊！我要杀你来过年。"羊说道："主人啊！羊毛年年剪得多，为啥不杀鹅？"

老人听了觉得有道理，于是来到河边对鹅说："鹅呀鹅，我要杀你好过年。"鹅说道："主人家，鹅蛋好吃营养高，为啥不杀猫？"

老人觉得很有道理，于是来到墙角对猫说："猫呀猫，我要杀你来款待客人过年。"猫说道："主人家，我保卫粮仓功劳大，老鼠见我就害怕，你为啥不杀鸭？"

老人一听也有道理，于是来到池塘边对鸭说："鸭啊鸭，我要杀你好过年。"鸭说道："主人啊！鸭绒柔软好做衣，你为啥不杀鸡？"

老人听了来到鸡笼对鸡说："鸡呀鸡，我要杀你来过年。"鸡说道："主人家，我每天报时不耽误，为啥不杀兔？"

老人听了马上来到兔圈对兔子说："兔呀兔，我要杀你

好过年。"兔子说:"主人啊!家养一对兔,一年就致富。你还富得很不够,为啥不杀狗?"

老人听了只好来到家门口对狗说:"狗啊狗,我要杀你好过年。"狗说道:"主人啊!你出门时我看家,你富裕之后更离不了咱!为啥不杀马?"

老人听了只好来到马棚对马说:"马儿呀!我要杀你款待客人过年。"马儿说:"主人啊!我一年被你骑到头,为啥不杀牛?"

老人听了心里非常难过,只好来到牛棚对牛说:"牛啊牛!我要杀你好过年。"牛说道:"我耕田耕地,埋头做活路,贡献难道不如猪?"

老人听罢豁然开朗,立即来到猪圈对猪说:"猪呀猪!我要杀你好过年!"猪正在睡懒觉,根本就没有听清楚老人在说什么。只是翻了个身,换了个睡姿抱怨道:"过年过节的,你为啥要打搅?不让我睡个安稳觉?"说罢呼哧,呼哧地又昏睡过去了。

老人想了想,定了定神,立即请人帮忙把正酣睡的猪拖出去杀了招待客人,庆祝过年。从此,好吃懒做、不劳而获的猪便成了人们逢年过节餐桌上的佳肴。

要食品还是猎枪?

一个旅游者走进大森林后与同伴散失了,与外界也失去了联系,他迷路了,带在身边的食品也吃完了。就在他的生

命受到严重威胁之时，他遇到了一个老猎人。他请求道："老人家，请您给我一点儿吃的东西吧！"老猎人没有满足他的要求，而是送给他一杆猎枪和许多的弹药。靠着这杆猎枪，旅游者终于活着走出了森林。

在商品经济的滚滚潮流中，有经济头脑和良好消费习惯的孩子，将会游向自由的彼岸；不会理财和盲目消费的孩子，将会被大潮淹没。开发孩子敏锐的财经触觉，让孩子学会理财。

——编者

第七篇 学 会 理 财

　　我国改革开放的总设计师邓小平在评价我国的各级干部时曾说过这样的话，在中国真正懂经济的人太少了。美国崇尚商业和经济的精神形成了它的务实和精明的传统特性，而我国长期以来的"君子喻于义，小人喻于利"的传世之言一定程度上导致了国家的落后，也导致了个人既想追求个人舒适又想追求道德高尚的人生两难。学会理财的教育不仅仅是让人学会如何积累财富，而且也包括形成一些做人的重要品质，如诚信、吃苦、智慧等。事实上，在钱财问题上更能显示出

一个人是一个什么样的人。

——编者

发达国家与发展中国家是按什么区分的？富国与穷国，富人与穷人是以什么作为标准的？

对于前一个问题，经常看报纸、杂志的人都知道，衡量一个国家经济发展水平和经济活动总量的综合性指标，除国民收入外，国际上通常采用GNP和GDP这两个指标。GNP即国民生产总值英文的缩写，它是指一个国家在一定时期内（通常是一年），国民经济各部门生产的全部最终产品和提供的劳务价值的总和。GDP即国内生产总值英文的缩写，它是指在一国范围和一定时期内（一年），扣除国外要素净收入的国民生产总值。GDP是按国土原则计算的，即不论本国还是外国的居民，凡在本国国土范围内的财产和劳务收入都计算在内，但不包括本国居民在国外的资本和劳务的收入。GNP、GDP是衡量一个国家或地区综合经济实力强弱的主要指标。

对于后一个问题，答案是拥有财富的多少。

GNP、GDP和财富的表现形式是什么呢？是货币。因为货币是一切商品的中介，从而成为社会财富的一般代表。

在商店里，我们经常会看到这样的场面：刚会蹒跚走路、牙牙学语的幼儿就会拉着妈妈、爸爸，面对琳琅满目的货物，要求买这，买那。这就说明，商品、货币已在孩子稚嫩的脑海里留下了极其深刻的印象。因此，父母应该因势利导，及时对孩子进行理财教育。原因是，孩子的成长过程，实际上就是用金钱包裹的过程；孩子将来参加工作（无论什么工作），为社会创造财富的过程，也是与金钱打交道的过程；孩子将来劳动创造的价值和自己应得的报酬（工资）仍然是以金钱来衡量的。

我们经常说：要让孩子学会生存，实质上就是要让孩子将来在社会主义市场经济的环境中，能够活得更好、活得自在。在商品经济的滚滚潮流中，有经济头脑和良好消费习惯的孩子，将会游向自由的彼岸；不会理财和盲目消费的孩子，将会被大潮淹没。开发孩子敏锐的财经触觉，让孩子学会理财、理智消费，实际上也是在培养孩子一种美好的品德。

我们可以毫不夸张地说：不学会理财的孩子，长大了是不会有多大出息的；根本不会理财的孩子，生活是不会幸福的。因为，我们的老祖宗们早已作出精辟的总结："吃不穷，穿不穷，不会计划一世穷。"

> 货币只是一种符号，它本身不是财富，只不过人们用它来表示财富。
>
> ——编者

识

别

货

币

　　货币作为商品交换的一般等价物，有它独特的计量系统，也有它独特的外观。在某种程度上说，一个国家的货币如同一个国家的国旗一样是一种标志。

　　训练目的　要让孩子学会用钱，首先必须会识别钱。通过训练使孩子掌握我国现行人民币（纸币与硬币）的面额、颜色、版别、正面图案、背面图案等特征；有条件的家庭可进一步让孩子掌握几种主要外币如美元、英镑、法郎、日元、德国马克、澳大利亚元等的特征；掌握简易识别假钞的方法。

训练方法

分年龄、分阶段进行训练。

从银行兑换一批各种面额的人民币（最好是崭新的）备用。人民币由于在社会上流通，沾染了很多病菌，银行回笼后要经过严格消毒才能让其在市面上继续流通。

2岁起就应教会孩子识别纸币、硬币。带孩子一同去商店购物，让他把钱递给阿姨（或叔叔），让他知道钱的主要用途就是可以购买东西。

3岁时，应教会孩子认面额为伍角、贰角、壹角、壹圆、贰圆、伍圆、拾圆的纸币；壹圆、伍角、壹角的硬币。

4岁时，教会孩子认面额为贰拾圆、伍拾圆、壹佰圆纸币的中文、阿拉伯数字及颜色、大小等特征。

5岁时，应让孩子学会圆、角及大、小面额币种之间的换算关系，如两个伍角等于壹圆；五个贰角等于壹圆；十个壹角等于壹圆等。

6岁起，应让孩子独立去采购物品。但不能拿大额纸币，以免发生意外。

游戏是一种有效的方法。

在家里布置一个小卖部，聘请孩子当售货员。以卖水果为主，父

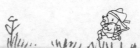

母带上现金去购买。由孩子称秤（用弹簧秤）、按市价算款、找补零钱。孩子会感到非常有趣，乐于参加。

有条件的家庭可以让孩子识别美元、英镑、法郎、日元等主要外币，开开眼界。

小学三年级以后，由于认识的字越来越多，为了让孩子学会仔细观察，可以收集一些现行各种币值的人民币。

我们每个人都应有珍惜公共财产的责任感，我们应该比每一个资本家更爱自己的财产。

——基洛夫

爱护人民币

人民币作为一种货币符号，既是我们国家的一个标志，也是人民的公共财产。拿到手里的钱不管是大面值的100元，还是小面值的1角，都是用劳动换来的，我们没有理由不爱惜它。

训练目的　要让孩子懂得人民币是我国法定的货币，是新型的社会主义货币，更是我国历史上少有的集中统一、独立稳定的货币。让孩子知道自觉地爱护人民币是热爱祖国的具体表现。

训练方法

教孩子识别人民币后应立即收回，千万不可把人民币当成玩具让孩子玩。尤其是1999年、2000年版的壹角硬币、1991年版的伍角硬币，更是不能让孩子含在口中，以免发生意外事故。

告诉孩子，不能用铅笔、圆珠笔在纸币上乱写、乱画，不要弄脏了人民币。

如果家中有污损、残缺人民币，可带上孩子去任何一个银行兑换。给孩子讲解一下中国人民银行公布的残损人民币的兑换办法，与原先的相比，已放宽了兑换条件。如原先规定，票面剩余超过4/5的残币才能全额兑换，现在放宽到3/4以上；原先规定票面剩余必须超过1/2的才能兑换一半，现在改为包括1/2这个比例。此外，票面有污损、熏焦、水湿、油浸、墨渍、变色、腐蚀等情形的；已流入市场的人民币在生产过程中发生的蹭脏、折角、裁切偏斜、水印倒置、漏印、

重码等情形的；硬币出现穿孔、张口、压薄等情形，且能识别图案、文字的，均可无偿为公众全额兑换。充分体现了党和政府对老百姓的无比关怀。

教会孩子识别假币的简易方法。如一看（看水印头像和金属安全线等）、二听（按100元、50元等大额钞票，手执一端，使劲扇动，真假钞票的声音有很大的差别）、三摸（钞票上盲文即凸出的小黑点；20元面值的钞票，用手抚摸领袖像的衣领时有立体感）。若真假一时难以辨别时，应到附近银行的储蓄所营业室请求用验钞机进行检验。

教育孩子，一旦发现使用假钞的人，应设法与使用者（犯罪嫌疑人）周旋，伺机打110报警，切勿直接与持假钞者面对面展开斗争。

读到小学高年级时，可让孩子连续几天收看电视或阅读报纸财经栏目汇率（美、英、日等的信息资料，加以比较分析，让孩子觉得"人民币是很稳定的货币"）。

若孩子对收藏人民币有兴趣，父母应给予大力支持，尽量提供方便。尤其是版别为1950年前后发行的纸币、硬币以及分币，现已退出市场，即将绝迹，更有收藏价值。

给孩子讲一些有关货币的小故事。

挣钱的本领是最基本的生存技能。

——编者

学

会

挣

钱

　　美国洛克菲勒财团是世界上第一个拥有10亿美元财产的家族，可是洛克菲勒却并没有让孩子随便花钱。除了发给孩子必要的零花钱外，如果孩子想要多一些钱，就必须付出必要的劳动，如割草、擦皮鞋等来挣钱。

　　训练目的　通过耳濡目染和不断强化训练，使孩子懂得：（1）当代社会是以经济为基础的，更要明白"金钱不是万能的，但是没有钱是万万不能的"。树立正确的金钱观。（2）我国目前的分配制度仍然是按劳分配，必须付出劳动才能挣到钱。

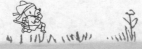

训练方法

君子爱财,取之有道。挣钱的能力同学习能力一样重要。

○ 给你的孩子上这么一课。

一枚硬币

两个年轻人一同寻找工作,一个是英国人,一个是犹太人。

一枚硬币躺在地上,英国青年看也不看地走了过去,犹太青年却激动地将它捡起。

英国青年对犹太青年露出鄙夷之色:一枚硬币也捡,真没出息!

两个人同时走进一家公司。公司很小,工作很累,工资也低,英国青年不屑一顾地走了。而犹太青年却高兴地留了下来。

两年后,两人在街上相遇,犹太青年已成了老板,而英国青年还在找工作。

英国青年对此不能理解,说:"你这么没出息的人怎么能这么快地发达了?"

犹太青年说:"因为我没有像你那样绅士般地从一枚硬币上迈过去。你连一枚硬币都不要,怎么会发大财呢?"

其实,英国青年也并非不要钱,只不过眼睛盯着的不是小钱而是大钱,所以他的钱总在明天。

塑造未来：儿童习惯养成训练

〇两三岁幼儿应训练早起，若孩子不愿起床又缠着大人不让离开时，应对他这样说："爸爸、妈妈要上班，不上班就挣不到钱，没有钱就买不到吃的、穿的，更不能给宝宝买玩具。"让孩子及早知道上班（劳动）与挣钱的关系，知道大人劳动是不可缺少的大事。

父母应在孩子刚懂事（四五岁）时，就要不断灌输挣钱是很不容易的思想，每天早出晚归，十分辛苦。中等收入以下的家庭（尤其是享受最低社会保障的）可以毫不隐讳地告诉孩子每月的收入情况。着重讲清楚，这些收入不仅要维持全家日常生计（吃、穿、用），逢年过节、生日还要孝敬爷爷、奶奶、外公、外婆；还得存一些钱准备上学，读高中、大学花的钱更多。孩子知道这些情况后会更加珍惜现有的一切，更加体谅父母的艰辛。

高收入家庭最好不要告诉孩子年收入及财富状况，还应经常告诫孩子，不可把家庭富裕作为炫耀自己的资本。

〇 让孩子认识到钱是劳动的报酬。

家在农村的父母更应从小让孩子参观从耕种到收获的全过程，让他体会父母的辛劳。读三四年级的孩子，应让他学会计算家庭的收支账。根据粮食和经济作物（油菜、棉花等）的产量和出售单价、家庭养殖（鸡、鸭、鹅、猪、鱼等）的产量和单价，算出毛收入。减去投入成本即肥料、种子、小家禽、小家畜等，再减去读书的学杂费，算出全家的实际收入。外出打工的，可让孩子算一算根据日工资和每月上班天数，得出毛收入，减去生活费及往返车费、杂支等，算出实际收入。这样做有利于激发孩子好好学习、奋发向上。

○ 父母给孩子定期、定量发零用钱的，建议改为参加家务劳动，按劳付酬，让孩子亲身体验劳动与报酬的关系。可与孩子共同制定出付酬的标准，如打扫父母房间每次给多少，（打扫孩子自己居住的房间和共用的客厅不能付报酬）；洗碗每次给多少；擦皮鞋每双给多少；擦自行车（孩子自己骑的除外）每次给多少等。具体数额可由家庭收入水平和发给孩子零用钱的数量进行计算得出。

有奖还得有惩。孩子不小心打碎碗、碟子、茶杯、花瓶、玻璃等，应让他赔偿损失；损坏他人的东西原则上由孩子自己赔偿（金额过大时，可向父母借支，然后逐步扣还）。通过这种训练，使孩子懂得做事必须小心；无论损坏公物或私物，都必须照价赔偿。

年终发压岁钱的，建议改为目标奖。根据孩子在学校的表现和学习情况制定出：操行成绩多少分（或某个档次）奖多少钱；学习进步（不一定按考分和名次）奖多少钱；体育达标奖多少钱。如此，可鼓励孩子自己定出一学期、一学年

的奋斗目标，不断追求上进。

孩子在学校获得奖励，可商定学校奖多少，家庭就奖多少。若学校是精神奖，可规定家庭奖现金若干。

○ 为了锻炼孩子的经济头脑，读到小学高年级时，可让孩子利用双休日到公共场所去卖报纸、卖冰棍等，让他亲身体验挣钱的辛劳并告诫他要薄利多销。

让孩子收集家中废品（旧书刊、报纸、纸箱、啤酒瓶等）送到废品站出售，规定收入提成的比例，孩子应占大头如6∶4或7∶3，否则，会打击他的积极性。

让孩子自己选一篇最满意的日记或作文，请语文老师给予指导（有能力的父母亦可指导），认真修改后寄往相关报社或杂志社。当发表后，领到第一笔稿费时，让孩子体会一下自己写的文章第一次登在报刊上的感觉；第一次脑力劳动得到报酬的喜悦心情。当然，不要忘了指导孩子如何用好这第一笔只有几元钱的稿费，一定要有意义。是购一件有意义的纪念品，还是购一本小书；是买一件礼品送给长辈，还是捐给希望工程，支助那些贫困山区失学而又渴望读书的同龄人，可由孩子自己做主作出抉择。

○ 千万不要给孩子灌输金钱至上的观念。

父母必须经常告诫孩子，人活着的目的并不是纯粹为了赚钱，不要把心思全都用在挣钱上，更不要成为守财奴。要当金钱的主人，不做金钱的奴隶。作为学生，首要任务还是学习知识，追求真理，发展智力和培养高尚的道德品质。

给孩子讲《李嘉诚的金钱观》的故事，并和孩子讨论。

不会储蓄和不会
积累财富的人永远不
可能变得富裕。

——编者

学

会

储

蓄

　　储蓄的目的有两个，一个是让自己手里多余的现金加入到商品流通中去，另一个是把现在多余的钱让银行代管，以备将来急需用钱的时候使用。所以，储蓄在一定程度上是为将来做一些准备。

　　训练目的　通过训练，让孩子从小就懂得不能把过多的现金放在家中；把钱存入银行利国、利民、利己；孩子独自到银行能熟练地存款、取款。

训练方法

幼儿时期（2岁以后～6岁）给孩子购买一个卡通型存钱罐（最好按孩子的属相购买）。造型夸张、生动、活泼、可爱的存钱罐，孩子会特别喜欢。凡做家务劳动挣得的钱，尽量支付硬币，让孩子自己投入罐中。半年或一年后打开取出，由孩子自己清点，父母记账。

6岁以后，可带孩子到银行用户口簿以孩子的名字开办活期存单。父母指导填写存款单（或由父母代行填写），让孩子签名。存单由孩子自己保管，可提高孩子的兴趣和自我管理的能力。

孩子需要用钱时，带上存单到银行取款。应指导他填写取款单，取出钱后由孩子自己点数。（注意：提醒他不可养成沾口水点钱的坏习惯）还要指导他阅读结算清单，尤其是其中扣20%利息税一栏，应详细讲，让他懂得依法交税是每个公民应尽的不可推卸的义务。

读三年级时，可让孩子到银行办理活期存折和磁卡，父母指导填写磁卡申请表。

带孩子到银行用存折取款或用磁卡到自动取款机上指导取款。

　　上高年级后，应让孩子通过利率计算，比较定期存款一、三、五年，哪一种最划算。让他自己得出结论以定期三年为最好。同时，将大额（100元以上）的活期存款转为定期。

"再富也要'穷孩子'"。
——澳大利亚人的教育信条

合

理

用

钱

再富也要穷孩子,是为孩子的将来着想。孩子长大了早晚要离开父母去独自闯一片天地,与其让他们将来面对挫折惶惑无助,还不如让他们从小"穷"出直面人生的能力和本事。

训练目的 通过训练让孩子知道,在用钱问题上必须做到:量入为出;先算后用;养成理智消费的好习惯。

训练方法

警惕孩子的零花钱。

好钢安在刀刃上，零钱用在正道上。据调查，现在的孩子零花钱越来越多，花钱越来越大方，大多数花在购买零食和玩具上了。这对孩子的成长有百害而无一利。零花钱应怎么花？（1）告诉孩子，零花钱并不是买糖果的钱，糖吃多了危害性很大，如损害牙齿、伤脾胃、身体发胖等；（2）帮助孩子制定短期购物目标，把零花钱积存起来，为实现这个目标而努力奋斗。如孩子见了漂亮的衣服、裤子、鞋子；新颖而奇特的商品及学习上的非必需用品（必需用品由父母购置）等，父母千万不可慷慨解囊，而是同孩子商定，自己积存与父母出资的比例，这样可促使孩子尽量克制自己吃零食的欲望；（3）鼓励孩子从零花钱中拿出一部分捐赠给那些贫困的、有残疾的、有重病而不能获得生活必需品的人；捐一些给自然灾害如地震、洪灾、旱灾、火灾等严重地区的同龄人。这样做有利于培养孩子的爱心、同情心和责任感。

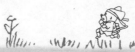

帮助孩子管理钱财。

帮助孩子制定长期目标。如想购买电子琴、小提琴乃至钢琴；想购绘画原材料；想坐飞机去北京、上海一游等，让孩子把较大额的目标奖积存起来，商定父母出资的百分比，并到时兑现，那么孩子存钱的积极性就会高涨。

父母可以把压岁钱改为目标奖，那么，亲朋好友给的压岁钱、见面礼、节日给孩子的钱，怎么才能管好、用好呢？据调查，随着人们收入不断增加，钱包越来越鼓，亲朋对孩子用金钱表示爱意的越来越普遍，每次少则10～20元，多者50～200元。对这笔可观的收入通常有三种支配方式：其一，父母代为保管，存入银行，作家庭开支或支付学杂费；其二，交给孩子由其自由支配。除大部分用于买零食、玩具外，更有购买危险品的如仿真手枪、火炮。有的孩子，钱多了花起来大手大脚，大办招待。有的随便借给同伴，最后收不回来，朋友反目。放任自流的最终结果是害了孩子，他个人的欲望永远得不到满足，丢弃了节俭的美德；其三，存入银行，让孩子自己保管。把这些额外收入当成促进孩子发展的良好机会。父母仍需与孩子共同制定支配计划，用好钱财。另据调查，每年三次大假（春节、五一、国庆）孩子们心头想的是什么？最需要的是什么？统计表明：一次快乐的旅游（哪怕1天～2天）最令孩子们心驰神往。因此，制订开支计划时，旅游仍是首选项目。远程旅游亦需商定父母出资的百分比。

不要让孩子过早世俗化，父母应特别注意两点：（1）不要把亲朋给钱的多少用来衡量人情轻重的分量。千万不要当

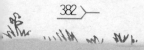

着孩子的面议论"某某给的钱多、某某给的钱少"。孩子起初可能会迷惑不解，随着逐渐长大自然就会领悟到，"谁给的钱多，谁就最爱我"。会导致他一切向"钱"看，从"钱眼"里看人。请记住，在任何一种社会背景下，对爱的曲解和对金钱的过度痴迷，都会使人误入歧途，都会严重影响到孩子情感的健康发展；(2)对于大一点的孩子，可以明白无误地告诉他，亲朋给的钱实际上是一笔"人情债"，今后应慢慢予以偿还。鼓励孩子现在好好学习，就是报答亲朋的最好方式。将来有出息了，干出一番事业后，更应在物质上、精神上予以报答。一句话，要让孩子学会感恩。

引导孩子购物。

○ 让孩子及早知道商品的价格，分清生活必需品与奢侈品。带五六岁的孩子逛商店时，应让他学会看商品标签，了解各种商品的价格，尤其是孩子最喜欢购买的商品的价格，可以与自己的存款比较一下差距。根据各自家庭的消费水平给孩子讲明白，哪些是生活必需品如大米、油、盐、菜、肉等；哪些是奢侈品如一般家庭还无法购买的等离子背投大彩电等。进商店前还要事先约定，"先说断，后不乱"，即花多少钱买什么东西。孩子见了再好、再喜欢的东西，也不可立即购买。

○ 实用与质量才是购物的标准。不要用昂贵气派的名牌货去包装你的孩子，更不要让孩子穿花里胡哨的奇装异服。衣服、裤子、鞋子等应以实用、质量好，穿起来得体、舒适、朴素、美观、大方、雅致作为选择的标准。父母更应衣冠整

洁，打扮得干净、利索。中等收入以下的家庭和农村家庭应经常提醒孩子，万万不可在吃、穿、用上面与高消费家庭攀比，应在学习进步上与品德优、成绩好的同学比。家庭富裕的父母应给孩子讲艰难的创业史。应经常告诫孩子，不要炫耀自己家中的财富、住房；更不能瞧不起家中有困难的同学。鼓励孩子与穷人家的孩子交朋友，更要鼓励自己的孩子拿出一部分零花钱去献爱心。

○ 学会货比三家，讨价还价。对于孩子准备购买价值较高的商品，告诉他不要立即购买。应多跑几家（至少三家）商店，看一看同品牌、同规格的物品价格有无差异？差价多少？然后再决定买哪一家的？要记住，不同品牌、不同规格的物品，无法进行价格比较；低值易耗品没有跑第二家的必要，否则会浪费时间。

由于目前市场尚未完全成熟，不够规范，个别商家不是童叟无欺，而是漫天要价。因此，让孩子学会讨价还价是非常必要的。为了激励孩子学会购物技能，可按某种商品的中等价格计算，对孩子宣布：节约归己。

○ 不要轻信广告，克服从众心理。目前，电视、广播、报刊等媒体广告及街头的广告铺天盖地，尽管工商部门一直在严加管理，但仍免不了鱼龙混杂、泥沙俱下，孩子生活在广告的汪洋大海之中，最易在购物上给他们造成误导。孩子闹着要什么，父母切不可就买什么。应告诉孩子，广告是商家花大本钱请人制作的，目的是调动人们的购买欲望，是促销的重要手段。绝不能以广告作为评判商品质量好坏的标准，

何况还有一定数量的虚假广告。选择商品关键是看自己的实际需要和商品的品质。

有的孩子，看到同龄小伙伴买了某种商品，于是纠缠大人非买不可。这是从众心理的具体表现。应告诉孩子，别人买某种东西是别人的需要所作出的选择，并不代表自己也需要，更不能以此作为非买不可的理由。

牢记购物五个注意，增强自我保护意识。从孩子独立购物起，就应反复告知五大注意事项：（1）注意商品有无商标、产地、生产厂家。应到正规商场去购物；不要购无商标、无产地、无厂家的三无产品；（2）凡购买医药、食品、保健品，除了看商标等外，还要看生产日期及有效期限，不要购买过期产品；（3）凡购买大件耐用商品如自行车、家电，还要注意比较各种品牌的售后服务（维修）等情况；（4）注意保管购物凭证，大件商品要主动要求开具发票，以便出问题后作为找商家讨个说法的依据；（5）应注意一旦发现购到假货或商家有价格欺诈行为时，应不怕麻烦，主动去找消费者协会解决。这样做不单纯是为自己，也是为维护广大消费者利益应尽之责。

让孩子当一回小当家，不当家不知柴米贵。

读二年级后，可布置家庭作业：1元钱可以买些什么？3元、5元各能买些什么东西？让孩子到农贸市场、商场去调查后再写出来。

量入为出，必须节俭。对10岁以上的孩子，可开展两个10元活动：（1）双休日给孩子10元钱，让他独自去儿童游乐

园或公园玩。让他考虑，是骑自行车、走路还是坐公共汽车（由距离远近决定）。若坐车，是坐普通车还是高档（空调）车？有几条线路可以到达目的地，哪条最省钱、省时？到目的地后应调查5元钱、6元钱可以玩哪些项目？若坐公共汽车还得计划留足回家的车票钱。（2）双休日给10元钱让孩子为全家筹办一顿中午饭。要求是在吃饱的基础上吃好（有营养）。让他先去农贸市场调查后再写出计划（菜谱），和父母共同讨论后再去实施。

记账会让人明白
挣钱不容易而花钱很
容易的道理。

——编者

收支有账

当孩子在本子上记下一笔笔个人收入和开支时,他们会对自己的消费行为进行反思,在反思中学会如何计划自己的钱财,从而为他们长远的将来做好准备。

训练目的 (1) 让孩子学会记流水账；(2) 参与家庭财务管理；(3) 一辈子不忘计划用钱。

训练方法

孩子读三年级时，可指导他自行设计一个小账簿，对按劳付酬挣到的钱、目标奖、亲朋给的压岁钱及每次购物支出的钱，都一一加以记载，做到一笔不漏，收支有账，日清月结，年终核算。

收支明细账　　　　　　　　记账人_____

年		凭证		内容摘要	收入					支出					结存
月	日	种类	编号		千	百	十	元	角	千	百	十	元	角	

（1）凭证：购买大件商品的发票，按顺序编号后可以贴在账页背面，作为原始凭证。

（2）结存栏：若收入>支出，用"＋"（正）表示，一般不写；若支出>收入用"－"（负）表示。

按上表格式建立家庭收支明细账。可聘孩子当义务会计员，他会非常乐意参与并感到十分荣耀。每月结算家庭总支出和人均支出。让孩子通过核算知道一家人过日子必须要有计划。

父母应自始至终全程监督管理孩子的"小金库"和家庭收支明细账的运作过程，切勿放任自流，撒手不管。

物物交换真麻烦

在古时候，没有货币作为交换中介，要想买东西或去旅行是非常曲折、麻烦和困难的。

相传，有一个欧洲专门卖针的商人，想带上货物到非洲的原始部落去出售，他决定坐船去。找到船老板后，船老板说："你可以坐我的船，但必须用象牙支付船费。"商人只好到集市上去找卖象牙的人。卖象牙的说："可以，你必须用棉纱和我交换。"商人只好又去找卖棉纱的。卖棉纱的说："你必须用布和我交换。"商人又去找卖布的。卖布的说："你必须用钢针和我交换。"商人正好有钢针，于是他便用钢针换成布，又换成棉纱，再换成象牙。花了三天时间，才把象牙付给船主，终于坐上船去了非洲。

奇妙的中国方块字

我们祖先造的方块字是非常奇妙的。你仔细看一看凡是和钱财、财产有关的字如货、贷、贫、贪、财、赚、赔、债、账、赌等，有什么共同特征吗？都有一个"贝"字。这是为什么呢？原来我们国家最早的货币是用大海中的贝壳来作为交换中介的。由此可见，在祖国文字发展过程中，早就已经和货币相联系了。

...

中国是纸币的故乡

纸是我国古代四大发明之一。所以，中国人最早发明和使用纸币。而首创纸币的则是聪明伶俐的四川人。

我国最早的货币是贝壳。由于贝壳数量有限，随着生产力的发展和冶炼技术的进步，后来就用铁、铜来铸成钱。当时四川不产铜和铁，而且铸成的钱，不仅面值小，还十分笨重。带上一贯钱（一千文）重量达 12. 5 千克，极不利于流通使用。在这种背景下，四川人便大胆尝试用纸来造货币并取名交子票。"交子"是四川方言，交者，相交相会也，子是语尾音。

北宋时期（公元995年），四川16家殷实富商投入资本，用楮树皮制的棉纸印成纸币，美观精良，结实如绸，票子两面都盖有印章，并加有花押和密码，以防伪造。他们联合组成"交子铺"，发行交子票。凡四川商人持有此票者，随时可到省内指定地点兑换成现钱。后来交子又改称"钱引"（公元1105年）、"关子"（公元1113年）、"会子"（公元1160年）。

元朝以后，各王朝的中央统治集团干脆把纸币作为全国唯一合法的通用货币。于是，我国便成为世界上第一个实行纯纸币流通的国家。马可·波罗在元朝到中国旅游，看到纸币在市场上使用，"竟与纯金无别"，感到十分惊奇。后来，中国的纸币逐步传到亚洲各国和欧洲、美洲，直至风靡全世界。

李嘉诚的金钱观

香港首富、世界十大富豪之一的李嘉诚，1928年生于广东省潮州市。他11岁时由于日本侵略者点燃战火，举家搬到香港。他父亲是一个小学教师，曾任过校长。13岁时，父亲病故，留下母亲、两个弟弟和一个妹妹。他是长子，被迫辍学。用他14岁的柔嫩双肩挑起了养活全家五口的重担。他先后当过推销员、茶楼工人。正因为他出身寒门，所以更能吃苦耐劳，别人每天干8小时，他干16小时。边干边自学英语，后来被重用当了经理。

20世纪50年代初，李嘉诚自起炉灶，由办塑料厂起家，一直做到房地产和金融业。由于他有广阔的胸襟，克己奉公、广纳人才，终于取得成功，成为亿万富翁。

李嘉诚对金钱的看法有独到的见解。他曾多次表示，假如地上有1元钱，他肯定会捡起来；但如果向慈善机构、学校捐助，哪怕几千万，他都会毫不吝惜。李嘉诚是这样说的，也是这样做的。他一次就给潮州大学捐款人民币2000万元。

有一次，李嘉诚在停车场取车钥匙时，不慎丢落1枚2元硬币（港元），滚到车下，若车开动就会掉到坑渠里。李嘉诚立即弯下腰蹲在地上去找。这时，站在旁边的一位印度籍值班员看到年纪偌大的他行动十分不便，于是主动扒下从车底把硬币掏了出来交给李嘉诚。没想到李嘉诚收回后，立即

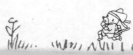

从钱夹里取出100元的纸币一张作为酬金交给这位值班员。众人惊愕，不解其意。李嘉诚解释道："如果我不拾起这2元，让它滚到坑渠，这2元便会从世上消失。而100元给了值班员，他便可将之用去。我觉得钱可以用，但不可以浪费。"

　　李嘉诚正是用社会总净值的增减来判断个人行为合理与否的，认为只要社会总值增加了，个人吃点亏值得。